Fackel
träger

Peter Hertel · Ulrich Teiner

Im Prinzip schwarz

Der deutsche Katholizismus und die Politik

Fackel träger

 · Herstellung: J. Römer · Gesamtproduktion: Graphische Betriebe J. Ebner, Ulm/Donau · Printed in W. Germany 1975 · ISBN 3 7716 2096 1

Inhalt

Die Kirche und die pluralistische Gesellschaft

Neue Bündnispartner

Vorwort

20 Jahre lang war die politische Welt für den deutschen Katholizismus in Ordnung. Was für die CDU gut war, war für die Kirche gut und umgekehrt.
Zwei Entwicklungen brachten Unruhe in diese heile Welt: Mit der Großen Koalition von 1966 hörte die Bundesrepublik auf, ein CDU-Staat zu sein; mit dem ein Jahr zuvor beendeten II. Vatikanischen Konzil hörte die katholische Kirche auf, ein geschlossener Block zu sein.
Beide Ereignisse wirkten nachhaltig auf den politischen Weg des deutschen Katholizismus ein. Schien es zunächst eine Zeitlang, als ob er aus den gewandelten Verhältnissen Konsequenzen ziehen und sich auf die Suche nach neuen Bündnispartnern machen würde, so sieht es heute eher so aus, als ob er die alten Bündnisse am liebsten erneuern würde. Allein, die Partner von früher, so zeigt sich nun, sind nicht mehr da, wo man sie hat stehenlassen und wo man sie heute gerne wieder treffen würde.
In diesem Buch, das größtenteils aus Rundfunkmanuskripten hervorgegangen ist, versuchen wir, diesen Weg nachzugehen. Wir beginnen mit den geschichtlichen Voraussetzungen.

Peter Hertel, Ulrich Teiner

Die Autoren

Peter Hertel

geboren 1937 in Bockum-Hövel/Westfalen; Studium der Theologie und der Sozialwissenschaften in Münster und München; seit 1963 Redakteur, u. a. bei »Publik«, seit 1973 in der Abteilung Religion und Gesellschaft beim Norddeutschen Rundfunk in Hannover.

Ulrich Teiner

geboren 1942 in Bockum-Hövel/Westfalen; Studium der Germanistik und der Theologie in Münster und München; seit 1967 Redakteur in der Abteilung Religion/Theologie/Kirche beim Westdeutschen Rundfunk in Köln, seit 1974 dort Leiter der Radiothek.

Die demokratische Herausforderung

»Alles schon dagewesen«, heißt eine inzwischen sprichwörtliche Redensart, die Rabbi Ben Akiba 1846 in Karl Gutzkows Trauerspiel »Uriel Acosta« ständig wiederholte. Aber die Behauptung ist so allgemein, daß sie sich nicht nur bestätigen, sondern jederzeit auch widerlegen läßt. Was sich zum Beispiel ein gutes Jahr später, nämlich im Revolutionsjahr 1848, politisch im deutschen Katholizismus abspielte, war damals jedenfalls noch nicht dagewesen. Andererseits hat sich vieles davon inzwischen häufiger wiederholt. Manches, was 1848 auf die deutschen Katholiken zukam, ist noch nicht ausgestanden. So gesehen hätte Rabbi Ben Akiba recht, wenn er die katholische Kirchenpolitik von heute gemeint hätte, und zwar vor dem Hintergrund jener Monate, in denen die katholische Kirche zum ersten Mal in diesem Lande mit der staatlichen und mit der innerkirchlichen Demokratie konfrontiert wurde.

Bischöfe und Reformwuth

Am 21. April 1848 ermahnte Karl August Graf Reisach, der Erzbischof von München-Freysing, den Diöcesan-Klerus, sich bey den demnächst vorzunehmenden Wahlen für das deutsche Parlament in Frankfurt zu betheiligen:

»Die oberhirtliche Stelle glaubt annehmen zu dürfen, daß der Diöcesan-Klerus sich selbst leicht die Überzeugung verschaffen werde, wie derselbe bey seiner Stellung zu seinen Pfarrangehörigen sich der Mühe nicht entheben könne, diese bey gegebenen Veranlassungen über die Bedeutung und den Zweck dieser wichtigen Wahlen zu belehren und hierdurch die für das Wohl des Vaterlandes so folgenreiche Festhaltung der conservativen Grundsätze zu fördern.«

Den ersten deutschen Wahlhirtenbrief hatte allerdings kein Bayer, sondern ein Nassauer geschrieben, nämlich der Limburger Bischof Peter Joseph Blum. Am 17. März 1848 rief er die Gläubigen auf, sich an den bevorstehenden Wahlen zu beteiligen und zu zeigen, daß sie nicht nur treu zur Kirche, sondern auch treu zum Staat stünden. Schon im Februar, also vor den revolutionären Märztagen, hatte Blum in seinem Fastenhirtenbrief die Abhängigkeiten zwischen Kirche und Staat klargemacht: Staat und Gesellschaft würden bald zusammenbrechen, wenn nicht wenigstens die Kirche schleunigst den Einfluß wiedergewinne, der ihr zustehe. Kurz darauf ermahnte der Paderborner Bischof Drepper seine Gläubigen, sich gehorsam der bestehenden und von Gott berufenen Obrigkeit zu unterwerfen, damit Eintracht, Ruhe, Besonnenheit und gesetzliche Ordnung weiter erhalten blieben. Ähnlich äußerte sich Johannes von Geissel, Erzbischof von Köln. Aber dieser Kirchendiplomat verurteilte nicht nur moderne Entwicklungen, sondern suchte auch die Tür zur demokratischen Bewegung zu öffnen. Schon im März hatte er geschrieben:

»Zwar sieht die Kirche die Entwicklung und Umgestaltung ruhigen Blickes vorübergehen, sie betrachtet diese aber nicht teilnahmslos, denn mit Gottes Beistand können die großen Ereignisse auf Jahrhunderte ihren segensreichen Einfluß üben, aber ohne Ihn des Unglücks Dornensaat für viele Geschlechter werden. Die Kirche wendet darum ihr liebendes Mutterherz dem bürgerlichen Lose ihrer Kinder mit warmem Mitgefühl zu.«

Der Klerus, so schrieb Geissel dann im April in seinem Wahlhirtenbrief, solle dafür sorgen, daß nur solche Männer gewählt würden, denen es um die Freiheit der Kirche sowie um die Interessen von König und Volk gehe.

Die Wahlhirtenbriefe und übrigen bischöflichen Verlautbarungen des Jahres 1848 tragen nicht nur Kennzeichen späterer Kanzelworte zu den Wahlen. Sie deuten auch die politischen Probleme an, von denen die deutsche katholische Kirche bis heute nicht losgekommen ist.

Drei Punkte sind zu nennen: erstens der Versuch, die Katholiken auf eine einheitliche, politisch geschlossene Linie festzulegen. Zweitens das Bestreben, sich mit der Sorge für Ruhe und Ordnung als staatstreu zu erweisen. Drittens das Bemühen, durch den Kampf gegen Radikalismus sich den Staat zu verpflichten und sozusagen im Gegengeschäft der Kirche einen Freiheitsraum, den man damals Kirchenfreiheit nannte, zu sichern – ein Programm, für das der gewiefte Kölner Kirchenpolitiker Johannes von Geissel verantwortlich zeichnete.

Damals geisterten auch schon Schlagworte umher, die es heute immer noch gibt. Wie sollte zum Beispiel das Verhältnis zwischen Kirche und Staat geregelt werden: durch »Trennung« oder »gegenseitige Unabhängigkeit«? Viele Katholiken hatten zunächst »Trennung« als Lösung empfohlen. Doch schnell tauchten in der katholischen Presse Bedenken auf. Schon im April 1848 riet Franz Sausen in der Mainzer Zeitschrift »Katholik« zu vorsichtigem Vorgehen und gebrauchte ein Argument, das man auch hörte, als die FDP 1973 ihr Kirchenpapier vorlegte: wegen der »bestehenden engen Verknüpfungen« sei die Trennung zwischen Kirche und Staat das größere Übel gegenüber der Unabhängigkeit. Erzbischof Geissel schloß sich diesen Vorbehalten an und stand damit im Gegensatz zu den Katholiken im Westen Deutschlands, denen die Verhältnisse in Frankreich und Belgien weitgehend Vorbild waren. Der Kölner Oberhirte forderte die Unabhängigkeit von Kirche und Staat, nicht aber – wie viele Katholiken – die Trennung, wie sie in Belgien bestand. So verwandelte sich das Prinzip völliger Kirchen- und Schulfreiheit, das die Katholiken zunächst verfochten hatten, in die Forderung, die Kirche zu verselbständigen und zu privilegieren. Das Wort Trennung, so hieß es im Mainzer »Katholik«, scheine jede Möglichkeit eines freundschaftlichen Zusammengehens und gegenseitigen vertraglichen Übereinkommens auszuschließen.

Geissel aber suchte nicht nur Freundschaft, sondern dachte sogar daran, daß er in Preußen ein rein katholisches, von Geistlichen besetztes Kultusministerium bekommen könne. Zu solchen Zugeständnissen, so meinte er, müsse man sich die Berliner Regierung im Kampf gegen den Radikalismus verpflichten.

Außer dem staatlichen fand die katholische Kirche vor allem in Rheinland-Westfalen und Bayern aber auch einen parteipolitischen Bündnispartner. In einer Reihe von Wahlbezirken schlossen 1848 Liberale und Katholiken Wahlbündnisse ab und unterstützten sich gegenseitig. Meist wurde für die Frankfurter Nationalversammlung ein Liberaler und für das Preußische Abgeordnetenhaus ein Katholik aufgestellt. Überraschend setzten sich die Katholiken stärker als erwartet durch, während die Liberalen eine unvorhergesehene Schlappe erlitten. Eine lange Reihe liberaler Zeitungsartikel suchte daraufhin nachzuweisen, daß die Wahlhirtenbriefe, Ermahnungen auf den Kanzeln und sogar in den Beichtstühlen, kurzum klerikaler Mißbrauch, Ursache für den katholischen Sieg seien. Man übersah jedoch, daß die Katholiken viel besser, straffer organisiert waren und nicht allein unmittelbare geistliche Beeinflussungen den Ausschlag gegeben hatten. Jedenfalls wuchs das Mißtrauen der Liberalen gegen die Katholiken. Die Erfahrungen von 1848 trugen mit dazu bei, daß die Liberalen später im Kulturkampf ihr Bündnis mit dem altpreußischen Staatskirchentum eingingen.

Die katholische Kirche sah sich 1848 aber nicht nur der politischen, sondern auch der innerkirchlichen Demokratie-Bewegung gegenüber. Über diese Ereignisse hat Jan Roes im »Nederlands Archief voor

Kerkgeschiedenis« (Leiden 1972) eine bemerkenswerte Untersuchung vorgelegt. Die kirchlich-demokratische Strömung von 1848/49, die auf die Basis, auf Synoden setzte, sei – so Roes – bisher allzu unbeachtet geblieben.

Die innerkirchlichen Vorgänge von damals erinnern ebenfalls an Vorkommnisse unserer Tage. Schon damals warnte der Vatikan vor reformsüchtigen Priestern und revolutionären Laien. Der Kölner Erzbischof geißelte ihre Pläne: Geissel

»Sie wollen, besessen von der Reformwuth unserer Zeit, die Disciplin und hierarchische Ordnung der Kirche umstürzen und mit Spannung nur einen ersten Schritt auf dem Wege der Reform abwarten, um in Nachahmung des Beispiels, das im politischen die Radicalen geben, auch in der Kirche alles drunter und drüber zu werfen.«

Auf den Synoden solle es wie in einem politischen Parlament zugehen, gab der Erzbischof weiter zu bedenken. Manchmal fühlt man sich an die Synode der Bistümer im Würzburger Kiliansdom erinnert, die von 1970 bis 1975 tagt, wo einige brisante Abstimmungen nicht zustande kamen, weil es sich um Fragen der Wahrheit handle, die nicht demokratisch, sondern nur durch das kirchliche Lehramt, also hierarchisch entschieden werden dürften. Ähnlich warnte Geissel davor, daß Fragen aufgeworfen werden könnten, die »hin und her discutirt«, durch »Amendements« verbessert, durch Stimmenmehrheit »votirt«, als Diöcesanstatuten angenommen und endlich dem Bischof »dictirt« werden. Klarer noch sagte es der erzkonservative Bischof von Passau, Heinrich Hofstätter: Der Welt liege das »demokratische Prinzip« zugrunde. In der Kirche dagegen sei es umgekehrt: Die Bischöfe hätten ihre Rechte aus göttlichem Recht erhalten.

Für die Oberhirten ist die demokratische Frage zunächst einmal ein kirchliches Problem gewesen. Schon 1843 ließ Geissel wissen, daß man den demokratischen Krebsschaden ausschneiden müsse und nicht zulassen dürfe, daß er sich auf den kirchlichen Bereich ausdehne. Vor diesem Hintergrund hat der bayerische Kultusminister Beisler bemerkt, daß der Staat mit dem Zugeständnis der Kirchenfreiheit den Bischöfen – allen voran dem Kölner Erzbischof – Möglichkeit verschafft habe, die entstehende kirchlich-demokratische Bewegung in den Griff zu bekommen, sie entschieden zu »reprimieren«. Und in der Tat. Der Aufklärungskatholizismus geriet immer mehr ins Hintertreffen. Geissel und die Bischofsversammlung, die im Herbst 1848 in Würzburg stattfand, lehnten schließlich den Wunsch der kirchlichen Demokraten ab, eine Nationalsynode durchzuführen. Sie beriefen sich auf den Papst in Rom, der gegen eine solche Kirchenversammlung interveniert hatte. Es sei nicht klug, sein Mißtrauen zu provozieren.

Das Stichwort Rom leitet zu der katholischen Kirchenstruktur über, dem kirchenrechtlichen Korsett, in das die Reformer eingezwängt sind: Die katholische Kirche ist als Monarchie organisiert, mit dem Papst – sozusagen dem König – an der Spitze und den Bischöfen – den Fürsten – in den Diözesen. Sie regieren das Volk, das seinerseits nichts Wesentliches zu entscheiden hat. Die Entscheidungen fallen in Rom, die Bischöfe bestimmen zwar mit, aber auch sie sind abhängig von der vatikanischen Kommandozentrale. In der Demokratie dagegen leitet sich alles vom Volk her, wenigstens sollte es so sein.
Man muß aber noch einen Schritt weitergehen: Die katholische Hierarchie geht davon aus, daß sie über die Wahrheit verfüge und daß ihre entscheidungsberechtigte Spitze darüber bestimmen und sie auslegen könne. Sofern es sich dabei um dogmatische Theologie handeln würde, wäre die Sache wohl nur innerkirchlich interessant. Aber die Kirchenführer ziehen auch politische Konsequenzen daraus, die sie dann von oben her mit allgemeingültigem Anspruch vortragen. Das widerspricht in der Politik dem demokratischen Ansatz: In der Demokratie bestimmt das Volk, und grundsätzlich gibt es keine politische Entscheidung, die unfehlbar wäre, die nicht durch Mehrheitsentscheid korrigiert und revidiert werden könnte.
Hier steckt die Wurzel des Konflikts zwischen Kirche und Politik, genauer: zwischen Hierarchie und Demokratie, der ein Widerspruch zwischen Einheit und Pluralismus, zwischen Wahrheit und Irrtumsmöglichkeit ist. Mit diesem Widerspruch muß die Kirche zurechtkommen, wenn sie mit dem Anspruch der Wahrheit, mit dem, was ihre Wortführer dafür halten, in der Demokratie auftritt.

Die Wahrheitsfrage wird ausgeklammert

Im paritätischen Deutschen Reich war der deutsche Katholizismus in der Minderheit. Seine politische Partei, das Zentrum, hatte sich aus der katholischen Fraktion im Preußischen Abgeordnetenhaus entwickelt. Die Gegner der Zentrumspartei warfen ihr häufig vor, in Wirklichkeit sei sie gar keine gesetzmäßige politische Partei, sondern ein konfessioneller Interessenverband, der katholische kulturpolitische Ziele durchsetzen wolle. Um diese Vorwürfe gegenstandslos zu machen und die Gefahr eines Parteiverbots von vornherein auszuschalten, bemühte sich das Zentrum schon vor dem Kulturkampf um die Zusammenarbeit mit den Protestanten. Das Gelingen dieses Versuchs hätte auch bewirkt, daß der deutsche Katholizismus aus seiner politisch-gesellschaftlichen Minderheitsposition befreit und befähigt worden wäre, über demokratische Mehrheitsentscheidungen stärkeren Einfluß auf die politische Macht nehmen zu können.

Um mit den Protestanten zusammenarbeiten zu können, war zweierlei notwendig: erstens das klerikale Prinzip zu überwinden, zweitens die der Kooperation hinderliche Wahrheitsfrage auszuklammern.

Die Ideologie, mit der man fertig werden mußte, reicht bis ins Mittelalter zurück. Damals ging Thomas von Aquin von der Glaubenseinheit aller Staatsbürger, sozusagen vom katholischen Einparteienstaat aus, der sich herausgebildet hatte, nachdem Kaiser Konstantin das Reich als christlich proklamiert hatte. Theologen und Politiker gingen eine Ehe ein. Was immer der Apostel Paulus gemeint haben mag, als er sagte, das Heil könne nur durch den Glauben an Jesus Christus erlangt werden: niemand von den ersten Christen hätte geglaubt, daß Menschen, die sich nicht ausdrücklich zum christlichen Glauben bekannten, verdammt seien. Die Lehre, daß es außerhalb der Kirche kein Heil gebe, erhielt erst ihr Gewicht, als die Christenheit nach Konstantin aufhörte, eine rein religiöse Gemeinschaft zu sein und auch die politisch maßgebliche Kraft wurde. Diese Epoche christlicher Geschlossenheit – oder anders gesagt, der katholische Glaubensstaat – wurde von der Reformation beendet. Nach ihrem Abschluß waren die Katholiken geographisch isoliert. In der kommenden Zeit zogen sie sich, wenigstens in den Ländern der Reformation, in einen ethisch-puritanischen Spiritualismus zurück, der, um die persönliche Heiligung besorgt, die politische Welt praktisch sich selbst überließ. Sie gerieten in ein religiös-kirchliches Getto, das sich durch die Säkularisation und durch die Gründung des Deutschen Reiches, in dem sie zahlenmäßig in der Minderheit waren, noch verdichtete. Im Kulturkampf rückten sie um so enger zusammen. Nach seiner Beendigung mehrten sich die Versuche, aus dem Getto auszubrechen und das neugegründete Reich und seine Gesellschaft mitgestalten zu können. Die Gettoriegel sollten durch das Ja zum paritätischen Staat und – wie gesagt – durch Zusammenarbeit mit den Protestanten aufgebrochen werden. Gleichzeitig aber formierte sich die Reaktion, die meinte, man müsse die Reihen noch fester schließen, damit das Alte, der Katholizismus in seiner überlieferten theologischen und politischen Form, vor der modernen Welt geschützt und in ihr konserviert werde. Die Richtung war vermutlich beeinflußt durch die Romantiker, die das katholische Mittelalter, vor allem seine wirtschaftlich-sozialen Verhältnisse und seine kirchliche Geschlossenheit, verklärten. Ihr schwebte die Idee eines theokratischen Staates vor.

Zu dieser Richtung bekannte sich auch der angesehene Dominikanerpater Albert Maria Weiß, der 1892 seine »Apologie des Christenthums« mit den Worten beschloß:

»Die schönste, die segensreichste, gottgefälligste Friedenskirche aber wäre ohne Zweifel die nach christlichen Grundsätzen eingerichtete Gesellschaft, die Gesellschaft unter Leitung der Kirche, die Verwirklichung des Gottesreiches auf Erden.«

Hier zeigt sich lupenreiner Klerikalismus. Die Kirche, genauer die Hierarchie und der Klerus, sollen die Lenker des Staates sein.

Der Angriff auf den Klerikalismus begann aber nicht auf politischem, sondern auf literarischem Gebiet. 1898 attackierte der katholische Literat Carl Muth den hochgerüsteten Katholizismus jener Jahre, der sich in hierarchische Einheit einigelte, stets auf Ausschau nach kirchenfeindlichen Angreifern und auf Abwehr programmiert. Muths Schrift »Steht die katholische Belletristik auf der Höhe der Zeit?« traf in die Weichteile des katholischen Igels: Sie stellte die Befähigung des Klerus als solchen für eine echte Literaturkritik und damit das streng hierarchische Kirchengefüge in Frage. Die katholischen Autoren der damaligen Zeit waren fast ausschließlich Kleriker, und ihre Arbeiten dienten vornehmlich dem Zweck, kirchen- und religionsfeindliche Phänomene zurückzuweisen. Viele hielten Carl Muth, der seine Schrift unter dem Pseudonym »Veremundus« veröffentlicht hatte, für einen Kirchenfeind. Die einen argwöhnten einen liberalen Angriff auf die Kirche, die anderen einen protestantischen, und als herausgekommen war, daß Muth ein engagierter Katholik war, verdächtigte man ihn, er lasse seine Kinder protestantisch erziehen.

Die Auseinandersetzungen um Muth wurden später »Literaturstreit« genannt. Schon bald griff das Feuer aber auch auf den wirtschaftlichen Sektor über. Ein Jahr nach Erscheinen der Veremundus-Schrift, also 1899, empfahl die 46. Generalversammlung der deutschen Katholiken in Neiße, die neue christliche Gewerkschaftsbewegung zu unterstützen. Das war ungewöhnlich wie aufsehenerregend. Denn die Christlichen Gewerkschaften waren nicht konfessionsgebunden, also auch für Protestanten offen, und das schien katholischen Einheitswünschen zuwiderzulaufen. Die deutschen Bischöfe lehnten den Beschluß der Generalversammlung ab. Sie forderten wirtschaftliche Fachabteilungen in den bereits bestehenden katholischen Arbeitervereinen. Worum es ging, machte der Trierer Bischof Korum deutlich:

»Auch wenn die Gewerkschaften nur katholische Mitglieder aufwiesen, die Leitung aber einem Arbeiter zuwiesen, müßten wir sie bekämpfen. Alles kommt darauf an, daß die Geistlichen die katholischen Arbeiter in der Hand behalten.«

Die Auseinandersetzungen um die alten klerikalen Muster pflanzten sich auch auf das theologische bzw. wissenschaftliche Gebiet fort, mit dem Streit um den Reformkatholizismus Albert Ehrhards und dem römischen Bannspruch gegen den Theologen Hermann Schell. Nirgendwo schlugen die Wogen jedoch so hoch wie im wirtschaftlichen und politischen Bereich, im skizzierten Gewerkschaftsstreit und seinem Zwillingsbruder, dem Zentrumsstreit, bei dem es – analog zu den Gewerkschaften – um den konfessionellen Charakter der Zentrumspartei ging.

Am 1. März 1906 veröffentlichte Julius Bachem, der politische Redakteur der »Kölnischen Volkszeitung«, in den »Historisch-Politischen Blättern« einen Pilotartikel mit dem Titel »Wir müssen aus dem Turm heraus«. Darin beschrieb er, wie das Zentrum im katholischen Turm eingeschlossen und in die politische Minderheitenrolle abgedrängt war. Er forderte die beiden großen christlichen Konfessionen zu politischer Zusammenarbeit auf. Das war der Anlaß zum Zentrumsstreit. Der umstrittenste Satz in Bachems Turmartikel hieß:

»Es muß unbedingt mit vermehrter Umsicht auf die Wahl von solchen Abgeordneten nichtkatholischen Bekenntnisses hingewirkt werden, welche gute Fühlung mit dem Zentrum zu nehmen und zu unterhalten willens und geeignet sind, auch in einer Anzahl von Wahlkreisen, wo das Zentrum vielleicht die Mehrheit erlangen kann.«

Bachems Forderung rief die Integralisten auf den Plan, die auch schon im Literatur- und Gewerkschaftsstreit von sich reden machten. Integralisten – diesen Namen hatten sich die Verfechter der »reinen Lehre« selbst zugelegt. Sie leiteten ihn ab vom lateinischen Wort »integer – unverletzt, unverfälscht, ungeschwächt, rein«. Sie gaben als ihr Ziel an, die »katholische Lehre« zu bewahren, den »Besitzstand des katholischen Deutschlands« zu retten. Sie wollten verhindern, daß das katholische Fußvolk mit den Protestanten zu einem »großen christlich-sozialen Block« zusammengeschweißt und der Einfluß der katholischen Bischöfe in der Öffentlichkeit zurückgedrängt werde.

Argwöhnisch wurden die deutschen Vorgänge auch im Vatikan beobachtet. Dort gründete Umberto Benigni eine integralistische Organisation, die sich die Aufgabe setzte, die katholische Lehre rein zu erhalten. Zunächst war der Monsignore an der päpstlichen Kurie Hilfsarbeiter für außerordentliche kirchliche Angelegenheiten. Unter Kardinalstaatssekretär Raffaele Merry del Val erhielt er die Vertrauensstellung eines Unterstaatssekretärs. Als solcher meinte er in Deutschland einen versteckten politischen, sozialen und literarischen Modernismus entdeckt zu haben, den er für noch gefährlicher hielt als eine offene Irrlehre. Ihn glaubte er, bekämpfen zu müssen.

Um Gegenmaßnahmen treffen zu können, bildete er eine Geheimliga, die er nach dem regierenden Papst Pius X. »Sodalitium Pianum« nannte. Der Papst genehmigte sie und unterstellte sie der Konsistorialkongregation. Benigni baute – wahrscheinlich aber ohne Wissen des Papstes – ein geheimes Nachrichtennetz auf, dessen Ziel es war, verdiente deutsche Katholikenführer von Ligamitgliedern, die sich für besonders rechtgläubig hielten, überwachen zu lassen. Als Informanten fungierten auch deutsche Zentrumspolitiker und Gewerkschaftsfunktionäre. Benigni bediente sich außerdem blaublütiger Jungfrauen und gutgläubiger Damen. So war in Trier zum Beispiel Mutter Gertrud seine geheime Vertreterin. Sie hatte unter Anleitung von Bischof Korum die St.-Josefs-Schwestern gegründet. Auf ihrem selbstverfaßten Totenzettel bezeichnete sie es als ihren »größten Stolz«, eine »Tochter der heiligen, katholischen Kirche« zu sein.

Mit der Zeit wuchs Benignis Einfluß an der römischen Kurie immer mehr. »Benigni fa tutto – Benigni macht alles« – dieses Wort schwirrte durch die kurialen Dienstzimmer. Im Kampf um die reine Lehre hatte er nicht nur Kardinalstaatssekretär Merry del Val auf seiner Seite, sondern er wußte auch den Historiker Ludwig von Pastor für sich zu gewinnen, der in Rom an einer 16bändigen Geschichte der Päpste arbeitete und das Vertrauen Pius' X. besaß. Alle drei waren sich einig, worum es in Deutschland ging; Benigni sah als seine Mission an: »Die Gegenreformation ist in Deutschland leider im 17. Jahrhundert abgebrochen worden; sie muß jetzt wieder aufgenommen werden.«

Ähnlich meinte Kardinal Merry del Val, in Deutschland hätten die »lutherischen Ideen eine große Macht über die Katholiken«, und Ludwig von Pastor schließlich bemerkte über eine Veranstaltung der Zentrumspartei: »Diese Herren wandeln ja fast auf den Wegen Luthers.«

Mit der Zeit merkte Benigni allerdings, daß er die deutschen Reformkatholiken nicht an die Leine legen konnte. So klagte er darüber, daß »die meisten und tüchtigsten, einflußreichsten deutschen Katholiken für die falsche Lehre« einträten, für die richtige Lehre setzten sich »nur die weniger zahlreichen und weniger tüchtigen« ein.

Längst waren nämlich selbst Bischöfe auf die Seite der Fortschrittlichen umgeschwenkt. An ihrer Spitze stand der Kölner Kardinal Antonius Fischer, der in seinem ersten Hirtenbrief bemerkt hatte, er wolle nicht nur romtreu sein, sondern auch auf die Verhältnisse im eigenen Land Rücksicht nehmen. In der deutschen Bischofskonferenz legte er sich mit dem Breslauer Kardinal Kopp an, reiste wiederholt nach Rom und erhielt schließlich die schriftliche Zusicherung, daß Pius X. nichts, was Deutschland betraf, über seinen Kopf hinweg entscheiden werde. Dem Kölner Erzbischof war es wohl mitzuverdanken, daß Benigni

1911 nach achtjährigem Dienst aus seiner amtlichen Stelle entfernt wurde, und ein Jahr später setzte der Papst dem Streit in einer Enzyklika, der sogenannten Gewerkschaftsenzyklika, ein ideologisches Ende: Er hieß die Christlichen Gewerkschaften zwar nicht gut, tolerierte sie aber. Die Integralisten hatten ein Verbot erwirken wollen. Um so mehr sahen die Reformer die päpstliche Entscheidung als ihren Sieg an und bezogen sie auch folgerichtig auf die Zentrumspartei. In der Theorie war die Sache damit entschieden, in der politisch-praktischen Auseinandersetzung setzte ihr erst der Erste Weltkrieg zwei Jahre später das Ende.

Wie schon 1848/49 hatte also erneut das kirchenpolitische Konzept gesiegt, das der Kölner Erzbischof vertrat: erstens eine gewisse Unabhängigkeit der katholischen Laien in politischen und wirtschaftlichen Fragen von der religiösen Führerschaft; zweitens Öffnung des politischen Turms durch Zusammenarbeit mit der nichtkatholischen Christenmehrheit und dadurch demokratische Mitwirkung der Katholiken an politischen Entscheidungen. Die Zusammenarbeit wurde möglich, weil man die Wahrheitsfrage ausklammerte. Denn das Wahrheitsproblem sollte gar nicht, wie es die übereifrigen Integralisten argwöhnten, dadurch gelöst werden, daß man eine »neue Religion für Katholiken und Protestanten konstruieren« wollte »unter Ausschaltung alles spezifisch Katholischen«. Karl Bachem, der Vetter des Julius Bachem, der den Turmartikel geschrieben hatte, stellte jedenfalls klar:

»Der Ausdruck ›allgemein-christliche Basis‹ ist immer nur im politischen und staatsrechtlichen Sinne gebraucht worden. Er ist so etwas wie eine politische Formel, welche das politische Zusammenarbeiten von Katholiken und Protestanten auf politischem, besonders auf parlamentarischem Boden ermöglichen soll. In diesem Sinne hat der Ausdruck absolut keinen religiösen, theologischen, dogmatischen Inhalt, sondern lediglich und ausschließlich einen politischen Inhalt.«

Mit dieser Formel der Ausklammerung, die 1912 für die römisch orientierten Theologen das größere, für die praktisch denkenden Politiker aber das kleinere Übel war, hatte man auch nach 1945 in der Bundesrepublik die Möglichkeit, eine christliche Partei zu gründen. Über die CDU/CSU, die zwar nicht so eindeutig konfessionell geprägt ist wie es das Zentrum war, aber doch ihren Mitgliedern und Wählern nach – im Gegensatz zur Bevölkerung – mehrheitlich katholisch ist, gewannen die Katholiken die Führung im Staat. Über die CDU/CSU versuchte aber auch die traditionelle Theologie ihrem Wahrheitsanspruch in Politik und Gesellschaft Geltung zu verschaffen.

Die Kirche und der Staat

Konrad Adenauer aus Köln, der erste katholische Kanzler dieser Republik, soll den Vorsitzenden der Deutschen Bischofskonferenz, den Kölner Kardinal Joseph Frings, zurechtgewiesen haben, als dieser bemerkte, die heilige Kirche habe viele Anliegen an den Staat, und er hoffe, daß der Staat das wisse.
»Herr Frings, kümmern Sie sich um Ihre Kirche und lassen Se mir den Staat. Und wenn Sie mal so alt sind wie ich und Sie haben Ihre Kirche so in Ordnung wie ich meinen Staat, dann findet sich dat alles von selbst.«
Das ist klassisches katholisches Ordo-Denken, wie man es zum Beispiel 100 Jahre vorher beim Kölner Erzbischof Geissel studieren konnte. Zugegeben, das Zitat läßt sich nicht mehr nachprüfen, aber darauf kommt es hier auch gar nicht an. Festzuhalten ist vielmehr, was hinter der Anekdote steckt: Staat und Kirche stehen nicht nur nach katholischer Auffassung, sondern auch in der gesetzlichen Wirklichkeit gleichberechtigt nebeneinander, sie haben für Ordnung zu sorgen und sich dabei zu unterstützen.
Nach 1945 war es nicht schwer, die Gleichberechtigung von Kirche und Staat im Grundgesetz festzuschreiben. Die Väter der Verfassung übernahmen sie kurzerhand aus der Weimarer Verfassung von 1919. Der katholischen Auffassung von der Gleichordnung zwischen Kirche und Staat hatte damals das protestantische Bündnis zwischen Thron und Altar entsprochen. Was viele evangelische Christen empfanden, mag ein Zitat aus einer Ansprache verdeutlichen, die D. Moeller in jenem Jahr auf dem Dresdner Kirchentag hielt:
»In den evangelischen Kirchen unseres Vaterlandes bestanden seit den Tagen der Reformation die engsten Zusammenhänge mit den öffentlichen Gewalten des Staates. Wir können nicht anders als hier feierlich zu bezeugen, welcher reiche Segen von den bisherigen Zusammenhängen von Staat und Kirche auf beide – auf den Staat und die Kirche – und durch beide auf Volk und Vaterland ausgegangen ist. Und wir können weiter nicht anders, als in tiefem Schmerz feierlich bezeugen, wie die Kirchen unseres Vaterlandes ihren fürstlichen Schirmherren, mit ihren Geschlechtern vielfach durch eine vielhundertjährige

Geschichte verwachsen, tiefen Dank schulden, und wie dieser tiefempfundene Dank im evangelischen Volke unvergeßlich fortleben wird.«
Die in der Bundesrepublik fortlebende katholische Staatsauffassung ist ebenfalls um die Reformationszeit entstanden, wie ein Blick in die Geschichte zeigt.

Die vollkommene Theorie

In der traditionellen Agrargesellschaft, in der weltliche Gesellschaft und religiöse Institution eng miteinander verbunden waren, war die religiöse Institution Vermittler zwischen Gott und der Gesellschaft. Die Theologen entwickelten daraus die Zweischlüssellehre, die Theorie von der päpstlichen Oberhoheit: Der Papst erhält seine Vollmacht von Gott und delegiert die weltliche Vollmacht an den König. Mit dem Ende des Mittelalters nahm aber in der Gesellschaft die Überzeugung zu, daß der politische Bereich autonom sei. So kam es schließlich, daß man die päpstliche Oberhoheit im politischen Bereich ablehnte. Gegen Anfang des 17. Jahrhunderts schlug Kardinal Robert Bellarmin vor, das theologische Lehrsystem den neuen Überzeugungen anzupassen: Religiöse Instanz und weltliche Instanz sollen in ihren Bereichen autonom sein, aber der Papst soll dabei den »moralischen Vorrang« haben. Nur mühsam setzte sich Bellarmins Vorschlag an der Spitze der Kirche durch. Bellarmin selbst wurde erst im 20. Jahrhundert heiliggesprochen und zum Kirchenlehrer ernannt. Seine Theorie hatte Papst Leo XIII. einige Jahrzehnte vorher, nämlich 1885, in der Enzyklika »Immortale Dei« als gültige katholische Lehre festgeschrieben. Die Gewalten Staat und Kirche sind danach zwar geteilt, aber sie stehen gleichberechtigt nebeneinander. Beiden kommt als einzigen sozialen Gebilden das Prädikat »societas perfecta – vollkommene Gesellschaft« zu:

»So hat also Gott die Sorge für das Menschengeschlecht zwei Gewalten zugeteilt: der kirchlichen und der staatlichen. Der einen obliegt die Sorge für die göttlichen Belange, der anderen für die menschlichen . . .«

Jede ist in ihrer Art die höchste: Jede hat bestimmte Grenzen, innerhalb derer sie sich bewegt, Grenzen, die sich aus dem Wesen und dem nächsten Zweck jeder der beiden Gewalten ergeben. Es zieht sich so gleichsam ein Kreis um sie, innerhalb dessen die Tätigkeit einer jeden sich selbständig entfaltet . . .«

Päpstl. Verlautbarungen S. 109 f.

Leo XIII. entschied damit auch nachträglich den Streit, der sich 1848/49 zwischen den deutschen Katholiken um die Trennung und die Unabhängigkeit von Kirche und Staat abgespielt hatte und durch Erzbischof Geissel zugunsten der Unabhängigkeit entschieden worden war. Beide Gewalten, so meinte der Papst, hätten es mit denselben Menschen zu tun, und so könne es vorkommen, daß beide in ein und derselben Sache, wenn auch auf verschiedene Weise, rechtlich zuständig seien. Leo XIII. nennt diese Probleme »res mixtae – Angelegenheiten gemischten Rechts«.

»In Angelegenheiten gemischten Rechts aber entspricht es am meisten dem Wesen der Sache und den Ratschlüssen Gottes, nicht die Trennung dieser beiden Gewalten herbeizuführen, noch viel weniger Streit aufkommen zu lassen, sondern auf volle Eintracht hinzuarbeiten, die im Einklang steht mit den tiefsten Gründen, die beiden Gewalten das Dasein gegeben haben . . .«

Zu den Angelegenheiten gemischten Rechts zählen zum Beispiel Ehe und Schule. In der Bundesrepublik gibt es ein breites Sortiment konkreter verfassungsrechtlicher und gesetzlicher Bestimmungen, etwa über den Religionsunterricht, die katholischen Fakultäten an öffentlichen Universitäten und die Repräsentation der Kirche in Rundfunk und Fernsehen. Wie die Kirche etwa das Recht hat, in staatliche Universitäten hineinzureden, so kann der Staat beispielsweise Einfluß auf die Besetzung von Bischofsstühlen nehmen. Die Trennung von Staat und Kirche, in der ein Staat die Kirchen wie sonstige gesellschaftliche Großgruppen behandelt und keine »res mixtae« anerkennt, widerspricht nach Leo XIII. der göttlichen Zusammenordnung der beiden vollkommenen Gesellschaften.

Die vollkommenen Gesellschaften des Staates und der Kirche können aber auch in einem einzigen Gebilde zusammenfallen, wie früher im Kirchenstaat und heute im Vatikanstaat. Dabei muß man auseinanderhalten: Der Vatikan ist die weltliche Institution der Kirche, der Apostolische bzw. Heilige Stuhl die geistliche Institution. Der Apostolische Stuhl hat den Vorrang, und der päpstliche diplomatische Dienst zum Beispiel repräsentiert gegenüber den Staaten nicht den Vatikan, sondern den Heiligen Stuhl, der ja auch in der mittelalterlichen Staatslehre die Oberhoheit über den weltlichen Bereich hatte. Die neuere Lehre von den beiden unabhängigen Gewalten wird gegenüber der Völkergemeinschaft nun folgendermaßen angewandt: Der Apostolische Stuhl nimmt Beziehungen zwischen zwei vollkommenen Gesellschaften auf, auf nationaler Ebene zwischen Kirche und Staat, auf internationaler Ebene zwischen dem Heiligen Stuhl und den Vereinten Nationen. Eine Regierung, die auf nationaler Ebene die offizielle katholische Lehre anerkennt, dem päpstlichen Botschafter die Stellung als Doyen des diplomatischen Korps zuerkennt und damit zum Ausdruck bringt, daß innerhalb der internationalen Gemeinschaft »geistige und sittliche Werte den Vorrang« haben, »deren Träger« der Papst ist, erhält einen »Apostolischen Nuntius«. Wo dies nicht der Fall ist, trägt der päpstliche Missionschef nur den Titel des »Pronuntius«. Der Nuntius vertritt aber nicht nur erstens die Kirche gegenüber dem Staat, sondern hat zweitens auch innerhalb der vollkommenen Gesellschaft der Kirche eine Aufgabe: Er ist Vertreter des Apostolischen Stuhls bei der nationalen Teilkirche bzw. ihren Bischöfen. Als solcher ist er bei den Katholiken des betreffenden Landes oft gar nicht beliebt, weil er auch als römischer Feuermelder fungiert, wie es 1973 der Bonner Nuntius bewies. Erzbischof Corrado Bafile, spaßeshalber als »Deutschlands prominentester Gastarbeiter« apostrophiert, suchte beim Apostolischen Stuhl die Absetzung des etwas progressiven Limburger Bischofs Wilhelm Kempf zu erreichen, was durch eine Indiskretion seiner römischen Gegner verhindert wurde und ihm den zweiten, gar nicht spaßigen Beinamen »Denuntius« einbrachte.

Die unvollkommene Praxis

Völkerrechtssubjekt ist also nicht der Vatikan, sondern der Heilige Stuhl, das ist im katholischen Kirchenrecht neben dem Amt des Papstes auch die Gesamtheit der leitenden und in seinem Namen handelnden Organe der römischen Kurie. Dieses ehrwürdige Gremium schließt mit Staaten völkerrechtliche Verträge, sogenannte Konkordate, die sich hauptsächlich auf die »res mixtae« beziehen, die unbefristet, unkündbar und nur in gegenseitigem Einverständnis aufhebbar sind, wenigstens nach verbreiteter Auffassung. Sie würden also auch weitergelten, wenn der Vatikanstaat aufgelöst würde. In der Bundesrepublik gelten das 1933 mit Hitler geschlossene Reichskonkordat, das die DDR nicht anerkennt, und eine Reihe von Konkordaten mit Bundesländern. In solchen Konkordaten gibt es zum Beispiel Bestimmungen über den Religionsunterricht, die parteipolitische Tätigkeit von Priestern und über das Gebet für das Wohlergehen des Deutschen Reiches.
Die evangelische Kirche, die nicht den Anspruch erhebt, ein Völkerrechtssubjekt zu sein, schließt keine Konkordate, sondern nur Kirchenverträge. Aber auch sie ist vom grundsätzlichen Verhältnis zwischen Kirche und Staat in diesem Lande betroffen, das mit Gleichordnung,

Selbständigkeit und Partnerschaft umschrieben wird. Es ist im Grundgesetz verankert und kann vom Gesetzgeber nur mit Zweidrittelmehrheit geändert werden. Die Väter unserer Verfassung fügten die fünf entscheidenden Kirchenartikel der Weimarer Reichsverfassung in das Grundgesetz ein und schrieben damit die Koordination beider Gewalten fest. Der Bundesgerichtshof schließlich bestätigte:
»Das Grundgesetz geht von der grundsätzlichen Gleichordnung von Staat und Kirche als eigenständigen Gewalten aus.«
Mit dieser Gleichordnung sucht das Gesetz die Trennung von Kirche und Staat oder zumindest ihre klare gegenseitige Unabhängigkeit zu sichern. Mit Trennung ist aber heute nicht unbedingt eine puristische Säuberung, ein Schnitt durch die Beziehungen von Staat und Kirche, gemeint. Folgendes muß deshalb klar sein:
In unserer pluralistischen Gesellschaft hat jeder mehrere Teilrollen, nämlich als Mitglied der Kirche, der Gewerkschaft, einer Partei, eines Sportvereins usw. Aber eine Rolle haben alle gemeinsam: Sie sind Staatsbürger.
Der Staat und seine Regierung sind die Integrationsspitze der Gesellschaft, ähnlich wie die Hierarchie, die Kirchenregierung, die Integrationsspitze der Kirche ist. Wenn nun die Kirche dem Staat gleichgeordnet ist, warum sind es dann nicht auch die Gewerkschaften oder die Parteien? Die katholische Kirche sagt: Weil beide vollkommene Gesellschaften sind. Aber kann das der pluralistische Staat akzeptieren? Er ist ja kein Glaubensstaat mehr, in dem die Rollen des Staatsbürgers und Kirchenmitglieds zusammenfallen. Auch die Zeit der Ehe von Thron und Alter, in der der König zugleich Bischof der evangelischen Landeskirche war, ist vorbei. Dennoch hat sich das Bündnis zwischen den Gewalten des Staates und der Kirche in unsere Zeit hinübergerettet, obwohl sich die gesellschaftliche Wirklichkeit, die es hervorbrachte, längst geändert hat. Nur setzen sich solche gesellschaftlichen Änderungen sehr langsam in Bewußtseinsänderungen um.
Um die Trennung oder besser die Unabhängigkeit der kirchlichen Institution von der staatlichen Institution geht es, nicht aber um die des Kirchenmitglieds vom Staatsbürger. Wie sollte man sie auch trennen können? Beide Rollen fallen ja in ein und derselben Person zusammen. Ziel der Trennung ist vielmehr die politische Entflechtung der beiden Gewalten des Staates und der Kirche. Denn um die Freiheit der Gesellschaftsmitglieder zu schützen, muß man in der pluralistischen Demokratie prinzipiell auf Trennung bedacht sein. Man muß verhindern, daß gesellschaftliche und staatliche Machtpositionen – Kompetenzen – verwischt werden, weil sonst korruptive Möglichkeiten geschaffen würden.

Vor diesem Hintergrund hat sich die Trennung von Staat und Kirche in fast allen westlichen Demokratien durchgesetzt. Aber in der Bundesrepublik ist sie kaum verwirklicht. Zwar behauptet das Grundgesetz: »Es besteht keine Staatskirche«, doch man braucht gar nicht zynisch zu sein, um dagegenzusetzen: »Es bestehen zwei Staatskirchen, nämlich die evangelische und die katholische.« Tatsächlich ist die Kirche nämlich an den Staat fixiert, wie es schon vor Jahrhunderten war. Das allererste Vorrecht, das die Kirchen vom Staat erhalten, ist ihr Charakter einer Körperschaft öffentlichen Rechts. Nach dem Gesetz dürfen solchen Körperschaftscharakter nur Institutionen haben, die im Auftrag und unter Aufsicht des Staates hoheitliche Aufgaben wahrnehmen. Die Kirche aber darf staats-hoheitliche Aufgaben nicht wahrnehmen, denn das würde dem Grundsatz der Trennung widersprechen, den das Grundgesetz verfügt. Aber andererseits verleiht die Verfassung den Kirchen den Körperschaftscharakter. Man sieht, wie die Trennung von Kirche und Staat durch den Körperschaftscharakter der Kirche wieder unterlaufen wird. Diese Schizophrenie entsprang der staats-kirchenpolitischen Zwickmühle des Jahres 1919. Die Autoren der Weimarer Reichsverfassung waren einerseits am modernen Gedanken der Trennung, andererseits aber am alten Bündnis von Thron und Altar orientiert.

Ordnung ist die erste Kirchenpflicht

Nach katholischer Auffassung haben die Gewalten des Staates und der Kirche auch die Aufgabe, im Interesse des irdischen und ewigen Heils sehr konkret für die öffentliche Ordnung zu sorgen. Das war schon unter Erzbischof Geissel so. Der Staat nahm das geistliche Angebot entgegen und bediente sich seinerseits der Kirche, das Gesellschaftsgefüge zu erhalten. Die Kirche forderte dafür vom Staat, daß er die bestehende irdische Ordnung sichere, was wiederum der Ruhe in den eigenen Reihen zugute kam. Oder um es Leo XIII. sagen zu lassen:
»Die göttliche Kraft des christlichen Glaubens hat einzigartige Stützen für die Ruhe und Ordnung des Staates geschaffen.«
Das war 1885. Ist es im Jahr 1975 anders?
Bis heute ist die Kirchenleitung in der Bundesrepublik dabei geblieben, sich als Ordnungshüter in Erinnerung zu bringen, wenn sie es für notwendig hält. In einer gesellschaftspolitischen Erklärung vor der Bundestagswahl 1972 geißelte die Bischofskonferenz die immer mehr um

sich greifende Zerrüttung der menschlichen Grundwerte und radikale Tendenzen:
»Neben kleineren Gruppen, welche die bestehende Ordnung mit Bomben und Mord umstürzen wollen, sind vielschichtige Kräfte des politischen Extremismus am Werk, die dieses Ziel durch die Radikalisierung von Parteien, Gewerkschaften, Universitäten, Schulen und sonstigen gesellschaftlichen Institutionen erreichen wollen.«
Man sieht, das Leitbild hat sich nicht geändert. Und der Staat weiß nach wie vor solchen Ordnungsdienst der Kirche zu schätzen, wußte es wenigstens in der Gründerzeit dieser Republik. Er bestätigte ihre alten Vorrechte und verschaffte ihr neue. Besonders markant springt dies bei den sogenannten Staatsleistungen ins Auge, die in der Regel auf die Einziehung von Kirchengut durch den Staat zurückgehen. Sie machen 5 bis 10 Prozent der kirchlichen Einkünfte aus. Im Prinzip sind sie zwar rechtlich legitim. Aber Artikel 138 der Weimarer Reichsverfassung, den das Grundgesetz übernahm, bestimmte:
»Die auf Gesetz, Vertrag oder besonderen Rechtstiteln beruhenden Staatsleistungen an die Religionsgesellschaften werden durch die Landesgesetzgebung abgelöst. Die Grundsätze hierfür stellt das Reich auf.«
Bisher denkt jedoch niemand an die Ablösung dieser aus Napoleons Zeiten stammenden Staatsleistungen. Sie wurden in den meisten Bundesländern sogar noch erhöht und laufen praktisch auf staatliche Subventionen an die Kirchen hinaus. Der Zusammenhang zwischen dem Geld und dem Körperschaftscharakter der Kirchen zeigt sich auch noch anders. Ein von katholischem Ordo-Denken unbelasteter evangelischer Kirchenpolitiker meinte kürzlich, die öffentliche Rechtsform der Kirchen sei in der Praxis längst ausgehöhlt. Der Körperschaftscharakter sei für ihn nur noch insoweit interessant, als er die Kirchensteuer absichere.
Tatsächlich ist die Kirchensteuerfrage letztlich der neuralgische Punkt unseres gesamten Staats-Kirchen-Systems. Genau genommen läßt sich alles auf das Kirchensteuerproblem reduzieren. Solange die Kirchen Geld genug haben, können sie Schulen, Krankenhäuser und Kindergärten unterhalten, Militärseelsorge und – wenn sie wollen – eigene Universitäten finanzieren und vieles andere mehr: kurzum, solange ihr finanzielles Polster so dick ist wie zur Zeit, können sie öffentlich präsent sein und Einfluß ausüben. Die Gretchenfrage »Nun sag, wie hast du's mit der Religion?«, die man 1974 auf dem Höhepunkt der Kirche-Staat-Debatte an die Verfechter einer größeren Unabhängigkeit beider Gewalten richtete, ist unterschwellig begleitet von einer drohenden Feststellung, die 1847 schon der liberale David Justus

Hansemann im Preußischen Vereinigten Landtage traf: »In Geldsachen hört die Gemütlichkeit auf.« Das gilt in der Kirchensteuerfrage, wie wohl überhaupt beim Geld, auch für die öffentlichen Verwalter der Religion, nämlich die Kirchenleitungen, von denen viele ja eigentlich erwarten, daß sie weniger als andere zu den Freunden des Mammons gehören.

Kirchensteuer — eine Heilige Kuh, die auf Erden gemolken wird

Gelegentlich geht der Gerichtsvollzieher in den Verlag Kiepenheuer & Witsch, um vom Honorar eines Nobelpreisträgers die Kirchensteuer einzutreiben. Der Katholik Heinrich Böll läßt sich nämlich pfänden und protestiert so gegen Kirchenführer und Politiker. Er ist dagegen, daß die Kirche, wie er sagt, den Staat als Büttel einsetzt, um Geld zu bekommen und will darauf aufmerksam machen, daß es in der Kirche eine Art »brutaler Zuhälteralternative« gebe. Sie laute: Zahlen oder raus! Der Literatur-Preisträger möchte den Leuten zeigen, daß man sich gegen beide Zwänge wehren kann. Deshalb entschied er:
»So billig werden die mich nicht los. Wenn sie mich nicht mehr haben wollen, müssen sie mich rausschmeißen.«
Doch diesen öffentlichen Eklat wußte Peter Nettekoven, der 1975 verstorbene Generalvikar Kardinal Höffners in Köln, in der finanzstärksten deutschen Diözese, stets zu vermeiden. Nettekoven hielt sich, soweit es ging, aus dem Streit heraus und ließ seinen ehemaligen Schulkameraden Heinrich Böll diskret vom Finanzamt pfänden. Denn »rauswerfen«, so sagte er ihm, »wollen wir niemanden«. Gegenüber einer weniger prominenten kaufmännischen Angestellten aus Remscheid zeigte sich die kirchliche Behörde allerdings weniger nachgiebig. Die Angestellte will wie Böll katholisch bleiben und ist wie er gegen das derzeitige kirchen-staatliche Steuersystem. Doch während Böll beruflich selbständig ist, das heißt, seine Steuern selbst an das Finanzamt zahlen muß, werden sie der Arbeitnehmerin vom Arbeitgeber einbehalten und von ihm direkt ans Finanzamt überwiesen. Die Angestellte kann über dieses Geld erst gar nicht verfügen. Auf der Suche nach einem Ausweg ging sie – wie in schöner kirchen-staatlicher Verquickung vorgeschrieben – zum Amtsrichter, wo sie sich bescheinigen ließ:
»Ich erkläre meinen Austritt aus der römisch-katholischen Kirche als

öffentlich-rechtlicher Körperschaft, nicht jedoch aus der römisch-katholischen Kirche als Glaubensgemeinschaft.«

Die kaufmännische Angestellte wollte also aus der Kirche als einer Körperschaft öffentlichen Rechts austreten, sozusagen aus dem öffentlich-rechtlichen Teil der Kirche, also einer deutschen Eigenheit der römisch-katholischen Kirche, nämlich insoweit sie mit Erlaubnis des Staates Steuern erheben und einklagen darf. Indes hatte sie offenbar nichts gegen eine Kirche, die wie Parteien und Gewerkschaften nur freiwillige Mitgliedsbeiträge kassiert. Aber der Kölner Generalvikar Nettekoven erhob Einspruch. Er forderte beim Amtsgericht, man solle die Bescheinigung einziehen und eine neue ausstellen, die besage, daß die Rebellin überhaupt aus der römisch-katholischen Kirche ausgetreten sei, also nicht nur aus der Kirche als steuerberechtigter Körperschaft. Der Amtsrichter folgte dem Generalvikar und stellte sich damit in Gegensatz zu den Oberlandesgerichten in Oldenburg, Hamm und Frankfurt, die amtsgerichtliche Urkunden über Teilaustritte evangelischer und katholischer Christen als gültig anerkennen. Bundesrichter haben indes noch nicht über die Sache entschieden. So kann es dem einen passieren, daß er vom Amtsrichter eine Urkunde über den Teilaustritt erhält und sie behalten darf. Dem andern aber, daß die Bescheinigung auf kirchliches Betreiben wieder eingezogen wird – und dem dritten schließlich, daß sie ihm gleich verweigert wird. Doch selbst eine staatliche Urkunde nutzt dem Besitzer in diesem Fall überhaupt nichts. Für die Kirchenleitungen ist der Austritt aus der Steuergemeinschaft gleich mit dem Kirchenaustritt. Anders gesagt: Wer die Kirchensteuer, nicht etwa freiwillige Beiträge, verweigert, darf nicht an den Sakramenten teilhaben, die ihm das Heil vermitteln.

Die beiden geschilderten Fälle zeigen, daß man beim Problem der Kirchensteuer zwei Dinge unterscheiden muß. Zunächst einmal den Einzug der Kirchensteuer durch den Staat. Der Staat zieht sie mit der Lohn- und Einkommensteuer für die Kirche ein. Dieses Staatsinkasso macht die Verfilzung der Institutionen des Staates und der Kirche besonders deutlich. Das zweite ist aber das Entscheidende, nämlich das Recht der Kirche, ihre Mitglieder überhaupt besteuern zu dürfen. Als Körperschaften öffentlichen Rechts dürfen Kirchen zu bestimmten Sätzen Steuern erheben und müssen nicht wie andere gesellschaftliche Gruppen Beiträge sammeln. Dazu gewährt ihnen der Staat Einblick in die bürgerlichen Steuerlisten. Wäre das nicht so, müßte die Kirche damit rechnen, daß Leute, die umziehen, von ihr nicht mehr ohne weiteres erfaßbar sind, sondern verschollen wären und nicht mehr zur Kasse gebeten werden könnten. Aber wohl noch mehr fürchten die kirchlichen Finanzchefs, daß dann nicht alle genau angeben, was sie wirklich verdienen, daß sich die Millionen der großen Unternehmen in schmale Beiträge verwandeln könnten und die Kirche Jahrzehnte brauchen würde, um mit dieser Situation fertigzuwerden. Als Beispiel wird gern der Verleger Axel Cäsar Springer angeführt, der allerdings sagte, er sei aus politischen, nicht aus finanziellen Gründen aus der Evangelischen Kirche Berlin-Brandenburg ausgetreten. Seinen Schritt begründete er so:

»Ich bin als lutherischer Christ, der als Verleger mitten in den öffentlichen Auseinandersetzungen dieser Zeit steht, in hohem Maße darüber beunruhigt, daß mir die Kirche ständig und unaufgefordert politische, wirtschaftliche und unternehmerische Ratschläge erteilen will und andererseits mehr und mehr darauf verzichtet, mir das bereitzustellen, wofür ich die Kirche tatsächlich brauche: nämlich den Frieden mit Gott, für Trost und Zuspruch und auch für Gewissensforschung am absoluten Maßstab des Evangeliums. Die Einmischung kirchlicher Instanzen – vom Gemeindepastor bis zum Bischof – in die Widersprüche der täglichen politischen Auseinandersetzungen und Querelen verbauen mir immer stärker die Kirche als Stiftung des inneren Friedens.«

Auf der Suche nach dem inneren Frieden schloß sich der Zeitungskönig der Freikirche der 40 000 deutschen Altlutheraner an. So entzog er der Evangelischen Kirche Berlin-Brandenburg seine Kirchensteuer, die im letzten Bescheid auf zwei Millionen Mark festgesetzt worden war. In seiner neuen Kirche zahlt er freiwillige Beiträge.

Die Financiers in den Kirchen fürchten nun, daß viele, die nicht wie Springer gleich aus den etablierten Kirchen austreten werden, wenn ihnen etwas nicht paßt, und sei es nur die Höhe der Kirchensteuer, dann vielleicht aber doch keine Beiträge mehr zahlen werden. Andere, so argwöhnt man zu Recht, möchten vielleicht wenigstens die Verwendung ihres Obolus festlegen, falls es keine Kirchensteuer, sondern nur noch Beiträge gibt und Kirchenmilliarden notfalls nicht mehr zwangseingetrieben werden können. Denn in der Bevölkerung gibt es viele, die gegen die Kirchensteuer sind. Aber nicht alle wollen deshalb gleich die Kirche verlassen.

Man kann drei Gruppen von Kritikern unterscheiden. Die einen finden die Steuer zu hoch, die anderen trennen sich aus Überzeugung von der Kirche und ihrer Steuer, und die dritten sind aus religiösen Gründen gegen die Kirchensteuer. Der katholische Publizist Walter Dirks beschreibt die drei Gruppen so:

»Dazu gehören konventionelle Zeitgenossen, die an vier Lebenshöhepunkten die kirchliche Weihe nicht entbehren möchten, sie aber eben doch lieber billiger kauften, und freiwillig. Nur für Taufe, Konfirmation, Trauung und Begräbnis ist der Preis in der Tat zu hoch. Ernster zu nehmen sind die wirklich Ungläubigen. Gerade wenn man von der kirchlichen Lehre ausgeht, der Glaube sei nicht ein Stück Volkskultur, sondern eine freie Entscheidung und Annahme des Evangeliums, und dies als eine Gnadengabe, wird man Verständnis für die anderen haben müssen, die jene Entscheidung nicht vollziehen. Diese Leute können austreten und sind dann die Kirchensteuer los. Auf der kirchlichen Seite entsprechen diesen konsequenten Ungläubigen gerade die konsequentesten Gläubigen. Sie setzen nicht auf den Reichtum, sondern auf die Armut der Kirche. Sie wünschen sich eine auf Freiheit und Gnade beruhende Kirche, die völlig unabhängig wäre. Eine missionarische und ungesicherte, nicht eine etablierte und gesicherte.«

Von dieser missionarischen Kirche ist freilich nicht viel zu entdecken. Die Kirchensteuer, die zwischen 70 und 90 Prozent der kirchlichen Einnahmen ausmacht, fließt reichlich. Sie beträgt acht oder neun Prozent der Lohn- und Einkommenssteuer, nach Bundesländern verschieden. 1964 ergab das nur 2,8 Milliarden Mark für beide großen Kirchen, 1970 schon vier Milliarden Mark, und 1974 waren es über sieben Milliarden, also weit mehr als doppelt soviel wie noch zehn Jahre zuvor. 1975, so schätzt man, wird die Einnahme aus der Kirchensteuer allerdings wieder auf den Stand von 1973 oder gar 1972 sinken, zwischen sechs und sieben Milliarden. Das hat folgenden Grund: So wie die Gehälter und Einkommen stiegen, kletterten immer auch die Steuern des Staates und mit ihnen die Einkünfte der Kirchen. Aber 1975 trat die Steuerreform in Kraft, die die Einnahmen des Staates aus der Lohn- und Einkommenssteuer um 12 Milliarden Mark verringerte. So ging auch die daran gekoppelte Kirchensteuer zurück. Außerdem senkten 1975 einige Diözesen und Landeskirchen ihren Anteil an der Lohn- und Einkommenssteuer von zehn auf neun Prozent, und drittens verzichteten die Kirchen auf die Vorteile, die ihnen aus der staatlichen Neuregelung des Kindergeldes erwachsen wären.

Dennoch sind die kirchlichen Einnahmen mit sechs Milliarden Mark auch 1975 immer noch sehr hoch, verglichen mit anderen Ländern. In einigen Diözesen hat man gar in Erwartung der mageren Jahre Rücklagen bilden können. Manchmal hat man den Eindruck, daß selbst in kirchlichen Gremien Unbehagen und Unwille über den steigenden Millionensegen herrscht. So hörte man bis vor der Steuerreform aus süddeutschen evangelischen Landeskirchen schon die Forderung, die Kirchensteuer auf sieben Prozent zu senken. Der Katholik Walter Dirks empfiehlt sogar ihren Abbau, gibt aber zunächst zu bedenken:

»Staat und Gesellschaft profitieren heute tatsächlich von den sozialen und karitativen Leistungen der Kirche. Fällt deren Finanzierung plötzlich fort, so wird ein Vakuum entstehen, das die Gesellschaft und der Staat im Augenblick nicht füllen können, weder finanziell noch personell. Die Zeche aber hätten die Bedürftigsten der Bedürftigen zu bezahlen. Darin steckt so viel Wahrheit, daß man selbst als grundsätzlicher Anhänger der Trennung von Kirche und Staat diese nicht überstürzen dürfte. Die Trennung müßte in Übergängen geschehen. Eine simple Übergangsmaßnahme wäre die Senkung der Kirchensteuer.«

Walter Dirks ist ein progressiver Katholik. Genau umgekehrt wie er denken progressive Protestanten. Das hängt mit der unterschiedlichen Struktur der beiden Kirchen zusammen. Die evangelische Kirche ist synodal verfaßt, das heißt: letztlich wird unten an der Basis entschieden. Falls weniger Geld zur Verfügung stehen sollte, dann würde das bedeuten: Die konservative Mehrheit streicht zunächst einmal Posten, die ihr weniger behagen, also gesellschaftspolitische Aufgaben der Kirche, zu Hause und in der Dritten Welt. Die Progressiven sehen die Gefahr, daß dann eine Kirche etwa nach dem Wunsch Axel Cäsar Springers entstehen könnte – eine Kirche, die Trost spendet, tauft, beerdigt und privaten Seelenfrieden stiftet, aber sich weniger als bisher politischen Konflikten stellt, an ihrer Lösung mitarbeitet und zum öffentlichen Frieden beiträgt.

In der katholischen Kirche dagegen ist das ganz anders. Die Kirche ist hierarchisch verfaßt, das heißt: über die Kirchensteuer entscheiden letztlich die Bischöfe. Sie können über das Geld verfügen und haben so mehr Macht, um eine Kirche nach ihrem Geschmack zu fördern, um zum Beispiel administrative Maßnahmen gegen unbußfertige Kritiker, abweichende Zeitungen und unliebsame Institutionen durchzuführen. Nach Meinung progressiver Katholiken kann die katholische Kirche nur dann auf den Reformweg gebracht werden, wenn ihren Machtträgern durch Entzug der Kirchensteuer ein heilsamer Schock versetzt wird. Denn woher sollen sie dann das Geld nehmen, das sie absichert? »Auch der kirchliche Haushalt«, so sagte jüngst ein evangelischer Oberkirchenrat und Finanzexperte, »ist keine Kuh, die im Himmel gefüttert und auf Erden gemolken wird.«

In der Tat. Die kirchliche Kuh wird recht irdisch gefüttert. Sie ist keine himmlische Kuh, aber man hat den Eindruck, daß sie eine heilige Kuh ist, die auf öffentlicher Wiese weidet, der Kirche gehört und vom Staat bewacht wird. Es gibt derzeit keinen prominenten Politiker, der offen für die Abschaffung der Kirchensteuer eintritt, selbst nicht in der FDP, die schon 1969 in ihrer Nürnberger Wahlkampfplattform das Ende der Kirchensteuer forderte. Liselotte Funcke, die maßgebliche Kirchenpolitikerin der Freien Demokraten und Synodalin der Evangelischen Kirche in Deutschland (EKD), ist wohl für die Beseitigung des Staatsinkassos und dafür, in Verhandlungen mit den Kirchen die Kirchensteuer abzuschaffen, was aber nicht möglich sein wird, weil die Kirchen kaum zustimmen werden. Sogar Bundesminister Werner Maihofer, der Chefideologe der FDP und Linksaußen im Parteipräsidium, hält die von seiner Partei geforderte Beseitigung des Kirchensteuersystems für einen »Schildbürgerstreich«, weil dann die Kirche von reichen Geldgebern abhängig werde.

Noch viel eindeutiger ist es in der SPD. Heinz Kühn zum Beispiel, der Ministerpräsident von Nordrhein-Westfalen, der noch Anfang der siebziger Jahre die Kirchen aufforderte, ihre Steuer zu senken, sagt heute so etwas nicht mehr. Offenbar hat er inzwischen nachgerechnet, was das den Staat kosten würde. Sein ehemaliger Finanzminister Wertz befand, wie es heißt, vor der Landtagsfraktion der SPD, zehn Prozent Kirchensteuer seien besser als acht. Die neuen Vorbehalte der Landespolitiker hängen recht pragmatisch mit der allgemeinen Geldknappheit zusammen. Man ist froh, wenn die Kirchen dem Staat Kosten ersparen. Als sie 1974 in einigen Bundesländern beschlossen, den Hebesatz von zehn auf neun Prozent der Lohn- und Einkommensteuer zu senken, um einem einheitlichen Satz für das gesamte Bundesgebiet näherzukommen, wurden sie in Nordrhein-Westfalen, Hessen und Rheinland-Pfalz von Regierungsseite darauf aufmerksam gemacht, daß der Staat seine finanziellen Leistungen an die Kirchen, etwa auf dem sozialen Sektor und im Bildungsbereich, überprüfen müsse, wenn die Kirche selbst »ohne Not« ihre Einnahmen beschneide.

Unterm Strich läßt sich sagen: Die Kirchensteuerfrage ist in der Bundesrepublik politisch tabu. Sie wird es auch wohl auf längere Sicht bleiben. Weil aber die Kirchensteuer der Dreh- und Angelpunkt des westdeutschen Staats-Kirchen-Systems ist, besteht ebenso kein Zweifel, daß an den Grundfesten des Verhältnisses zwischen Staat und Kirche so schnell nicht gerüttelt wird.

In dieser Vermutung kann man sich von Gerhart Baum (FDP), dem Parlamentarischen Staatssekretär im Bundesinnenministerium, bestätigt sehen. Ende 1973 erklärte er im Bundestag, die Regierung denke ebensowenig daran, die Kirchensteuerfrage aufzugreifen wie überhaupt das Verhältnis zwischen Staat und Kirche neu zu ordnen. Den Abgeordneten Jürgen Möllemann (FDP), der sich danach erkundigte, verwies er auf die Regierungserklärung des damaligen Bundeskanzlers Willy Brandt, der 1973 gesagt hatte:

»Wir betrachten sie (die Kirchen) nicht als eine Gruppe unter den vielen der pluralistischen Gesellschaft und wollen ihren Repräsentanten darum auch nicht als Vertreter bloßer Gruppeninteressen begegnen. Wir meinen im Gegenteil, daß die Kirchen in ihrer notwendigen gei-

stigen Wirkung um so stärker sind, je unabhängiger sie sich von überkommenen sozialen oder parteilichen Bindungen machen.«
Das letzte geht über die Kirchensteuerfrage hinaus:
Die Bundesregierung bestätigt offiziell, daß die Kirche keine Gruppe wie die übrigen gesellschaftlichen Gruppen ist, sondern sich von diesen als Partner des Staates abhebt. Daran wird, wie Baum wissen ließ, nichts geändert. Die Frage ist nun, wie die politischen Parteien dazu stehen.

Parteiprogrammatisches zu einem Tabu

Die CDU und die CSU haben in der politischen Praxis die Fahne der Partnerschaft zwischen Kirche und Staat stets hochgehalten. Aber in ihren Parteiprogrammen schweigen sie sich über das Verhältnis von Staat und Kirche aus. Das Berliner Programm der CDU sagt in der Düsseldorfer Fassung von 1971 lediglich:
»Die Unabhängigkeit der Kirchen und Religionsgemeinschaften muß ungeschmälert und die Freiheit der Verkündung ihrer Lehren gesichert bleiben. Sie müssen weiterhin ihre Mitverantwortung für das Gemeinwohl ungehindert wahrnehmen können.«
Im Grundsatzprogramm der CSU von 1968 heißt es:
»Die CSU anerkennt den Öffentlichkeitsauftrag der Kirchen und Religionsgemeinschaften, bejaht ihre Bildungsaufgabe, fördert ihr soziales Wirken und schützt die Freiheit der Verkündigung.«
Dagegen trifft die SPD im Godesberger Programm von 1959 zumindest eine indirekte Aussage über ihre Kirche-Staat-Auffassung. Sie sagt über sich selbst:
»Zur Zusammenarbeit mit den Kirchen und Religionsgemeinschaften im Sinne einer freien Partnerschaft ist sie stets bereit.«
Die Sozialdemokraten proklamieren also die Partnerschaft zwischen Religionsgesellschaften und Parteien. Sie stellen damit die Kirchen und andere Religionsgesellschaften auf eine Stufe mit den Parteien und setzen offenbar hinter die Gleichordnung von Kirche und Staat ein Fragezeichen. So gesehen, ging der ehemalige Bundeskanzler Brandt, der Bundesvorsitzende der SPD, 1973 weit hinter das Godesberger Programm zurück. In der Regierungserklärung beschränkte er sich damals auf die Großkirchen und strich die in Grundgesetz und Parteiprogramm zitierten Religionsgesellschaften. Sodann hob er die Kirchen über alle anderen Gruppen, auch über die Parteien, hinaus.

Als einzige Bundestagspartei hat die FDP 1974 ein klar umrissenes Programm zur Neuordnung des Verhältnisses von Kirche und Staat vorgelegt. Schon 1969 hatte sie außer der Abschaffung der Kirchensteuer auch gefordert, Konkordate und Kirchenverträge, durch die die staatliche Bildungspolitik gebunden werde, in Verhandlungen mit den Kirchen abzulösen. In ihrem neuen Programm, das der Bundesparteitag Anfang Oktober 1974 in Hamburg verabschiedete, tritt sie mit 13 Thesen unter anderem dafür ein, den Körperschaftscharakter der Kirchen zu beseitigen und ein neues Verbandsrecht zu entwickeln, das auch für die Kirchen gilt; den Vorrang Freier Träger vor dem Staat abzuschaffen und beide gleichzustellen; die religiöse Eidesformel zu streichen.

Als der Hamburger Parteitag das sogenannte Kirchenpapier verabschiedete, war die Diskussion in der katholischen Kirche längst gegen die FDP gelaufen. Im allerersten Papier, das 1973 die nordrhein-westfälischen Jungdemokraten verfaßt hatten, las man nämlich scharfe Kritik an den Kirchen. Die Judos begannen gar eine grundsätzliche Auseinandersetzung über das Verhältnis von Liberalismus und Christentum. Von den Parteijüngern wurde die Diskussion in die FDP getragen. Um die Sache in den Griff zu bekommen, berief der Bundesvorstand eine Kirchenkommission, die sich auf das Verhältnis von Kirche und Staat beschränkte und eine Arbeit vorlegte, aus der der Bundesvorstand einen Entwurf formulierte, der dann fast unverändert in Hamburg Parteiprogramm wurde.

Aber das Kirchenkonzept der FDP war aus dem jungdemokratischen Stallgeruch nicht mehr herauszubringen. Den Freien Demokraten wurde so ziemlich alles angehängt, was 1973 aus der Ecke der Judos gekommen war und sogar noch mehr. Am 4. September 1974 urteilte die Katholische Nachrichtenagentur über den gerade verabschiedeten Thesenentwurf, den der Bundesvorstand vier Wochen später auf dem Hamburger Parteitag zur Diskussion stellte:

»In den 14 Thesen fehlt zwar die rüde Philosophie der rheinischen Jungdemokraten, die in ihrem Duisburger Programm sogar den Zölibat, den Marienkult und die evangelischen Kirchenlieder regulieren wollen; ihre Forderungen aber, die auf der Bundesdelegiertenkonferenz 1973 beschlossen wurden, sind doch wesenstreu in das Kirchenpapier eingegangen.«

Ein paar Tage später las die Masse des braven Kirchenvolkes in den Kirchenzeitungen, was KNA serviert hatte. Das ebenso sauertöpfische wie sauerländische Kampfblatt »neue bildpost« erinnerte an das »Duisburger Programm der rheinischen Jungdemokraten«, in dem »sogar eine ›Regulierung‹ des Zölibats, des Marienkultes und der evangelischen Kirchenlieder gefordert wird«. Und dann folgerte »neue bildpost«:

»Es geht um nichts anderes als um eine Wiederholung des Kulturkampfes unter Bismarck zwischen 1871 und 1880.«

Was KNA in der Kirchenpresse lancierte, war in der Sache falsch und im Stil polemisch. »Rheinische Jungdemokraten«, die in Duisburg ein Programm beschlossen hätten, gibt es überhaupt nicht, sondern dort fanden lediglich zwei Delegiertenkonferenzen statt, nämlich eine nordhrein-westfälische und eine bundesdeutsche. Beide verabschiedeten ein Kirchenpapier, aber in keinem von ihnen findet sich etwas über Zölibat, Marienkult und evangelische Kirchenlieder.

Doch genug damit. Worum geht es eigentlich im Kirchenpapier der FDP? Antwort darauf können drei Freie Demokratinnen geben, die ihre Position couragiert dem Parteivolk in Hamburg vortrugen: Hildegard Hamm-Brücher, FDP-Landespolitikerin in Bayern und dort Mitglied der evangelischen Synode; Liselotte Funcke, Vizepräsident des Bundestages, maßgebliche Kirchenpolitikerin der FDP und Mitglied der Synode der EKD; Ingrid Matthäus, ehemalige Bundesvorsitzende der Jungdemokraten und eine der vier Initiatoren der jungdemokratischen Kirchendebatte. Für Hildegard Hamm-Brücher besteht kein Anlaß, das vor 50 Jahren in Weimar fixierte Verhältnis zwischen Kirche und Staat zu ändern. Für Liselotte Funcke dagegen ist das traditionsreiche Bündnis zwischen Thron und Altar überholt. Sie blickt auf den Standort der Kirchen in der Gesellschaft. Für Ingrid Matthäus schließlich ist es notwendig, daß nicht nur die Gesellschaft demokratisch ist, sondern daß auch die Kirchen demokratisiert werden, daß zum Beispiel den katholischen Geistlichen das »Grundrecht aufs Heiraten« verschafft wird und die Frauen in den Kirchen nicht mehr diskriminiert werden. Die drei Politikerinnen repräsentieren die drei wichtigsten kirchenpolitischen Trends. In der FDP steht Hildegard Hamm-Brücher auf verlorenem Posten. Liselotte Funcke setzte in Hamburg ihr Konzept durch, mußte sich aber im neuralgischen Punkt des Kirchen-Staat-Verhältnisses, der Kirchensteuer, mit Ingrid Matthäus auf einen Kompromiß einlassen. Sie wollte die Kirchensteuer allenfalls in Verhandlungen mit den Kirchen abschaffen, ihre Kontrahentin jedoch wollte die Kirchen überhaupt nicht mitreden lassen. Das Fußvolk beschloß indes, daß die Kirchensteuer beseitigt und mit den Kirchen über die Modalitäten der Abschaffung verhandelt werden soll.

Die 13 verabschiedeten Thesen gehen nicht mehr von der gesetzlich verankerten Gleichordnung zwischen Kirche und Staat aus, sondern setzen beim gesellschaftlichen Platz der Kirche, bei den Kirchenmitgliedern und Staatsbürgern an. Wenigstens trifft das grundsätzlich zu, wenn auch – bedingt durch die verschiedenen Entwicklungsphasen und Interessengegensätze der Autoren – manches in dem Papier diesem Ansatz widerspricht.

Auf diesem Hintergrund steht die Forderung, die organisatorischen Verflechtungen zwischen Staat und Kirche zu lösen. Aber das ist nicht unfreundlich gegenüber den Kirchen gemeint. Sie sollen nicht ins Getto gedrängt, sondern vom Staat sogar finanziell unterstützt werden. Der Staat selbst, der die letzte Verantwortung für das Gemeinwohl trägt, soll mehr Zuständigkeiten erhalten, um den Gliedern, die das Ganze ausmachen, die notwendige Hilfe zu leisten, was durch die augenblickliche Rechtslage bisweilen erschwert wird. Dies entspricht einer Auslegung des Subsidiaritätsprinzips, wie sie etwa der katholische Sozialwissenschaftler Oswald von Nell-Breuning vornimmt (siehe Seite 102ff). Geht man von diesem gesellschaftlichen Ansatz aus, dann können die Kirchen keine Körperschaften öffentlichen Rechts mehr bleiben, weil sie keine staatlichen Aufgaben erfüllen. Aber die FDP will sie gleichwohl nicht auf die Vereinsebene der Sportfischer und Taubenzüchter hinunterdrücken. Vielmehr will sie ein neues Verbandsrecht entwickeln, das der Bedeutung der Großgruppen und ihrem öffentlichen Wirken Rechnung trägt. Drei Fragen ergeben sich.

Die erste richtet sich an die FDP selbst. Wird sie bei dieser Konzeption bleiben, oder wird sie langfristig auf die viel weitergehende Strategie ihrer Töchter und Söhne einschwenken, die auch von Ingrid Matthäus öffentlich vertreten wurde: Die Kirchensteuer wird gegen den Willen der Kirchen abgeschafft; der Staat darf sich in kirchliche Angelegenheiten einmischen, in Kindertaufe und Zölibat zum Beispiel; aus den Kirchen werden ganz gewöhnliche Vereine; die Freien Träger geraten ins Schlepptau eines übermächtigen Staates.

Die zweite Frage ist an die SPD, den Koalitionspartner der FDP, zu stellen. Ist die Absage, die ihr Vorsitzender Willy Brandt den freidemokratischen Kirchenthesen erteilte, tatsächlich das letzte Wort? Denn wie das Kirchenprogramm der FDP sieht ja auch das Godesberger Programm die Kirchen auf einer Partnerschaftsebene mit den Parteien, stuft sie also offenbar als gesellschaftliche Großgruppen ein, auch wenn man heute in der SPD-Spitze aus Angst vor den Kirchenoberen nicht gern darüber spricht. An der Basis aber scheint es eindeutiger zu sein. Offenbar stehen die SPD-Wähler den freidemokratischen Kirchenthesen noch näher als die eigenen Wähler der Liberalen. 1972 meinten bei einer Allensbach-Umfrage 36 Prozent der SPD-Wähler, aber nur 26 Prozent der FDP-Wähler (und 18 Prozent der CDU-Wähler), die Kirchen könnten auch ohne Kirchensteuer auskommen.

Die dritte Frage geht an die Kirchen. Macht ihnen die FDP nicht in Wirklichkeit ein Angebot, das ihnen entgegenkommt? Sie will die Kirchensteuer zum Beispiel nicht von heute auf morgen, sondern langfristig und im Gespräch mit den Kirchen abschaffen. Über diese Anregung sollten die Kirchenfürsten zumindest nachdenken. Denn wer weiß schon, wie lange das Kirchensteuersystem der Bundesrepublik, das – verglichen mit den Nachbarländern – einem kirchlichen Finanzparadies gleicht, noch von der Bevölkerungsmehrheit getragen wird.

Die fromme Lobby von Bonn

Die Entwicklung der letzten Zeit zeigt aber, daß das Nachdenken offenbar noch nicht begonnen hat. Das Kommissariat der deutschen Bischöfe in Bonn sprach 1973 schon von einer »Herausforderung«, als der Bundesvorstand der FDP das Fußvolk aufforderte, sich über das Verhältnis von Staat und Kirche Gedanken zu machen und das Kirchenpapier der Parteikommission zu studieren. Man sieht, wie sehr sich im politischen Schaltraum der katholischen Kirche der Gedanke festgesetzt hat, das über hundert Jahre alte Kirche-Staat-Tabu dürfe nicht angerührt werden.

Das Kommissariat der deutschen Bischöfe, kurz »Katholisches Büro« genannt, ist der politische Arm der Bischofskonferenz in Bonn. In der Satzung des Verbandes der deutschen Diözesen wird es neben dem Sekretariat der Bischofskonferenz als eigene Dienststelle geführt. Sie ist dem Vorsitzenden der Bischofskonferenz unmittelbar zugeordnet. Die Bischöfe verfügen also über zwei Exekutiven, nämlich das Sekretariat, das sich vor allem mit Glaubensfragen beschäftigen soll, und das Kommissariat, dem der Bereich von Kirche, Staat und Gesellschaft zugeordnet ist. Prälat Wilhelm Wöste, der Leiter des Katholischen Büros, umreißt seine Aufgabe folgendermaßen:

»Es ist die Kontaktstelle der deutschen Bischöfe zur Regierung im weitesten Sinn. Das heißt, zu allen politischen Bundesorganen hier in Bonn, also dem Bundespräsidenten, der Bundesregierung, den Ministerien, dem Bundesrat und dem Deutschen Bundestag mit seinen Fraktionen. Seine Aufgabe ist es, einmal Informationen und Anregungen für die katholische Kirche von den genannten politischen Stellen entgegenzunehmen. Zum anderen bringt es die Auffassungen der katholischen Kirche zu den anstehenden politischen Entscheidungen, die das Gemeinwohl betreffen, bei der Regierung ein.«

»In allen Bereichen, wo Staat und Kirche kooperieren bzw. in ihrer Tätigkeit aufeinander angewiesen sind, zum Beispiel in der Entwicklungshilfe, führt es die Verhandlungen im Auftrage der Kirche. Nicht zuletzt gibt das Katholische Büro Anregungen an die Bundesregierung bezüglich jener Gruppen und Menschen, für die die Kirche immer mehr zur Sachwalterin geworden ist, nämlich für die gesellschaftlichen Randgruppen. Insgesamt beruht, auch nach Auffassung der jetzigen Regierung, das Verhältnis von Staat und Kirche auf Partnerschaft. Und so führt das Kommissariat der deutschen Bischöfe das partnerschaftliche Gespräch mit der Bundesregierung im Auftrage der Kirche. Und so wird es auch bei unserem Partner angesehen.«

Das Katholische Büro tritt gegenüber dem gleichberechtigten staatlichen Partner mit diplomatischem Selbstbewußtsein auf, wobei es sicherlich Zufall ist, daß es sich in der Kaiser-Friedrich-Straße schräg gegenüber dem Bundespräsidialamt befindet, und wobei es eigentlich auch nichts zu sagen hat, daß manche Sitten an die Regierung und ihre Ministerien erinnern: Zum Beispiel hakt der Chef Aktenumläufe grün und sein Stellvertreter rot ab. Die katholischen Kirchenpolitiker von Bonn versuchen häufig, sich schon in das Entstehen der Gesetze einzuschalten, auf die Gesetzentwürfe in den Ministerien Einfluß zu nehmen. Denn später läßt sich erfahrungsgemäß nicht mehr viel ändern. Daneben gibt es aber auch informelle, persönliche Kanäle. So wäre beispielsweise folgender Weg vorstellbar: Die deutschen Bischöfe haben den katholischen Studenten wegen abweichlerischer Projekte den Geldhahn zugedreht (siehe Seite 108ff). Kurz darauf empfängt Bundespräsident Heinemann eine Delegation der verfemten Dachorganisation Katholische Studenteneinigung. Dieser Vorfall ruft das Bonner Kommissariat der Bischöfe auf den Plan; über den direkten Draht erkundigt man sich im Bundespräsidialamt höchst offiziell nach dem Gespräch, forscht nach, ob sich die Studenten denn selbst eingeladen hätten. Heinemann lasse sich so ein Gespräch doch wohl nicht aufreden. Im Bundespräsidialamt muß das natürlich den Verdacht wecken, die Bischöfe seien über Heinemanns Einladung verärgert, sähen einen Eingriff in die inneren Angelegenheiten der autonomen Kirche und wollten über ihr Büro darauf aufmerksam machen.

Genaugenommen wird die katholische Kirche aber beim Bundespräsidenten und bei der Bundesregierung durch den Heiligen Stuhl, repräsentiert durch den Nuntius, vertreten. Was also soll das Kommissariat der Bischofskonferenz eigentlich noch? Würde es nicht reichen, eine weniger aufwendige Kontaktstelle einzurichten, die mit den Vertretern der Parteien und der großen gesellschaftlichen Gruppen das Gespräch pflegt? Diese Aufgaben, so wäre weiter zu bedenken, könn-

ten sogar vom Sekretariat der Bischofskonferenz wahrgenommen werden, zumal es sich ohnehin schon darum kümmert. Vermutlich wäre das auch kostensparend.
Auch Papst Pius XII. war nach 1945 der Meinung, ein Katholisches Büro in Bonn erübrige sich, weil seine Aufgaben durch die Nuntiatur erledigt werden könnten. Aber wieder einmal mehr war es ein Kölner Erzbischof, der in Rom deutsche Kirchenpolitik machte: Der damalige Vorsitzende der Fuldaer Bischofskonferenz, Joseph Kardinal Frings, konnte den Papst von dem besonderen Verhältnis des deutschen Katholizismus zur Politik und von der Notwendigkeit eines politischen Exekutivorgans der Bischöfe überzeugen. So wurde eine eigenständige deutsche Kirchenpolitik, die sich nicht unbedingt an Entwicklungen in der Weltkirche messen lassen muß, um so besser ermöglicht. Deutlich weicht der westdeutsche Katholizismus zum Beispiel von der Staat-Kirche-Position des Zweiten Vatikanischen Konzils ab. 1973 umschrieben die deutschen Bischöfe den rechtlichen Aspekt ihres Kirche-Staat-Verständnisses so:
»Die in der Regierungserklärung des Bundeskanzlers bestätigte Partnerschaft zwischen Staat und Kirche bedeutet nicht nur Unabhängigkeit voneinander, sondern auch Zusammenarbeit miteinander, die wegen der Vielfalt und der Komplexität der beiderseitigen Aufgaben auch der geregelten Form bedarf.«
Und Prälat Wöste brachte die westdeutsche Praxis 1973 sogar mit dem Zweiten Vatikanischen Konzil in Verbindung:
»Nach dem Vatikanum II sind die Kirchen und der Staat eigenständige Größen, die aber aufeinander zugeordnet sind, weil sie sich um die gleichen Menschen bemühen und um das Wohl derselben Gesellschaft. Gerade aus diesem Grunde ist eine partnerschaftliche Zusammenarbeit zwischen Kirche und Staat erwünscht.«
Wöste hat insofern recht, als die Konzilsväter formulierten:
»Die politische Gemeinschaft und die Kirche sind auf je ihrem Gebiet voneinander unabhängig und autonom. Beide aber dienen, wenn auch in verschiedener Begründung, der persönlichen und gesellschaftlichen Berufung des gleichen Menschen.«
Aber das Konzil legte sich nicht wie Wöste auf die Partnerschaft – sprich Gleichordnung von Kirche und Staat – fest, sondern ließ diese Frage offen. Der maßgebliche Satz in der »Pastoralkonstitution über die Kirche in der Welt von heute« lautet:
»Ihren Dienst können beide zum Wohl aller um so wirksamer leisten, je mehr und besser sie rechtes Zusammenwirken miteinander pflegen; dabei sind jeweils die Umstände von Ort und Zeit zu berücksichtigen.«

Hierüber urteilt der katholische Sozialwissenschaftler Oswald von Nell-Breuning:
»Die Wendung ›attentis locorum temporumque adiunctis‹ (also die Forderung, die Umstände von Ort und Zeit zu berücksichtigen) hält alle Möglichkeiten offen, insbesondere auch das von vielen, vor allem von den US-Amerikanern aufgrund ihrer Erfahrung bevorzugte und befürwortete System der freundschaftlich-wohlwollenden Trennung von Kirche und Staat, das im Verhältnis zum pluralistischen Staat zweifellos das nächstliegende, vielleicht sogar das einzig konsequent Realisierbare ist.«
Selbst das Zweite Vatikanische Konzil stellte also das westdeutsche Kirche-Staat-Tabu in Frage. Da Staat und Kirche es mit den gleichen Menschen zu tun haben, hielten die Konzilsväter die ständige, den jeweiligen Umständen angepaßte Zusammenarbeit für wichtig.
Bei einer weiteren Konzilsaussage denkt Oswald von Nell-Breuning ebenfalls offenbar nicht unbedingt so wie westdeutsche Kirchenpolitiker. Das Konzil erklärte: »Die Kirche, die in keiner Weise hinsichtlich ihrer Aufgabe und Zuständigkeit mit der politischen Gemeinschaft verwechselt werden darf, noch auch an irgendein politisches System gebunden ist, ist zugleich Zeichen und Schutz der Transzendenz der menschlichen Person.«
Nell-Breuning schrieb 1968 dazu: »Schwer ist zu deuten, was gemeint ist ...« Für das Zentralkomitee der deutschen Katholiken dagegen scheint klar zu sein, was die Konzilsväter sagen wollten: 1973 brachte das Katholikenkomitee das Papier »Die Stellung der Kirche im demokratischen Verfassungsstaat« heraus, das auf folgende Aussage hinausläuft: Der moderne Staat muß, wenn er nicht auf reinen Machtpositionen oder einer totalitären Ideologie beruht, anerkennen, daß es vorgegebene Werte und Rechte gibt, die er selber nicht setzen kann, die aber anerkannt werden müssen, wenn überhaupt ein Zusammenleben der Menschen ermöglicht werden soll. Zum anderen muß er zugeben, daß die existentielle Bedingtheit des Menschen gerade seine Transzendenz, seine Angewiesenheit auf das Absolute, letztlich auf Gott, verlangt. Und über diese Transzendenz kann wiederum der Staat nicht verfügen. Da die Kirche Anwalt dieser Werte und Zeichen und Schutz dieser Transzendenz ist, muß sie in ihrem innersten Wesen autonom, das heißt vom Staat unabhängig, sein. In der Bundesrepublik hat sich, im Gegensatz zu anderen Ländern wie Frankreich und den USA, eine Regelung entwickelt, nämlich die Partnerschaft zwischen Kirche und Staat, die weitgehend der Lehre der Kirche entspricht. Soweit kurz gefaßt das ZdK.
Jedoch, »Lehre der Kirche« – was heißt das in diesem Fall? Auch

darüber können die Meinungen auseinandergehen, wie ein weiteres Beispiel zeigt:
Die Konzilsväter setzten eine kirchenpolitische Wendemarke: Die Kirche, so verkündeten sie, vertraue nicht auf staatliche Privilegien und werde sogar auf Vergünstigungen verzichten, wenn die Lauterkeit ihres Zeugnisses in Frage gestellt sei oder wenn veränderte Verhältnisse eine andere Regelung erfordern.
Dieser Linie folgte im Ansatz auch das Arbeitspapier »Aufgaben der Kirche in Staat und Gesellschaft«, das die Sachkommission V der Synode der Bistümer 1973 vorgelegt hat:
»Die Kirche wird sich in jedem konkreten Einzelfall einer staatlichen Förderung stets von neuem fragen müssen, ob die ›Lauterkeit ihres Zeugnisses‹ nicht beeinträchtigt wird. Diese Lauterkeit wird grundsätzlich nicht in Frage gestellt und ein Rechtsverzicht der Kirche wird dementsprechend nicht erforderlich, wenn es sich nicht um staatliche ›Privilegien‹ für die Kirche handelt, sondern um eine – dem Wesen der Kirche nicht widersprechende – Zubilligung normaler üblicher Behandlung durch den demokratischen Staat, um eine Förderung, die allen gesellschaftlichen Gruppen zuteil wird oder zuteil werden kann, und bei der eine Aussparung der Kirche eine Verletzung der staatlichen Neutralität wäre.«
So weit, so gut. Dann aber fährt das Papier fort:
»Die ›Lauterkeit des Zeugnisses der Kirche‹ wird auch dann grundsätzlich nicht in Zweifel zu ziehen sein, wenn es sich um eine ›gruppenspezifische Förderung‹ der Kirche durch den Staat handelt, die die Kirche freier macht für den ihr aufgetragenen Dienst am Menschen in der pluralen Gesellschaft des demokratischen Gemeinwesens.«
»Gruppenspezifische Förderung« ist das Schlüsselwort. Um zu enträtseln, was dahintersteckt, empfiehlt es sich, eine Aussage der deutschen Bischöfe zu bedenken, die ebenfalls aus dem Jahre 1973 stammt:
»Die Kirche versteht sich aufgrund ihres Stiftungsauftrages nicht einfach als ein gesellschaftlicher Verband unter anderen.«
Mit anderen Worten: Einerseits soll die katholische Kirche wie alle gesellschaftlichen Gruppen gefördert werden, da sonst der Staat seine Neutralität verletzt. Andererseits aber ist sie nicht einfach eine gesellschaftliche Gruppe unter anderen, sondern Partner des Staates mit einem geistlichen Auftrag, und soll gruppenspezifisch gefördert werden, was in diesem Fall nur Privilegierung gegenüber anderen Gruppen bedeuten kann.
Im Klartext heißt das offenbar: Die Privilegien, die der Staat den Kirchen in der Bundesrepublik gewährt, beeinträchtigen die vom Konzil gewünschte »Lauterkeit ihres Zeugnisses« nicht. Durch die Hinter-

tür erhält die alte Theorie wieder Eingang. In der Praxis hatte sich ja ohnehin nichts geändert. Oder um es kirchengeschichtlich zu sagen: Heute ist die westdeutsche Teilkirche wieder dort angekommen, wo das Konzil 1962 aufbrach.

Die Kirche und die Parteien

»So sehr wir wahrscheinlich auch immer die Partei der Minderheit der Bischöfe bleiben werden, so sehr könnten wir sehr wohl die Partei der Mehrheit der Kapläne werden.«
So beurteilte Heinz Kühn, stellvertretender Bundesvorsitzender der SPD und Ministerpräsident in Nordrhein-Westfalen, die Perspektiven zwischen Katholiken und Sozialdemokraten. Sein Bonmot, das noch vor zehn Jahren keinem Genossen über die Lippen geraten wäre, zielt auf die Wandlungen des Verhältnisses zwischen Katholiken und Parteien.

Katholische Landsleute gehen fremd

Schon in der Wahlnacht vom 19. November 1972 hatte der SPD-Vorsitzende Willy Brandt Aufsehen erregt, als er den katholischen Landsleuten dafür dankte, daß sie den Wahlsieg der SPD ermöglicht hätten. »Meine Partei begegnete draußen im Land einer zunehmenden Aufgeschlossenheit, und ich beobachtete mit besonderer Freude den Geist wachsender Offenheit unter unseren katholischen Landsleuten.«
In der Tat votierten zwei Gruppen von Katholiken mehr als bei früheren Urnengängen für die SPD. Erstens die Unkirchlichen, die Randkatholiken, die mit dem Abbau der Kirchenbindung auch der CDU/CSU den Laufpaß gaben. In überdurchschnittlichem Maße tendierten aber auch zweitens Katholiken zur SPD, die regelmäßig zur Kirche gehen. Der Mann, der dies herausgefunden hat, ist keineswegs in einem SPD-nahen Institut tätig. Er heißt Gerhard Schmidtchen, ist Ordinarius für Sozialpsychologie und Soziologie an der Universität Zürich und hatte zuvor im Auftrag der Gemeinsamen Synode der Bistümer in der Bundesrepublik und in Verbindung mit dem Institut für Demoskopie in Allensbach einen Bericht über den deutschen Katholizismus vorgelegt. Schmidtchen vermutet, daß das von der SPD in den Vordergrund gerückte Thema »Frieden« für die kirchentreuen

Katholiken besonders attraktiv war. Und sicher war es hier besonders die Anziehungskraft des als unzweifelhaft integer angesehenen Friedenskanzlers Brandt, die Katholiken den Schritt zur SPD tun ließ. Außerdem hätten, da es sich bei den regelmäßigen Kirchengängern meist um ältere Menschen handelt, wahrscheinlich die Rentennachzahlungen eine Rolle gespielt.
Das Wahlergebnis rief jene katholischen Kreise und Institutionen auf den Plan, die man politisch gesehen im Lager der Opposition ansiedeln muß. Zwei Tage nach der Bundestagswahl erklärte Wilhelm Wöste, der Leiter des Kommissariates der Bischöfe in Bonn:
»Im übrigen wird man wohl erwarten können, daß die SPD im Hinblick auf ihre katholischen Wähler nun ein etwas größeres Verständnis für katholische Grundauffassungen aufbringt. Es wäre gut, wenn die Worte des Bundeskanzlers in der Wahlnacht, mit denen er den katholischen Wählern für eine wachsende Offenheit dankte, auch in dieser Richtung gedeutet werden können.«
An diesem Wunsch wundert folgendes: Der katholische Zuwachs der SPD hatte sicherlich nicht den Segen der sogenannten Institution Kirche und katholischer Organisationen, wie etwa des Kommissariates der Bischöfe und des Zentralkomitees der deutschen Katholiken, das massiv der CDU/CSU Wahlhilfe geleistet hatte. Vermutlich handelte es sich bei katholischen SPD-Wählern eher um Wähler, die auf andere Stimmen hörten und die deshalb über die politische Verwirklichung katholischer Grundauffassungen auch wohl anders denken als Prälat Wöste, um Wähler, die die SPD gerade trotz der kirchenoffiziellen Warnungen gewählt haben.
Wenig später meldete sich auch Bernhard Vogel, Präsident des Zentralkomitees der deutschen Katholiken und CDU-Kultusminister in Rheinland-Pfalz:
»Ich plädiere beispielsweise auch dafür, daß man der neuen Regierung eine faire Chance gibt und sie nun nicht an der Aussage aus der Wahlnacht, mehr Katholiken hätten diese Koalitionsregierung gewählt, mißt, sondern daß man sie danach beurteilt, wie auf die neuerschlossenen Wählerschichten in den Gesetzgebungsprogrammen der künftigen Regierung Rücksicht genommen wird.«
Vogel suchte also auch zu unterstellen, daß die neuen Wählerschichten der Koalition irgendwie eine andere Interessenlage hätten als die alten Wählergruppen. Man mag darüber spekulieren, ob Bernhard Vogel eine katholische Interessenlage meinte, die der des Zentralkomitees der deutschen Katholiken sehr ähnelt und damit in gewisser Weise der Interessenlage der CDU/CSU. Tatsächlich muß man die Vermutung, daß zwischen der Interessenlage der neuen katholischen Wähler und

der Interessenlage der Koalition ein Unterschied besteht, doch wohl bezweifeln, es sei denn, man wollte diesen Katholiken politische Bewußtlosigkeit unterstellen.
Sechs Wochen nach der Wahl sagte schließlich der Vorsitzende der Deutschen Bischofskonferenz, Julius Kardinal Döpfner, ganz ähnlich: »Es ist bedauerlich, daß manche Katholiken, die sich in katholischen Wählerinitiativen für Parteien einsetzen, offensichtlich mehr daran denken, die Gemeinschaft der Kirche für Parteien zu öffnen, als die Grundsätze und Einzelauffassungen dieser Parteien kritisch zu überprüfen, womöglich zu ändern, oder aber, sofern dies nicht möglich ist, die Konsequenzen daraus zu ziehen.«
Eine Schlacht war verloren, und die kirchlichen Wahlkämpfer wollten es noch nicht so recht wahrhaben – offensichtlich sehen sie es nicht gern, daß sich Katholiken zu SPD und FDP bekennen. Es gab und gibt sogar Versuche, sie als katholische Außenseiter abzustempeln, die ja eigentlich schon gar nicht mehr so richtig katholisch sind. Und man sagt außerdem, es gehe in erster Linie nicht darum, die Kirchen für die Parteien, d. h. für politischen Pluralismus, zu öffnen, sondern es komme vielmehr darauf an, daß die Parteien die katholischen Grundauffassungen berücksichtigen – wobei selbst unter Katholiken mehr denn je strittig ist, was katholische Grundauffassungen politisch sind (siehe Seite 63ff). Und man sagt jenen »Außenseitern« gleichzeitig: Nun seht mal zu, daß ihr die Beschlüsse der Parteien ändert, sofern sie katholischen Grundauffassungen nicht entsprechen. Das heißt, man versucht von außen her im Stile von Pressure-groups politisch Einfluß zu gewinnen, was aus zwei Gründen nicht vertretbar ist; erstens aus einem theologischen Grund: Kirchliche Institutionen geraten dabei einmal mehr in die Gefahr, ihre geistliche Autorität als Druckmittel zu mißbrauchen, um recht weltliche Ziele zu erreichen. Zweitens geschieht diese Einflußnahme in einer Weise, die Verständnis für Demokratie vermissen läßt. Denn der demokratische Weg, sich politisch durchzusetzen, führt nicht über Druck von außen, sondern über die Mitarbeit in den Parteien. Man sollte sich also erst einmal allgemein für eine Mitarbeit öffnen und sie über einen angemessenen Zeitraum erproben, bevor man im Sinne Döpfners Konsequenzen erwägt. Doch davon ist man heute offenbar weiter denn je entfernt.
Versuche zur Öffnung hatte es seit den 50er Jahren immer wieder gegeben. Der Gegensatz im deutschen Katholizismus spitzte sich geradezu auf die Formen »geschlossen« und »offen« zu. Eine größere Gruppe stützte sich auf die Macht geschlossener Organisationen, die sie in der pluralistischen Gesellschaft einsetzen wollte, und verbündete sich politisch mit der Partei, die das »C« im Namen trägt. Eine Minder-

heit dagegen vertraute mehr auf die Kraft der christlichen Botschaft und war zum Engagement in allen gesellschaftlichen Gruppierungen und politischen Parteien bereit. Doch die Minderheit hatte höchstens eine Außenseiterchance im Katholizismus. Erst 1972 machte man sich daran, die Geschlossenheit auf breiter Front zu sprengen. Innerkirchlich mit der Arbeitsgemeinschaft Offene Kirche (siehe Seite 128ff), politisch und gesellschaftlich mit einer katholischen SPD-Wählerinitiative und mit einem Arbeitskreis katholischer Liberaler, der im Umfeld der FDP angesiedelt ist.
Zum erstenmal konnte nun auch die SPD von einigen Katholiken Schützenhilfe erwarten, vor allem von Theologieprofessoren und katholischen Intellektuellen.

Roter Hahn im schwarzen Hof

Wählerinitiativen waren bekanntlich ein besonderes Kennzeichen des Bundestagswahlkampfs 1972. Bekannt wurden besonders die für die SPD unter dem Signum »Bürger für Brandt« firmierenden Initiativen und die »Aktion blaues Dreieck« für die FDP. Innerhalb der SPD-Wählerinitiativen bildete sich im April 1972 als Untergliederung ein sogenannter »Katholischer Arbeitskreis«. Den Anstoß gaben der Theologe Peter Lengsfeld und der Publizist Walter Dirks. Auf der Gegenseite stand unter der Führung des Präsidenten der Katholischen Deutschen Akademikerschaft (KDA) Lothar Bossle und in konzertierter Aktion mit Redakteuren des Springer-Verlages die »Bürgerinitiative Aktion der Mitte«, die gegen die SPD/FDP-Koalition Stellung nahm und deren Geldgeber im dunkeln blieben.
Erstmals trat der Katholische Arbeitskreis in der SPD-Wählerinitiative im Juni 1972 mit einer Broschüre an das Licht der breiten Öffentlichkeit. In rotem Umschlag, mit dem Es-Pe-De-Hahn von Günter Grass als Aufdruck, formulierten in dieser Broschüre die Katholiken Carl Amery, Walter Dirks, Alfred Horné und Gottfried Erb ihre Argumente zugunsten einer SPD-Politik. In ihrem Vorwort nannten die katholischen SPD-Sympathisanten die Gründe ihres Engagements für die Sozialdemokraten:
»Die Sozialdemokratische Wählerinitiative hat sich um eine Gruppe erweitert. In ihr melden sich Katholiken zu Wort, die zu einem Wahlsieg der SPD bei der nächsten Bundestagswahl beitragen wollen. Warum Katholiken? Genügt es nicht, den Wählern klarzumachen, daß die

SPD die bessere Politik vorzuweisen hat? Es genügt leider nicht. Man hat wieder begonnen, die Wählbarkeit der SPD für Katholiken in Zweifel zu ziehen. Und nach wie vor tragen CDU und CSU das Christliche im Parteinamen wie ein Markenzeichen vor sich her, obwohl es doch nicht mehr als ein Etikett ist. Ebenso ist die alte Formel falsch: Wer für die SPD eintritt, ist gegen die Kirche. Das umgekehrte ist richtig: Wer die Kirche mit dem politischen Konservatismus von CDU und CSU zusammenbringt, schadet elementar dem kirchlichen Auftrag.«

In den Aufsätzen dieser Broschüre führt zunächst der Schriftsteller und Kritiker des »katholischen Milieus« Carl Amery aus, daß nach seiner Überzeugung die wahren Interessen der Katholiken links von der Mitte liegen, also bei der SPD. Seine Begründung lautet: Katholiken in der Bundesrepublik liegen sozial und in ihrem Bildungsstandard erheblich unter dem Bevölkerungsdurchschnitt, was in der Tat durch soziologische Untersuchungen zweifelsfrei bewiesen ist.

Ihre Interessen, so Amery, würden folgerichtig am besten von einer Partei vertreten, die den sozialen Fortschritt zu ihrem Programm gemacht habe, nämlich von der SPD. Die Gesellschaftspolitik der CDU/CSU hingegen sei nach seiner Meinung nicht mehr mit den schlichtesten Voraussetzungen christlichen Selbst- und Weltverständnisses vereinbar.

Der Publizist Walter Dirks widmet sich dem Hauptthema der Auseinandersetzung zwischen katholischer Kirche und den Koalitionsparteien SPD/FDP, das dann auch noch nach der Bundestagswahl 1972 im Mittelpunkt der Auseinandersetzungen stand, der Reform des § 218. Er versucht nachzuweisen, daß für Katholiken eine Reform sowohl in Richtung einer Indikationslösung wie auch einer Fristenlösung moralisch vertretbar und gerechtfertigt ist. Das Thema § 218 ist auch in späteren Publikationen des Arbeitskreises immer wieder aufgegriffen worden. Dabei hat der Arbeitskreis betont, daß verschiedene Meinungen möglich sind. Aber er wehrte sich immer wieder gegen den Versuch kirchlicher Kreise, eine einzige Position als verbindlich für alle Katholiken zu erklären. In der Tat muß man den Offiziellen der katholischen Kirche in diesem Punkt den Vorwurf der Doppelmoral machen: Als das Hauptargument gegen die Koalitionsparteien führten sie immer deren Absichten in der Reform des § 218 ins Feld. Dabei ist andererseits überhaupt nicht strittig, daß die strenge Haltung, die die deutschen Bischöfe zur Abtreibungsfrage eingenommen haben – sie bestanden auf einer enggefaßten medizinischen Indikation –, mit den Reformvorstellungen der CDU/CSU auch nicht zu vereinbaren ist. Aber darüber hörte man offiziell so gut wie nichts.

In einem weiteren Aufsatz der Broschüre greift der Münchner Journalist Alfred Horné noch einmal das Thema sozialer Gerechtigkeit auf und kommt unter Berufung auf den Nestor der katholischen Sozialwissenschaft, den Jesuitenpater Oswald von Nell-Breuning, zu dem Schluß, daß der gesellschaftspolitische Teil des Godesberger Programms der SPD ein »kurzgefaßtes Repetitorium der katholischen Soziallehre« sei.

Der Politologe Gottfried Erb versucht am Verhalten der CDU/CSU zu den Ostverträgen deutlich zu machen, daß unter den gegenwärtigen Bedingungen »ein Wahlsieg der Unionsparteien ein Verhängnis für die deutsche Politik, besonders zum Osten hin« sei.

Weitere Broschüren folgten, es gab Veranstaltungen der Sozialdemokratischen Wählerinitiative, und vielfach bildeten sich örtliche katholische Wählerinitiativen.

Absicht des Katholischen Arbeitskreises war es von vornherein nicht, eine katholische Massenbewegung zugunsten der SPD zu schaffen; dieses Ziel hielt man in absehbarer Zeit für unerreichbar. Zielgruppe war vielmehr jene Schicht katholischer Intellektueller und Aufsteiger – Lehrer, Ärzte, Techniker, Juristen, aber auch Geistliche –, die in ihrem parteipolitischen Urteil nicht unbedingt festgelegt war. In diesen Gruppen wollte man jener Distanzierung von der SPD, wie sie im katholischen Milieu seit der Bildung der sozial-liberalen Koalition im Jahre 1969 wieder deutlich sichtbar geworden war, entgegenwirken, man wollte Wähler von 1969 bei der Stange halten und aus diesen Kreisen neue Wähler hinzugewinnen.

Das Ergebnis der Wahl von 1972 und der überraschend hohe Wahlsieg der SPD/FDP-Koalition sowie die Analysen, in denen es hieß, daß besonders zwei Katholikengruppen mehr als früher die SPD gewählt haben, nämlich die gänzlich Kirchenfernen wie auch die kirchlich stark Gebundenen, könnten folgenden Schluß nahelegen:

Die katholischen SPD-Wählerinitiativen sind die einzigen Gruppen, die den Ausbruch aus dem Milieu von Kirche und CDU erfolgreich geschafft haben; alle anderen Versuche von Katholiken, sich politisch von der Liaison Kirche–CDU abzusetzen, hatten kaum Erfolg oder scheiterten ganz. Tatsächlich ist aber der Einfluß von Wählerinitiativen so genau nicht festzustellen, wenn man auch vermuten kann, daß der Bundestagswahlkampf 1972, der in einem bis dahin unbekannten und auch später nicht mehr erreichten Maß von Wählerinitiativen begleitet wurde, sicher nicht ganz ohne Wirkung zugunsten der Koalition blieb. Zugute kam ihnen, daß Gegeninitiativen wie die genannte »Bürgerinitiative Aktion der Mitte« aufgrund ihrer undurchsichtigen Finanzquellen für die aufwendigen Anzeigen und ihrer zum Teil plumpen

Antisozialismushaltung in den Ruch des Undurchsichtigen und Nebulösen, ja auch leicht Unsoliden gerieten. Daß die Erfolge jedenfalls nur begrenzt auf die Wählerinitiativen zurückzuführen sind, zeigen auch spätere Ergebnisse aus Landtagswahlen. So erzielte die SPD im Landtagswahlkampf von Nordrhein-Westfalen im Mai 1975 in Gebieten mit überwiegend katholischer Bevölkerung besonders starke Gewinne, obwohl die Aktionen des Katholischen Arbeitskreises in der SPD-Wählerinitiative während des Landtagswahlkampfes sehr begrenzt waren. Dennoch wollen die Gruppen zum Bundestagswahlkampf 1976 erneut in die Wahlkampfarena steigen. Denn auch in der SPD scheint sich das Klima für die Wählerinitiativen in jüngster Zeit gebessert zu haben.

Ganz abgesehen von einer gewissen Reserve in Regierung und Partei gegenüber der SPD-Wählerinitiative gab es in der SPD von Anfang an auch große Vorbehalte gegen den Katholischen Arbeitskreis in der SPD-Wählerinitiative, weil er für die Amtskirche ein rotes Tuch ist. Nicht nur die konservativen SPD-Leute, sondern sogar der Chef der Bundestagsfraktion, Herbert Wehner, pflegten ihre Kontakte zur katholischen Kirche vor allem auf der Ebene der höheren Hierarchie und glaubten offenbar, diese seien durch die Aktivitäten des Arbeitskreises gefährdet, die in der Tat mehr auf die katholische Basis zielen – gemäß jener schon genannten Devise von NRW-Ministerpräsident Heinz Kühn, daß die SPD wohl die Partei der katholischen Kapläne, nie aber die Partei der Bischöfe werden könne. Zumindest was die Bischöfe betrifft, haben die Entwicklungen der letzten Jahre Heinz Kühn und dem Katholischen Arbeitskreis recht gegeben.

Der Arbeitskreis ist aber noch aus einem weiteren Grund in der SPD auf Vorbehalte gestoßen. Es gibt nämlich Sozialdemokraten, die behaupten, daß in erster Linie nicht Sympathien für die SPD, sondern zunächst einmal Widerstand gegen die Bischöfe die Gruppe zusammenhalte. Das gelte besonders für die mitwirkenden Theologieprofessoren. Schon dem Kreis, der im April 1972 in Bonn zusammenkam, gehörten außer Peter Lengsfeld auch die Theologen Norbert Greinacher und Horst Herrmann an. Wie es heißt, haben katholische Kirchenpolitiker wiederholt SPD-Politiker darauf hingewiesen, daß diese Theologen in Wirklichkeit mit Hilfe der SPD die Kirche reformieren wollten, und manche Sozialdemokraten, so scheint es, lassen sich davon nur zu schnell beeindrucken. Im Fußvolk stößt solche Nachgiebigkeit zusehends auf Kritik. Zum Beispiel meinte 1975 der Kirchenexperte der Jungsozialisten, Horst Hawreliuk, wenn der SPD-Nachwuchs zu bestimmen hätte, würde die Parteispitze das Gespräch mit den Kritikern mehr und mit der Amtskirche weniger als jetzt pflegen.

Die Tatsache, daß sich der Katholische Arbeitskreis in der SPD-Wählerinitiative trotz seiner Abweichlertendenzen von der offiziellen katholischen politischen Linie so lange hielt, ist nicht verwunderlich. Es handelt sich nämlich nicht um eine Gruppierung innerhalb der katholischen Kirche, die mit disziplinarischen und administrativen Mitteln, die die Kirchenführung für Abweichler bereithält, zu fassen wäre. Sehr wohl aber versuchte man diese Mittel bei einzelnen Mitgliedern dieses Arbeitskreises anzuwenden, vorzugsweise bei denen, die aufgrund halbamtlicher Stellung in der Kirche leichter zu fassen waren, bei den Geistlichen und Theologieprofessoren nämlich (siehe Seite 66ff).

Der rosarote Flirt

In gewisser Weise war der Katholische Arbeitskreis in der SPD-Wählerinitiative natürlich eine Reaktion auf die Union der katholischen Verbände und Laiengremien, die fast ausschließlich der CDU/CSU katholischen Flankenschutz gegeben hatten. So hatte z. B. der Geschäftsführende Ausschuß des Zentralkomitees der deutschen Katholiken schon sehr frühzeitig vor der Bundestagswahl 1972 eine Wahlerklärung veröffentlicht, die sogar von Bistumszeitungen wie der Münchner Katholischen Kirchenzeitung attackiert wurde.
Verwundern kann solche Wahlhilfe nicht, wenn man die personellen Verflechtungen von CDU/CSU-Mitgliedschaft und die Zugehörigkeit zu katholischen Verbänden und Laiengremien beleuchtet. Langjähriger Generalsekretär des Zentralkomitees der deutschen Katholiken, das ist der Zusammenschluß der in der organisierten kirchlichen Laienarbeit tätigen Kräfte, war Heinrich Köppler. Heute ist er langjähriger CDU-Oppositionsführer in Düsseldorf, nachdem er auch im Mai 1975 bei seinem zweiten Anlauf auf den Ministerpräsidentensessel in Düsseldorf scheiterte. Der ehemalige Präsident des Zentralkomitees, Albrecht Beckel, zählte zu seiner verhinderten Regierungsmannschaft von 1970 und ist CDU-Landtagsabgeordneter. Beckels Nachfolger im Zentralkomitee, Bernhard Vogel, ist CDU-Landesvorsitzender und Kultusminister in Rheinland-Pfalz. Vogels Staatssekretärin, Hanna-Renate Laurien, gehört zum Geschäftsführenden Ausschuß des Zentralkomitees und ist Vizepräsidentin der Synode der Bistümer. Vogels Generalsekretär, Friedrich Kronenberg, ist ebenfalls CDU-Mitglied. Die personellen Verfilzungen lassen sich auch an weiteren Beispielen ver-

deutlichen. Zahlreiche Mitglieder der CDU/CSU-Bundestagsfraktion gehören gleichzeitig der Katholischen Arbeitnehmerbewegung und der Arbeitsgemeinschaft der katholischen Verbände an. Ebenso kann sich die CDU/CSU auf die Katholische Nachrichtenagentur verlassen; denn ihr Chef Konrad W. Kraemer ist CDU-Landrat in Bergisch-Gladbach.

Ohne die Öffnung des Zweiten Vatikanischen Konzils wäre 1972 der Versuch, politischen Pluralismus zu üben, wohl nicht möglich gewesen. Schon zu Anfang der 60er Jahre kontaktierten SPD-Politiker mit katholischen Theologen und Prälaten. Als großer Sprung nach vorn erwiesen sich die Gespräche zwischen dem Regierungsarchitekten der SPD, Herbert Wehner, und dem damaligen Leiter des Katholischen Büros in Bonn, Weihbischof Heinrich Tenhumberg, der heute Bischof in Münster ist. Kenner wollen wissen, daß die Große Koalition aus CDU/CSU 1967 ihren Segen letztlich im Katholischen Büro erhalten hat. Ein Jahr zuvor, bei der Landtagswahl 1966 in Nordrhein-Westfalen, hatte sich die politische Öffnung erstmals angekündigt. In ihrem Hirtenwort verzichteten die Bischöfe auf eine mehr oder weniger deutliche Empfehlung der CDU/CSU. Sie beriefen sich auf die Pastoralkonstitution des Zweiten Vatikanischen Konzils und formulierten im entscheidenden Absatz:

»In Fragen der Ordnung irdischer Dinge kann es unter Christen berechtigte Meinungsverschiedenheiten geben. In solchen Fällen hat niemand das Recht, die kirchliche Autorität ausschließlich für sich und seine eigene Meinung zu beanspruchen.«

Und dann fuhren die Bischöfe fort:

»Wir Bischöfe im Lande Nordrhein-Westfalen bitten unter Hinweis auf diese vom Konzil aufgestellten Grundsätze alle wahlberechtigten Katholiken um sorgfältige und gewissenhafte Prüfung vor ihrer Wahlentscheidung.«

Die SPD gewann die Wahl, und zwar ausgesprochen hoch. In führenden CDU-Kreisen schob man einen Teil der Schuld am Wahldebakel den Bischöfen und ihrem Hirtenwort zu. Im Gegenzug nahm die CDU-Fraktion bei der Schulreform den Fuß von der Bremse und ermöglichte die Zweidrittelmehrheit, die zur Verfassungsänderung notwendig war. Das hatte zur Folge, daß Hauptschulen in Nordrhein-Westfalen im Regelfall als Gemeinschaftsschulen errichtet werden und nicht mehr als Konfessionsschulen.

Zum ersten Mal hatten sich deutsche Bischöfe in einem Wahlhirtenbrief weitgehender Neutralität gegenüber den Parteien befleißigt. Zugegeben, die Berufung auf ein Konzilsdokument, das sie wenige Monate zuvor verabschiedet hatten, mag theologisch motiviert gewe-

sen sein. Aber zweifellos hatte die Sache auch kirchenpolitische Gründe. Einerseits ahnte man wohl, daß der Genosse Trend die Sozialdemokraten über kurz oder lang an die Macht am Rhein bringen würde. Eine fest mit der CDU/CSU liierte Kirche, so legte sich nahe, müsse dann mit der Union in die Opposition. Andererseits hatte die SPD 1959 mit dem Godesberger Programm begonnen, ihre alte Kirchenfeindlichkeit abzustreifen.
Gleichzeitig bekamen die Bischöfe aber auch die rostige Seite der Medaille zu sehen: eine CDU, die sich in der Schulfrage nicht mehr schützend vor die Interessen der Bischöfe stellte, seitdem die Sozialdemokraten aus dem katholischen Erbhof der Union nicht mehr strikt ausgesperrt wurden.

Enttäuschte Liebe

Aber inzwischen ist die Verlobung zwischen ein paar Bischöfen und der SPD-Spitze längst wieder gelöst. Seit 1969 sank das Barometer immer tiefer, bis es vor der Bundestagwahl im November 1972 die Sturmmarke erreichte und seitdem kaum je wieder darüber hinaus kam, auch wenn beide Seiten sich hin und wieder Mühe geben, die bittere Wahrheit zu verschleiern, wobei vor allem der SPD kaum eine Mühe zu groß ist.
Gleich nach Bildung des ersten sozial-liberalen Bündnisses 1969 merkten jedenfalls die kirchlichen Oberen, daß sie mit SPD und FDP eben doch nicht so gut zurechtkamen wie mit der CDU. In der Union hatte es immer einen Stoßtrupp gegeben, der auf seiten der Kirchenleitung stand, dessen Arm bis ins Bundeskabinett reichte und der häufig liberalere politische Farbtupfer zu verhindern wußte. Der monatelang gesammelte Zündstoff explodierte, als SPD-Justizminister Gerhard Jahn in seinen Entwurf der Reform des Paragraphen 218 auch die soziale Indikation, die sogenannte Notlagenindikation, einbaute. Auf dem Gipfel der Eskalation, in die auch Fragen der Pornographie, der Entkonfessionalisierung der Schule und das Krankenhausfinanzierungsgesetz einbezogen wurden, befand der Chefredakteur der aus kirchlichen Steuergeldern finanzierten Katholischen Nachrichtenagentur, Konrad W. Kraemer, der als Mandatsträger der CDU tätig ist, daß »die Ursachen für die derzeitigen Spannungen ausschließlich bei den Politikern und in der Politik der SPD zu suchen sind«.
Nach der Wahl 1969 hatte die CDU/CSU zur verstärkten Gegen-

offensive angesetzt. Im Katholischen Büro beispielsweise, um das sie sich zwischen 1966 und 1969 weniger als vorher gekümmert hatte, errichtete sie nach ihrer Verbannung aus der Regierung einen Parlamentarierkreis unter Leitung ihres letzten Vertriebenenministers Heinrich Windelen. In den folgenden Monaten steigerte sich dann das Zusammenspiel zwischen katholischen Organisationen und der CDU/CSU, was wegen der geschilderten personellen Verflechtungen kein Wunder war, zu CDU-freundlichen Wahlaufrufen für die Bundestagswahl 1972 führte und in einem Pamphlet des Katholischen Pressebundes gipfelte:

»Wir wollen keine Abtreiber, keine Mörder und Blutmenschen ins Parlament senden. Wer den Unschuldigsten mordet, hat das Recht auf das eigene Leben vor Gott verwirkt. Kardinal Höffner hat die Wahl solcher Unmenschen für unerlaubt erklärt ... Wählt nur Kandidaten, die auf christliches Gewissen eingeschworen sind!«

Nach der Bundestagswahl hat sich daran nichts geändert. Im Gegenteil. Der Verbandskatholizismus ist, wie schon gezeigt, wegen der personellen Verflechtungen mit der CDU-Politik an guten Kontakten zu SPD und FDP wohl in keiner Weise interessiert; die Hierarchie hält aus ideologischen Gründen an ihrer tiefen Abneigung gegenüber den Koalitionsparteien und an ihrer Zuneigung gegenüber der CDU/CSU fest, die am ehesten geeignet und bereit scheint, überkommene katholische Bastionen zu halten.

Die FDP hat sich trotz aller Bemühungen des Katholisch-Liberalen Arbeitskreises das ohnehin sehr geringe Wohlwollen der katholischen Kirche verdorben, als sie ihr Staat-Kirche-Papier auf ihrem Bundesparteitag 1974 in Hamburg verabschiedete (siehe Seite 33ff). In einer Erklärung des Kommissariates der deutschen Bischöfe zog die Kirche wie auch schon früher in der Auseinandersetzung um das Kirchenpapier alle Register ihrer Kritik und behauptete, das Papier ziele darauf ab, Kirchen und Religionsgemeinschaften aus dem »öffentlichen Leben herauszudrängen«.

Die Bischöfe gingen sogar soweit, der FDP Verfassungsfeindlichkeit vorzuwerfen, indem sie sagten, das in den Thesen geforderte »neue Verhältnis« von Kirche und Staat verlasse den Boden des Grundgesetzes. Ein seit langem vereinbartes Gespräch zwischen Kardinal Döpfner und dem damaligen FDP-Vorsitzenden Walter Scheel, dem heutigen Bundespräsidenten, kam nie zustande. Abgesehen davon, daß der katholische Bundesminister Josef Ertl manchmal ins Katholische Büro eingeladen wird und dort auch schon vor Generalvikaren sprach, spielt sich eigentlich zwischen der FDP und der Amtskirche nichts ab.

Die Sozialdemokraten ließen sich auch diese Gelegenheit nicht entgehen, wieder einmal der Kirche ihre Gunst anzutragen, indem sie vielfach beteuerten, sie wollten an dem erprobten Verhältnis von Kirche und Staat nichts ändern. Genützt hat ihnen dieses genausowenig wie so mancher Versuch vorher.

In der Frage der Abtreibungsreform blieben die Bischöfe auf scharfem Anti-SPD-Kurs ebenso wie in der Reform des Ehe- und Familienrechts. Vor den Landtagswahlen, die der Bundestagswahl von 1972 folgten, ergriffen sie Partei gegen die Koalitionsparteien in einer Weise, die man seit der Ära einer gewissen Koexistenz Mitte der sechziger Jahre überwunden geglaubt hatte. So wirft der Hirtenbrief der bayerischen Bischöfe zur Landtagswahl vom Oktober 1974 den Koalitionsparteien vor, für das Schwinden des sittlichen Bewußtseins und der Achtung vor den Menschenrechten verantwortlich zu sein, die Zerstörung der demokratischen Substanz unseres Staates nicht zu verhindern und »den Staat zu einem Werkzeug weltanschaulicher Gleichschaltung aller zu machen . . .«

In diesem Hirtenbrief zu den bayerischen Landtagswahlen wurde bezeichnenderweise zu keinem einzigen Thema von landespolitischer Relevanz Stellung genommen. Ähnliche Vorwürfe erhoben die nordrhein-westfälischen Bischöfe in ihrer Erklärung zu den Landtags- und Kommunalwahlen im Februar 1975. Auch sie griffen vor allem Themen von bundespolitischer Bedeutung auf, die zwischen Koalition und Opposition kontrovers sind. So wurde die Erklärung völlig zu Recht als eindeutig parteipolitisches Votum zugunsten der CDU verstanden. Der Mönchengladbacher Katholikentag vom September 1974 präsentierte eine Heerschau der Einigkeit von CDU und Kirche, wie man sie seit langem nicht mehr erlebt hatte. CDU-Vertreter waren bei Vorträgen und Diskussionsrunden zu politischen Themen fast ausschließlich unter sich und formulierten CDU-Politik als politischen Ausdruck dieses Katholikentages; gegensätzliche politische Meinungen kamen offiziell so gut wie gar nicht zu Wort, ihre Vertreter hatte man, von ganz wenigen Ausnahmen abgesehen, erst gar nicht eingeladen. Veranstaltungen politisch oppositioneller Gruppen im Katholizismus mußten außerhalb des offiziellen Programms des Katholikentages stattfinden.

Kennzeichnend für die Auseinandersetzung zwischen der katholischen Kirche auf der einen Seite, der SPD auf der anderen Seite waren vor allem in jüngster Zeit nicht nur strikte Diskrepanzen in inhaltlichen Fragen, die es immer gegeben hat, sondern vor allem auch die Verschärfung der Tonart, wie sie von der Kirchenpresse in die Debatte gebracht wurde und wie sie auch in den Hirtenworten zur Wahl in Bayern und Nordrhein-Westfalen zu finden ist. Daß entsprechend scharfe Reaktionen von der anderen Seite nicht ausblieben, kann deshalb nicht wundern. Wundern kann man sich eigentlich nur über die Naivität, mit der sich das Katholische Büro in Bonn nach einem Bericht der Katholischen Nachrichtenagentur fragte, was die SPD-Wochenzeitung »Vorwärts« dann wohl nur bewogen haben könnte, »gerade in der gegenwärtigen Situation die Katholiken gezielt auf die Palme zu treiben«.

Der »Vorwärts« hatte in einem Artikel im Mai 1975 konstatiert, die Beziehungen zwischen katholischer Kirche und SPD seien »vom Nullpunkt nicht mehr weit entfernt«.

Die katholische Kirche habe seit 1969 auf Konfrontation und Polarisation gesetzt. Sie hoffe für 1976 auf den Sieg der CDU, dabei könne es passieren, daß sie vor einem Trümmerhaufen stehe, für den Fall des Wahlsiegs der Koalition, denn in der SPD werde dann »niemand mehr auf sie hören wollen – nach allem, was geschehen ist«.

Was den »Vorwärts« dazu bewogen hat, läßt sich indes leicht herausfinden: Der Autor des Artikels, der kulturpolitische »Vorwärts«-Redakteur Romain Leick, war, bevor er zu dieser SPD-Zeitung ging, in München Stipendiat des Institutes für den katholischen publizistischen Nachwuchs. Er betrachtet sich als engagierter Katholik und hatte eine doppelte Absicht: Erstens wollte er seiner Kirche deutlich machen, wohin der scharfe Konfrontationskurs führt, und zweitens wollte er seiner Partei sagen, daß es ihr machtpolitisch gesehen mehr schadet als nützt, sich unter zweifelhaften Umständen laufend mit der katholischen Kirchenleitung zu arrangieren.

Wenige Wochen vorher hatte noch der katholische Kolpingverband klargemacht, wie weit Konfrontation und Polarisation, wie sie der »Vorwärts« durchaus realistisch analysiert hatte, inzwischen gehen. In einem Beschluß des Zentralvorstandes des deutschen Kolpingwerkes hieß es nämlich, rechtzeitig vor den Wahlen in Nordrhein-Westfalen veröffentlicht, obwohl der Zusammenhang offiziell bestritten wurde, in das Kolpingwerk könnten nur Personen aufgenommen werden, »die ausdrücklich darauf hingewiesen werden, daß sich die Mitgliedschaft im Kolpingwerk nicht verträgt mit der Mitgliedschaft in Parteien, Verbänden und Gruppierungen, deren Ziele den Zielen des Kolpingwerkes widersprechen«.

Als Beispiele führt der Zentralvorstand die DKP, die KPD, die NPD und im Kreis dieser radikalen Gruppierungen auch die Jungsozialisten in der SPD an. Einen ähnlichen Unvereinbarkeitsbeschluß hatte der Münchner Kolpingverband schon 1973 gefaßt. Im Klartext heißt das: SPD-Mitglieder zwischen 18 und 35 Jahren können der Kolpingfamilie nicht angehören.

CDU-Sprecher Willi Weiskirch nannte den daraufhin einsetzenden

scharfen Protest der SPD unbegründet, der Vorsitzende der Arbeitnehmergruppe der CDU/CSU-Bundestagsfraktion, Adolf Müller (Remscheid), erklärte den Kolpingbeschluß für rechtens, und das Zentralkomitee der deutschen Katholiken bekundete ebenfalls Verständnis.
Kritik gab es aus verschiedenen Gruppen in den eigenen Reihen von Kolping, bislang aber wurde nicht bekannt, daß der Beschluß des Zentralvorstandes modifiziert oder gar zurückgenommen wurde. In diese Tendenz der verschärften Konfrontation und Polarisation paßt auch die zunehmende Zahl von Fällen, in denen die katholische Kirche politisch mißliebigen Arbeitnehmern in kirchlichen Diensten den Zugang zu bestimmten Stellen verweigert oder aber mit Kündigung droht. Einige dieser Fälle werden noch in dem Abschnitt über die »politische Tätigkeit katholischer Geistlicher« zur Sprache kommen (siehe Seite 66ff), aber auch katholische Laien wie Dozenten und Lehrer sind von solchen Maßnahmen betroffen.
»Radikalität im kirchenöffentlichen Dienst«? Was heißt das? Radikal, so scheint immer mehr durch, ist für Katholiken, die es in der Kirche zu sagen haben, zunehmend alles, was nicht zweifelsfrei schwarz ist. Von der Freiheit eines Christenmenschen, in politischen Fragen aus christlicher Motivation und nach Befragung des Gewissens vor allem nach der Überzeugungskraft der in einer Sache vorgebrachten Argumente zu entscheiden, ist man in diesen Kreisen weiter denn je entfernt. Seit einiger Zeit scheinen allerdings Zweifel erlaubt, ob die Kirchenleitung die CDU-Trumpfkarte weiter so ungeniert spielen kann wie bisher. Neuere Entwicklungen in der CDU könnten dieses Spiel fraglich machen.

Die CDU ist auch nicht mehr, was sie einmal war

Blickt man auf dieses schwarze Gewölk, von dem die rote Morgensonne inzwischen total verdeckt worden ist, dann muß man das Verhältnis zwischen Kirche und CDU/CSU immerhin grundsätzlich als ausgesprochen heiter bezeichnen. Zwar gibt es auch hier Reibereien, aber sie spielen sich doch unter der Schutzglocke gegenseitigen Wohlwollens ab.
So kann es vorkommen, daß es Bischöfe nicht ungern sehen, wenn Bernhard Vogel, Präsident des Zentralkomitees, die DDR-Politik des Vatikans zu bremsen sucht, daß sie umgekehrt aber verstimmt sind,

wenn er sich ihrer Ansicht nach in der Gesellschaftspolitik als zu vorwärtstreibend erweist. Solch wechselnde Fronten sind natürlich sehr merkwürdig, aber andererseits ist schwer zu unterscheiden, inwieweit Vogel jeweils als oberster katholischer Laie oder als Mitglied einer CDU-Landesregierung Politik macht. In jüngster Zeit scheint sich allerdings eine neue Entwicklung anzubahnen. Im Informationsdienst der Katholischen Nachrichten-Agentur wurde z. B. 1973 über Vogels Regierungschef, den CDU-Vorsitzenden und Kanzlerkandidaten Helmut Kohl, berichtet:

»Verwunderung hat in kirchlichen Kreisen ein Hinweis des Bundesvorsitzenden der CDU, Dr. Helmut Kohl, auf eine möglicherweise notwendige Frontbegradigung im Verhältnis von Kirche und Staat ausgelöst.«

Kohl halte manches an der Stellung der Kirchen zu Staat und Gesellschaft für überholt. Deshalb solle es geändert werden:

»Als konkrete Beispiele nennt Kohl verschiedene Steuer- und Gebührenprivilegien und manche Arten von Staatsleistungen.«

Noch viel mehr Verwunderung hat ein Jahr später der Generalsekretär der CDU, Professor Kurt Biedenkopf, in der katholischen Kirche hervorgerufen. In einem Interview mit dem evangelischen »Deutschen Allgemeinen Sonntagsblatt« äußerte er, die CDU könne nicht mehr auf die Stabilität der Kirchen setzen, wie sie es bisher getan habe. Um diese neue Entwicklung zu verstehen, muß man den Hintergrund kennen.

Kirchlich sein, heißt CDU wählen. So urteilte der Zürcher Soziologieprofessor Gerhard Schmidtchen vor der Bundestagswahl 1972 über katholische Kirchgänger. Kirchentreue Protestanten favorisieren die CDU zwar auch, aber nicht so eindeutig. Umgekehrt neigen Wähler, die den Kirchen ferner sind, um so eher dazu, SPD und FDP zu wählen.

Zwei Jahrzehnte lang zog die CDU frommen Nutzen aus diesem Wählerverhalten. Aber seit Mitte der sechziger Jahre werden offenbar immer mehr Christliche Demokraten über ihre feste Bindung an die Kirche unglücklich. Denn die Zahl der katholischen Kirchgänger sinkt. Nach neuesten Schätzungen besuchen weniger als 20 Prozent der Katholiken regelmäßig den Sonntagsgottesdienst. Wenn aber kirchlich sein CDU wählen heißt und die Nähe zu SPD und FDP statistisch mit der Entfernung von der Kirche zunimmt, dann ist die allgemeine Lockerung der Kirchenbindungen ein beunruhigendes Signal für die Union.

Hinter verschlossenen Türen spricht man sowohl in der CDU wie in der Kirche darüber. Vor allem jüngere katholische CDU-Politiker hal-

ten es für angebracht, auf mehr Distanz zur Kirche zu gehen. Darüber ist man in der Kirchenleitung natürlich besorgt, wie es sich auch 1972 auf einer Sitzung der Bischofskonferenz gezeigt haben soll, als Kirchenpolitiker folgende Überlegungen anstellten: Wenn wir – es ging um die gesellschaftspolitische Erklärung vor der Bundestagswahl 1972 – diese Erklärung nicht veröffentlichen, die CDU aber trotzdem die Bundestagswahl gewinnt, dann liefern wir kirchenkritischen CDU-Parlamentariern den Beweis, daß sie uns nicht mehr brauchen.
Freilich ist es schwierig, solche Informationen auf ihren Wahrheitsgehalt abzuklopfen, da Bischöfe in solchen Dingen sehr verschwiegen sind und aus Bischofskonferenzen viel weniger nach draußen dringt als beispielsweise aus Kabinettssitzungen, deren Mitglieder verschiedenen Parteien angehören, sich gegeneinander profilieren müssen und im Gegensatz zu den Bischöfen nicht unbedingt das Bedürfnis haben, Geschlossenheit zu demonstrieren.
Wenn aber die Information über die gesellschaftspolitische Erklärung so nicht stimmt, dann ist sie zumindest gut erfunden, weil sie die Stimmung ziemlich treffend wiedergibt.
Schon ein gutes Jahr nach der Bundestagswahl 1972 sprach der Chefdenker der CDU, Kurt Biedenkopf, öffentlich und laut aus, was viele bis dahin nur dachten: Die CDU dürfe nicht mehr auf die Kirchen und auf die Substanz kirchlichen Denkens zurückgreifen. Sie müsse unabhängig von den Kirchen eine eigene Position entwickeln. Kurt Biedenkopf denkt offenbar an eine Partei, die über die allgemein-christliche Basis, wie Karl Bachem sie im Zentrumsstreit umschrieb, weit hinausgreift. Im Norddeutschen Rundfunk sagte er:
»Es ist nicht Aufgabe einer politischen Partei, theologische Funktionen zu übernehmen. Das geht schon deshalb nicht, weil die politische Partei sich ja nicht nur an diejenigen wendet, die sich im dogmatischen Sinne dem religiösen Glaubensgut verpflichtet fühlt, sondern in einer pluralistischen Gesellschaft wirkt und dort verbindliche Wertorientierungen formulieren will, auch für diejenigen, die unsere wichtigen Grundwerte wie Freiheit, Solidarität, Gerechtigkeit, soziale Verpflichtung, Nächstenliebe nicht unmittelbar aus ihrer Bindung an den kirchlichen Glauben ableiten, sondern z. B. aus ihrem Gewissen oder aus ihrer Bindung an Grundsätze des Humanismus oder generell an die christlich-abendländischen Traditionen, die sich ja doch in starkem Maße von ihrem theologisch-institutionellen Fundament, den Amtskirchen, gelöst haben und zum Allgemeingut geworden sind. Insofern ist der Begriff ›christlich‹ in einem Parteinamen eine programmatische Aussage, die über den Fundus, wie er von den Institutionen der Theologie verwaltet wird, hinausweist.«

Die CDU soll verbindliche Wertorientierungen formulieren, aber für viel mehr Menschen, als die Kirchen es vermögen. Steckt hinter Biedenkopfs Überlegungen nicht folgendes: Viele Christen, die sich vom kirchlichen Glauben lösen, sind zwar an christlichen Wertorientierungen interessiert, aber nicht an kirchlichen, theologischen Begründungen. Die CDU kann an dieser Entwicklung nicht vorbeileben, wenn sie Volkspartei bleiben will. Also muß sie sehen, daß sie christliches Gedankengut politisch selbständig auslegt, wobei sie über den kirchlichen Glauben hinausgehen und allgemein christlich-abendländische Traditionen zugrunde legen muß.

Das heißt aber auch, daß sich die CDU nicht mehr so eng wie bisher an die Kirchen anlehnen darf. Sie müsse selbständig deutlich machen, so fordert es Biedenkopf, was Christlichkeit, was das »C« in ihrem Namen politisch bedeutet. Die CDU habe sich in den ersten Jahren ihrer Regierungszeit zu sehr darauf verlassen, daß die geistigen, ethischen und religiösen Wertfragen von den beiden christlichen Kirchen verwaltet wurden und daß die CDU auf die Ergebnisse dieser Verwaltung zurückgreifen konnte. Der Professor meint sogar, wer das »C« der CDU für konservativ halte, solle nicht der Union, sondern zunächst einmal den Kirchen die Schuld geben. Denn das »C« der CDU sei nach 1945, wie zum Beispiel das »Ahlener Programm« zeige, nicht konservativ gewesen. In einem Interview mit den »Evangelischen Kommentaren« sagte er:

»Die CDU hat das ›C‹ zunächst nicht selbst interpretiert, sondern dies in den ersten fünfzehn Jahren ihrer Geschichte vor allem den Kirchen überlassen. Wenn also konservative Aspekte in das ›C‹ gekommen sind, dann aufgrund der Einstellung der Kirchen.«

Nun müßte man eigentlich fragen, warum das »C« im Laufe der Zeit einen konservativen Charakter bekommen hat, ob es nicht vor allem daran liegt, daß die CDU das Ahlener Programm in ihrem Aktenkeller verschwinden ließ. Doch darum geht es hier nicht. Im Zusammenhang mit dem Thema ist vielmehr wichtig, daß der CDU-Generalsekretär versucht, das Bündnis der CDU mit den seiner Meinung nach konservativen Kirchen zu lockern, wovon in erster Linie das sehr enge Bündnis mit der katholischen Kirche betroffen wäre.

Die Frage ist, wieweit diese Gedanken in der CDU verbreitet sind, ob und wie schnell sie wirksam werden. In letzter Zeit sucht zwar die katholische Kirchenleitung das Bündnis mit der Union neu zu festigen, aber bisher ist nicht klar, ob sie – wenn man von den Funktionären im Umkreis des Zentralkomitees der deutschen Katholiken absieht – damit überhaupt Gegenliebe findet.

Anläßlich des Bundesparteitages der CDU, der 1975 in Mannheim

stattfand, monierte die Katholische Nachrichten-Agentur, daß es der SPD vorbehalten sei, Partnerschaft mit den Kirchen zu betonen. In der CDU-»Alternative '76« kämen die Worte »Kirche« und »christlich« überhaupt nicht vor. Ein SPD-Politiker habe dazu bemerkt: »Hätten wir so was verbrochen, würden wir die Quittung dafür spätestens im nächsten Wahlhirtenbrief erhalten.«
Selbst die erfolgreiche Verfassungsklage der CDU gegen die Fristenlösung, an der die Leitungen beider großen Kirchen interessiert waren, kann nicht darüber hinwegtäuschen, daß sich die katholische Kirchenleitung bei der Reform des Paragraphen 218 von der Union im Stich gelassen fühlte. Denn auch das Indikationenmodell der CDU/CSU-Fraktion ging den Oberhirten zu weit. Freilich trifft das Bonmot, entsprechend den bischöflichen Stellungnahmen sei jetzt nur noch der katholische FDP-Abgeordnete Josef Ertl für Katholiken wählbar, weil er bei der Abstimmung im Bundestag als einziger alle Anträge abgelehnt habe, nicht ganz den Kern der Sache. Denn in der CDU/CSU gab es trotz aller Mißachtung katholischer Wünsche in dieser Frage immer noch eine Minderheit, die für eine enggefaßte medizinische, nach bischöflicher Ansicht erlaubte Indikationslösung eintrat und einen entsprechenden Antrag vorlegte.
Unter diesen Vorzeichen – dem Rückgang der Kirchenbindung und dem Wunsch, die CDU als Volkspartei zu erhalten – darf man vermuten, daß auch die Kirchentreue der Christlichen Demokraten weiter nachlassen wird. Kein Wunder, daß ein Prälat kürzlich bereits äußerte, eine CDU, die nicht mehr auf die Substanz kirchlichen Denkens zurückgreifen wolle, solle ihr »C« aufgeben.

Katholische Kontakte: Wer, wie, mit wem?

Nun, die Wünsche katholischer Kirchenoberer gehen immer noch in die andere Richtung: Ihnen geht es darum, das »C« in der CDU und das Bündnis der Kirche mit der CDU zu festigen. Darum bemüht sich auch der schon erwähnte Parlamentarierkreis im Katholischen Büro, dem natürlich nicht alle katholischen CDU-Abgeordneten angehören. Auch SPD-Parlamentarier haben – sozusagen als Nachgeburt der Idee, die CDU-Gruppe mit Heinrich Windelen zu etablieren – einen Kreis im Katholischen Büro eingerichtet. Aber dennoch bleibt das Verhältnis zwischen kirchlichen Institutionen und der Koalition grundsätzlich von Mißtrauen bestimmt, obwohl die SPD die Bischöfe manchmal

ernster zu nehmen scheint als die CDU Kohls, was aber, wie gesagt, ihr nichts Nennenswertes einbringt.
Diese bittere Erfahrung hat auch der SPD-Kreis im Katholischen Büro gemacht, der pikanterweise nach einem Vorstoß des damaligen SPD-Abgeordneten und heutigen CDU-Parlamentariers Hupka gegründet worden ist. Schon vor der Bundestagswahl 1972 hatte sich diese Gruppe auf die Themen Paragraph 218, Pornographie und Krankenhausfinanzierung festgebissen. Vor der Bundestagswahl 1976 hat man sich auf die Neuordnung des Ehe- und Familienrechts eingeschossen, verkürzt Scheidungsrecht genannt. Dieses Reformvorhaben hält der Arbeitskreis Eherecht im Katholischen Büro nun plötzlich für das wichtigste Reformvorhaben der 7. Deutschen Bundestages überhaupt, nachdem man zwei Jahre lang den Eindruck haben mußte, für die katholische Kirche sei die Reform des Paragraphen 218 Thema eins. So schnell kann sich das ändern.
Im Mittelpunkt des Scheidungsstreits zwischen dem Bischofsbüro und den sozialdemokratischen Lobbyisten steht das Zerrüttungsprinzip. Es beinhaltet – nach Vorstellung der sozial-liberalen Bundestagsmehrheit – unter anderem: Eine Ehe ist endgültig gescheitert und kann geschieden werden, wenn die Ehegatten drei Jahre lang getrennt leben. Manche, die die Unauflöslichkeit der Ehe auch politisch verteidigen, befürchten, daß nicht nur die Familie, sondern auch die Gesellschaft zerrüttet wird, wenn solche Gesetze rechtskräftig werden. Deshalb haben sie immer wieder darauf gedrungen, daß folgender Satz ins Gesetz kommt:
»Eine Ehe ist auf Lebenszeit angelegt.«
Dabei wurden sie von Diözesanräten und Verbänden wie der Kolpingfamilie eifrig unterstützt, die Erklärungen formulierten, in denen es zum Beispiel hieß:
»Wir möchten mit diesem Alarmruf die Gläubigen bitten, bei den Bundestagsfraktionen darauf hinzuweisen, daß hier eine Entwicklung rechtlich fundamentiert werden soll, die die Grundlagen des Staates erschüttert.«
Dieser Bitte entsprachen dann auch zahlreiche Katholiken. In Bonn fragten die Empfänger der Protestbriefe allerdings, ob den Absendern immer ganz klar ist, worum es bei der Reform des Scheidungsrechts überhaupt geht. So hieß es in einem Brief:
»Als Vater von drei heiratsfähigen Töchtern protestiere ich dagegen, daß der Bestand der Dauer- und Einehe in unserem Volk nicht mehr gesichert ist.«
Über die vorgebliche Bedrohung der Dauer- und Einehe konnte er sich im Flugblatt eines bischöflichen Seelsorgeamtes informieren.

Das ist der dunkle Horizont, vor dem der Interessenausgleich im Katholischen Büro versucht wird. Außer dem Bundestagsabgeordneten Hermann Schmitt-Vockenhausen ist in diesem Zusammenhang vor allem Bundesjustizminister Hans-Jochen Vogel zu nennen, der katholische Repräsentant des SPD-Präsidiums. Sein Bruder ist Bernhard Vogel, der Präsident des Zentralkomitees der deutschen Katholiken. So haben sich beide schon auf katholischen Veranstaltungen getroffen, zum Beispiel auf der Schlußkundgebung des Katholikentages 1974 in Mönchengladbach. Dort war der »schwarze Vogel« als ranghöchster CDU-Katholik umjubelt, während der »rote Vogel« als prominentester SPD-Katholik zusammen mit dem ebenfalls anwesenden Ministerpräsidenten von Nordrhein-Westfalen, Heinz Kühn, vor allem wegen der damals aktuellen Reform des Paragraphen 218 ausgepfiffen wurde.

Doch Hans-Jochen Vogel war kein Verfechter der Fristenlösung und bemüht sich wie schon bei der Abtreibungsreform auch in Sachen Scheidungsrecht um das Wohlwollen der Amtskirche. Er ließ wissen, daß seinetwegen der Satz von der Ehe, die auf Lebenszeit angelegt ist, ruhig ins Gesetz dürfe und erklärte sich bereit, die Frist beim Zerrüttungsprinzip von drei auf fünf Jahre auszudehnen. Doch mit diesen Absichten stieß er in der SPD-Fraktion auf Widerstand. Seine Bemühungen um ein besseres Verhältnis der SPD zu den Bischöfen wurden auch vom Theologen Norbert Greinacher unterlaufen, einem der Köpfe der katholischen Unterabteilung der SPD-Wählerinitiative, der 1975 in die SPD eintrat. Der Pastoraltheologe schrieb im Juni 1975 einen Brief an die SPD-Bundestagsabgeordnete Renate Lepsius, die sich bei der Neuregelung des Scheidungsrechts besonders für die Rechte der Frau eingesetzt hat. Greinacher meinte, aus machtpolitischen Erwägungen sei es für die SPD schädlich, auf die Wünsche der katholischen Bischöfe einzugehen. Der Privatbrief kam an die Öffentlichkeit, und Greinacher handelte sich wie schon bei der Auseinandersetzung um die Fristenlösung den Groll der Bischöfe ein, diesmal vorgebracht von seinem Diözesanbischof Georg Moser (Rottenburg).

Das sind einige Begleitumstände zum Thema Interessenausgleich zwischen SPD und katholischer Kirche, soweit er sich im Katholischen Büro abspielt.

Im Gegensatz zu CDU und SPD besaß die FDP-Fraktion nie einen Gesprächskreis im Katholischen Büro, wenn sie auch mehrere katholische Abgeordnete hat und sogar zwei ihrer fünf Bundesminister katholisch sind, Wirtschaftsminister Hans Friderichs und Landwirtschaftsminister Josef Ertl. Beobachter der Bonner Szene bemerken manchmal spöttisch, wenn sie das Verhältnis der katholischen Kirche

zu den Parteien beurteilen: Die CDU habe ein gutes Verhältnis zur Kirche, die SPD ein schlechtes und die FDP gar keins.
Eine Reihe von Kontakten zwischen Kirche und Parteien, vom Schleier der Geheimdiplomatie umhüllt, spielte sich immer auf der informellen Basis ab. Am einfachsten hat es die Kirche dabei mit der CDU, die ja eine Reihe ihrer Politiker in kirchlichen Institutionen hat, wo sie sich mit kirchlichen Amtspersonen treffen und sich dann gleich besprechen können. Es gibt aber auch hohe CDU-Politiker, die, wenn es ihnen notwendig erscheint, kurzerhand einen Bischof anrufen, oder aber man trifft sich offiziös in Bonn. Früher gab es solche Kontakte auch häufiger mit Sozialdemokraten. Es handelte sich um Vier- bis Acht-Augen-Gespräche, um Kontakte auf höchster Ebene, für die vor allem die schon erwähnten Namen Herbert Wehner und Heinrich Tenhumberg standen. Solche Gespräche fanden in halboffizieller Atmosphäre statt, waren aber im Ergebnis sicher mehr als offiziös. Doch in den Jahren der wieder verschärften Konfrontation sind sie offenbar eingeschlafen. Darüber hinaus sind aber immer noch Kontakte möglich, die – wer weiß das schon – ebenso zufällig wie beabsichtigt sein können. Im Informationsdienst der Katholischen Nachrichtenagentur las sich das 1973 z. B. so:
»Heinrich Tenhumberg (58), Bischof von Münster, ist in das Kuratorium der Stiftung zur Förderung der neutestamentlichen Textforschung in Münster gewählt worden. In das Kuratorium wurden ferner gewählt Dr. Albrecht Beckel (48), ehemaliger Präsident des Zentralkomitees der deutschen Katholiken, Dr. Erhard Eppler (46), Bundesminister für wirtschaftliche Zusammenarbeit, und Liselotte Funcke (57), Vizepräsidentin des deutschen Bundestages.«
Dieses Kuratorium ist initiiert von Bischof Kunst, der in Bonn der Leiter der Verbindungsstelle zwischen der evangelischen Kirche und der Regierung ist.
Man liest's und nimmt zur Kenntnis, daß Bischof Tenhumberg ausgerechnet mit zwei maßgeblichen Kirchenpolitikern der Koalition in dieses ehrwürdige, wohl eher theologische Gremium gewählt worden ist, mit den Synodalen der Evangelischen Kirche in Deutschland (EKD) Erhard Eppler (SPD) und Liselotte Funcke (FDP). Man braucht nicht darüber nachzusinnen, worüber sie sich am Rande ihrer Treffs wohl eher unterhalten werden, über die Rolle der Frau in den Paulusbriefen oder über das geplante neue Scheidungsrecht. Hinzu kommt dann noch der frühere Präsident des Zentralkomitees der deutschen Katholiken, der CDU-Politiker Beckel, der zur Gruppe Münster zählt, die die kirchliche Politik in starkem Maße prägt. Repräsentant dieser Gruppe in der Bischofskonferenz ist Heinrich Tenhumberg, der poli-

tischste Diözesanbischof überhaupt. Mit dem Etikett »politisch« könnten höchstens noch Ruhrbischof Hengsbach, der Freiburger Erzbischof Schäufele und Kardinal Döpfner versehen werden. Kenner neigen häufig dazu, von einem politischen Zusammenspiel zwischen Döpfner und Tenhumberg zu sprechen. Die Gruppe Münster, deren Mitglieder größtenteils schon rein geographisch betrachtet aus dem Bistum Münster stammen, hält fast alle kirchenpolitisch bedeutsamen Positionen besetzt, wenn man einmal vom Zentralkomitee der deutschen Katholiken absieht, das zwar früher mit Albrecht Beckel einen Präsidenten aus Münster hatte, nun aber von dem Mainzer Bernhard Vogel geführt wird, der ideologisch allerdings eher zum Tenhumbergflügel als zum Hengsbachflügel zu rechnen ist.

Im einzelnen zählen zur Gruppe Münster: Prälat Wöste, Leiter des Kommissariates der deutschen Bischöfe in Bonn und vormals Diözesanpräses der Katholischen Arbeiterbewegung in Münster; Prälat Josef Homeyer, Leiter des Sekretariats der deutschen Bischofskonferenz und Sekretär der Synode der deutschen Bistümer, vormals bischöflicher Schulreferent in Münster, der vor einiger Zeit mit seinem Sekretariat von München nach Bonn umsiedelte; Prälat Wilhelm Wissing, Präsident des Internationalen Katholischen Missionswerkes »Missio« in Aachen. Wissing war Tenhumbergs Vorgänger als Leiter des Katholischen Büros in Bonn und dann Missionsdirektor in Münster. Schließlich ist noch Konrad W. Kraemer zu nennen, der Chef der Katholischen Nachrichtenagentur in Bonn, der vorher politischer Zeitungsredakteur in Münster war.

Den Schwarzen Peter kriegen die Parteien

Das Bündnis zwischen der katholischen Kirche und der politischen Christen-Union legt die Frage nahe, ob das eigentlich typisch katholisch ist oder nur typisch deutsch-katholisch. Nun, in vielen Nachbarstaaten hat man aus veränderten politischen Verhältnissen Konsequenzen gezogen, die französischen, die nordischen und auch wohl die englischen Bischöfe z. B. stehen heute klar auf dem Standpunkt, man müsse zu allen Parteien gleiche Entfernung und gleiche Nähe halten, was mit dem Begriff »Äquidistanz« umschrieben wird. Prälat Wöste vom Katholischen Büro in Bonn charakterisiert die Haltung der französischen Bischöfe so:

»Die Bischöfe gehen davon aus, daß in den verschiedenen Parteien

Katholiken sind, von dem äußersten rechten Flügel der Gaullisten bis hin zu den Kommunisten ... Was haben wir da zu tun? Wir haben dafür zu sorgen, daß alle Katholiken in der Eucharistiefeier und im Gottesdienst auch in Bildungskursen, in Exerzitien zusammenkommen, ganz gleich zu welcher Partei sie gehören, damit sie die eine Kirche darstellen. Wir haben weiterhin die Aufgabe, ihnen zu helfen, daß sie aus der Sicht des Evangeliums den richtigen Einsatz finden in ihrer Partei. Die Kirche hat weiterhin die Aufgabe, auf die eine oder andere falsche Zielvorstellung der Parteien einzugehen, sich theoretisch damit auseinanderzusetzen. Aber die Kirche hat nicht die Aufgabe, Parteien zu beurteilen, die Parteien zu messen, zu sagen, diese entspricht mehr unseren Anschauungen als jene, sondern sie steht den Parteien in gleicher Nähe oder gleicher Entfernung gegenüber.«

Für die Bundesrepublik darf das freilich nicht gelten, Äquidistanz zu allen Parteien gilt hier eher als Todsünde; was in Frankreich in dem breiten Spektrum zwischen rechten Gaullisten und linken Kommunisten möglich ist, soll in dem vergleichsweise kleinen Spektrum zwischen CDU auf der einen Seite, SPD/FDP auf der anderen Seite nicht möglich sein. Der Bonner Prälat:

»Bei meinem Überblick über die parteipolitische Landschaft in der Bundesrepublik komme ich zu dem Ergebnis, daß die Voraussetzungen zu einer solchen Äquidistanz für die Kirche zur Zeit nicht gegeben sind.«

Bernhard Vogel, ZdK-Präsident und CDU-Minister, ging beim Katholikentag in Mönchengladbach noch weiter: Wer Äquidistanz fordere, so Vogel, sei ein Tor. Warum eigentlich? Das Arbeitspapier der Synode der Bistümer, »Aufgaben der Kirche in Staat und Gesellschaft«, schiebt den Parteien den Schwarzen Peter zu:

»Wenn in Programm und Praxis der Parteien in Bund, Ländern und Gemeinden die religiöse und die gesellschaftliche Legitimation der Kirche von allen Parteien gleichermaßen anerkannt wäre und Übereinstimmung in den Grundwerten bestünde, könnte die Kirche zu den konkurrierenden politischen Richtungen ein gleichnahes Verhältnis haben.«

Und an anderer Stelle bezieht sich das Papier auf Aussagen und Ziele, die auf menschlichen Grundwerten beruhen, in denen Übereinstimmung mit den Lehren der Kirchen bestehe. Was sind das überhaupt, diese menschlichen und zugleich katholischen Grundwerte? In den Diskussionen der jüngeren Zeit haben katholische Kirchenpolitiker fast ausschließlich das »Recht auf Leben« und die Reform des Abtreibungsparagraphen gemeint, wenn sie die Beachtung allgemeinverbindlicher Grundwerte forderten. Und das ist sogar verständlich. Nicht korrekt ist es aber, wenn man das gesamte Verhältnis zu den einzelnen Parteien von der Beachtung der sogenannten Grundwerte abhängig macht, oder wie die deutschen Bischöfe

»die immer mehr um sich greifende Zerrüttung der menschlichen Grundwerte«

beklagt, solange man nicht vorher eine umfassende Grundwertdebatte geführt hat, von der aus man dann ernst beginnen könnte, sich zu überlegen, wie diese Grundwerte in der Politik zu verwirklichen sind. Eine solche Grundwertdebatte steht aber bislang aus. Um ein Beispiel zu nehmen: Die Enzyklika »Pacem in Terris« spricht in zweierlei Hinsicht vom »Recht auf Leben«, nämlich vom Recht auf die »Unversehrtheit des Leibes« und vom »Recht auf die geeigneten Mittel zu angemessener Lebensführung«. Hier wird die eigentliche Problematik deutlich sichtbar: Recht auf Leben ist nicht nur Recht auf individuelles Leben, sondern auch Recht auf soziale Gerechtigkeit. Letztere aber sehen z. B. die beiden angesehenen katholischen Sozialwissenschaftler Nell-Breuning und Klüber besser bei der SPD und FDP aufgehoben als bei der CDU/CSU. Mit anderen Worten: Wäre die Grundsatzdebatte über das, was die sogenannten Grundwerte sind, erst einmal erfolgt, dann könnte auch die Debatte über die richtigen Wege zu ihrer politischen Verwirklichung beginnen. Denn schließlich wird man doch keiner Bundestagspartei unterstellen wollen, daß sie das »Recht auf Leben« in Zweifel stelle. Heikel wird die Frage erst da, was alles unter diesem Begriff zu fassen ist und wie man dieses Recht auf Leben am besten schützt. Und daran scheiden sich die Geister auch unter Katholiken. Nach dem Zweiten Vatikanischen Konzil dürfen sie es sogar.

Die Abhängigkeit von Kirche und CDU bzw. die Konfrontation zu den Koalitionsparteien SPD und FDP soll jetzt an zwei besonders augenfälligen Beispielen näher erläutert werden: einmal an der Frage, ob katholische Geistliche politisch tätig sein dürfen und zum zweiten an der vatikanischen Ostpolitik gegenüber Polen und der DDR und den Auseinandersetzungen um diese Ostpolitik im bundesrepublikanischen Katholizismus.

Fall eins:

Dürfen Geistliche politisch tätig sein?

Bei einem ersten flüchtigen Blick in das Bundestagshandbuch scheint sich die Frage, ob Geistliche politisch tätig sein dürfen, ganz klar und eindeutig mit ja beantworten lassen, denn immerhin fünf Pfarrer sitzen zur Zeit als Abgeordnete im Bundestag. Ein erstes Erstaunen mag ihre Parteizugehörigkeit erregen: Vier gehören zur sozialdemokratischen Partei, nur einer gehört zur Fraktion der Christsozialen aus Bayern. Aber eines haben die fünf über ihren Beruf hinaus gemeinsam: Sie sind evangelisch, und das hat seine Gründe.

Denn diese fünf sind zwar Pfarrer, aber Pfarrer ohne Gemeinde. Sie sind von ihrer Kirchenleitung für ihre Abgeordnetentätigkeit im Bundestag – dasselbe gilt für diejenigen, die in Landtagen arbeiten – in den Wartestand versetzt oder beurlaubt worden, damit einerseits ihre politische Tätigkeit nicht beeinträchtigt wird durch die seelsorgliche Arbeit in der Gemeinde und diese wiederum nicht durch die politische Tätigkeit; andererseits werden sie nicht aus dem Dienst entlassen, damit sie durch ihre Abgeordnetentätigkeit keine allzu großen Nachteile erlangen im Hinblick auf eine eventuelle spätere Rückkehr in den Pfarrerberuf. So hatte man sich das in den evangelischen Kirchenleitungen bislang gedacht und entsprechend praktiziert. Seit Januar 1975 ist dies zumindest in Bremen nicht mehr möglich. Dort ist nämlich die entsprechende kirchliche Regelung durch ein Urteil des Staatsgerichtshofs der Freien Hansestadt Bremen außer Kraft gesetzt worden. Antragsteller waren alle Fraktionen der Bremischen Bürgerschaft, die dem Staatsgerichtshof die Frage vorgelegt hatten:

»Ist die im Kirchengesetz der Bremischen evangelischen Kirche vom 28. März 1973 vorgesehene Regelung zulässig, wonach Pfarrer und Kirchenbeamte der Bremischen evangelischen Kirche für die Dauer ihres Abgeordnetenmandats in der Bremischen Bürgerschaft gegen ihren Willen als beurlaubt gelten?«

Und das Gericht entschied:

»Die Regelung des § 1 Abs. 1 des Kirchengesetzes der Bremischen evangelischen Kirche vom 28. März 1973 ist insoweit, als Pfarrer und Kirchenbeamte der Bremischen evangelischen Kirche für die Dauer ihres Abgeordnetenmandats in der Bremischen Bürgerschaft als beurlaubt gelten, nach bremischem Verfassungsrecht im staatlichen Bereich nicht zulässig.«

Die Begründung des Bremischen Staatsgerichtshofs ist interessant und möglicherweise nicht ohne Rückwirkungen auf die Regelungen in anderen Landeskirchen oder auch sogar für entsprechende Regelungen innerhalb der katholischen Kirche. Die Richter waren nämlich mit vier gegen drei Stimmen der Meinung, daß beurlaubte Pfarrer beruflich ins Hintertreffen geraten könnten, das wiederum – so das Gericht – könne einen Pfarrer, der mit dem Gedanken an ein Abgeordnetenmandat umgeht, davon abhalten, als Abgeordneter zu kandidieren oder, anders gesagt, die in Aussicht stehende Beurlaubung vom Kirchendienst für den Fall der Wahl zum Abgeordneten könne Druck auf den kirchlichen Mitarbeiter ausüben, nicht für das Parlament zu kandidieren. Das aber wiederum widerspricht nach Auffassung des Bremer Gerichts dem Artikel 48 Abs. 2 des Grundgesetzes, nach dem niemand gehindert werden darf, ein Amt als Abgeordneter auszuüben.

Welche Auswirkungen diese Regelung auf die entsprechenden Regelungen in der katholischen Kirche haben könnte, ist erst recht nicht abzusehen. Nicht nur, daß es zur Zeit keinen katholischen Geistlichen im Bundestag oder in Landtagen gibt. Hinzu kommt, daß die Deutsche Bischofskonferenz erst kürzlich die bestehenden Regelungen verschärft hat. Sie würde am liebsten jede parteipolitische Tätigkeit ihrer Priester verbieten. In ihrer »Erklärung zur parteipolitischen Tätigkeit der Priester« vom Herbst 1973 sagt sie:

»Aus Sorge um die Schäden, die der Kirche aus der parteipolitischen Betätigung der Priester erwachsen, haben die deutschen Bischöfe auf ihrer Herbstvollversammlung vom 24.–27. September 1973 in Fulda folgende Stellungnahme verabschiedet. Sie dürfen dabei davon ausgehen, daß die überwiegende Mehrheit der katholischen Priester einer parteipolitischen Tätigkeit ablehnend gegenübersteht.«

Man darf demgegenüber sicher davon ausgehen, daß die fünf evangelischen Pfarrer im Bundestag sich keinesfalls der Meinung anschließen, daß ihrer Kirche aus ihrer parteipolitischen Tätigkeit Schaden erwachse. Ganz abgesehen davon hat auch die katholische Kirche jahrhundertelang nichts gegen eine politische Tätigkeit ihres Klerus gehabt, vielmehr daraus ihren Nutzen gezogen; einen sehr weltlichen Nutzen in der Regel.

Zwar hat sich im Laufe der Kirchengeschichte eine Reihe von Berufsverboten für den Klerus herausgebildet: so vor allem für kaufmännische, heilkundliche und juristisch-politische Berufszweige. Tatsächlich bietet aber die Kirchengeschichte genügend Beispiele für die politische Tätigkeit hoher und höchster Geistlicher bis hin zu den Bischöfen und Päpsten. Und gerade in der jüngeren Geschichte nahm die politische Tätigkeit des Klerus eher zu. In Deutschland fand sie ihren Höhepunkt in der Tätigkeit der oft zitierten Zentrumsprälaten in der Weimarer Republik. Ihr prominentester Vertreter war der Prälat und Kirchenjurist Ludwig Kaas, der zugleich katholischer Geistlicher und Vorsitzender des Zentrums war. Die politische Tätigkeit dieser Zentrumsprälaten zu beenden war eines der Hauptanliegen des Konkordats, das Hitler im Jahre 1933 mit dem Heiligen Stuhl abschloß.

»So unpräzise die Vorstellungen des Vizekanzlers (Papen) über den Inhalt eines Reichskonkordats auch waren, so stand doch für Hitler und ihn zumindest soviel fest, daß *eine der Hauptforderungen* ein Verbot der politischen Betätigung von Klerikern sein würde.«

So schreibt Ludwig Volk in seiner Untersuchung über »Das Reichskonkordat vom 20. Juli 1933«; und weiter heißt es dort:

»Im Parteivorsitzenden Kaas repräsentierte sich das Zentrum, das durch den Schachzug der Entpolitisierung matt gesetzt werden sollte, und im Prälaten Kaas jene Schicht politisch engagierter Geistlicher, die von diesem Betätigungsfeld verwiesen werden sollte.«

Das Delikate daran war, daß Kaas wegen seiner hervorragenden Kenntnisse der Konkordatsmaterie selbst an entscheidender Stelle am Zustandekommen des Konkordats mitgewirkt hatte. So war es nicht verwunderlich, daß er selbst von Parteifreunden als Deserteur gebrandmarkt wurde, als er zu den Konkordatsverhandlungen nach Rom reiste, und schließlich nach dem Untergang des Zentrums gar als Verräter, der die Sache des Zentrums an die Marionette Hitlers, den Vizekanzler Papen, verraten hatte.

Als das Hitlerregime sich schließlich nach zähen Verhandlungen mit dem Heiligen Stuhl auf den sogenannten Entpolitisierungsartikel geeinigt hatte, war dieser inzwischen überflüssig: Unter dem Druck der Verhältnisse war die Zentrumspartei schon zerbrochen. Geblieben ist bis heute das Konkordat und mit ihm der berühmte Entpolitisierungsartikel 32. Er bildet, zusammen mit dem Codex Iuris Canonici, dem geltenden kirchlichen Gesetzbuch, bis heute die juristische Grundlage für die politische Tätigkeit von Priestern.

Vorher war es anders: Das geltende kirchliche Gesetzbuch von 1917 zum Beispiel sah ein generelles Verbot der politischen Tätigkeit von Geistlichen nicht vor. Canon 139 Paragraph 4 regelte lediglich die Übernahme von Abgeordnetenmandaten für Geistliche, setzte aber auch hier kein generelles Verbot, sondern machte die Übernahme eines Abgeordnetenmandats lediglich von einer speziellen Erlaubnis des zuständigen Bischofs abhängig. Der genannte Entpolitisierungsartikel 32 des Reichskonkordats von 1933 dagegen regelte die politische Tätigkeit der Geistlichen. Dieser völkerrechtlich bis heute gültige Vertrag lautet in Artikel 32:

»Aufgrund der in Deutschland bestehenden besonderen Verhältnisse wie im Hinblick auf die durch die Bestimmungen des vorstehenden Konkordats geschaffenen Sicherungen einer die Rechte und Freiheiten der katholischen Kirche im Reich und seinen Ländern wahrenden Gesetzgebung erläßt der Heilige Stuhl Bestimmungen, die für die Geistlichen und Ordensleute die Mitgliedschaft in politischen Parteien und die Tätigkeit für solche Parteien ausschließen.«

In einem Aufsatz in den Frankfurter Heften (6/1974) vermerkt der Kirchenrechtler Knut Walf zur Entstehungsgeschichte dieses Konkordats, daß im Referentenentwurf des Reichskonkordats dieser Entpolitisierungsartikel nicht enthalten gewesen sei und fügt hinzu:

»Und dies ist auch verständlich, da eine demokratische Regierung (in Gestalt eines Ministerialdirigenten der Weimarer Republik, der diesen Entwurf ausgearbeitet hatte) einen solchen, die Grund- und Verfassungsrechte eines Teils ihrer Bürger berührenden Artikel niemals zum Gegenstand eines Vertrages machen könnte.«

Noch weitere juristische Bedenken hat der Münsteraner Professor für Kirchenrecht, Horst Herrmann, schon kurz nach Veröffentlichung des Bischofsbeschlusses in einem Interview mit dem Westdeutschen Rundfunk geäußert. Professor Herrmann führte in diesem Interview u. a. aus:

»Der Artikel 32 spricht gleichsam einen Vertragsbefehl an den Partner des Staates, nämlich den Heiligen Stuhl, aus, ein solches Verbot politischer Mitgliedschaft und Betätigung für politische Parteien zu erlassen. Der Heilige Stuhl hat nun seit 1933, also seit vierzig Jahren, in dieser Richtung überhaupt nichts unternommen, so daß bis zum heutigen Tage merkwürdigerweise auch ein spezielles Verbot sowohl von Mitgliedschaft in politischen Parteien als auch von Betätigung katholischer Geistlicher für solche Parteien, sei es im Wahlkampf, sei es außerhalb des Wahlkampfes, nicht vorliegt.«

Interviewer: Das bedeutet, wenn ich es richtig verstanden habe, daß die Deutsche Bischofskonferenz in dieser Frage auch gar nicht zuständig wäre, sondern einzig der Vatikan?

»Ja, das kann man also durchaus sagen und müßte das auch in aller Öffentlichkeit sagen. Falls die Fuldaer Erklärung der Bischöfe nicht nur eine bloße, mehr oder weniger unverbindliche, moralische Empfehlung an Betroffene darstellt, sondern einen juristisch faßbaren Beschluß, so muß man sagen, hat im letzeren Falle die Bischofskonferenz ihre rechtliche Kompetenz in unzulässiger Weise überschritten, da sie sich in die Materie eines völkerrechtlich zwischen dem Deutschen Reich – Nachfolger Bundesrepublik – und dem Heiligen Stuhl geschlossenen Vertrag eingemischt hat und eine allein den Vertragspartnern von damals zukommende und von diesen allein zu behandelnde, ihnen reservierte Materie selber behandelt hat, was natürlich unter Juristen gesehen, und ich glaube auch ganz allgemein verständlich, ein nicht vertragsgetreues Verhalten darstellt, was man glaube ich auch von seiten des staatlichen Vertragspartners offen genug sagen müßte.«

Der staatliche Vertragspartner tat allerdings das Gegenteil. Auf eine Anfrage des FDP-Abgeordneten Jürgen Möllemann im Bundestag am 29. November 1973, wie die Regierung die Auffassung beurteile, die Bischofskonferenz habe sich mit ihrer Erklärung zur parteipolitischen Betätigung von Priestern unzulässigerweise in die Materie eines Vertrages eingemischt, der auf völkerrechtlicher Ebene geschlossen wurde, antwortete Gerhart Baum (FDP), Parlamentarischer Staatssekretär beim Bundesministerium des Innern, er persönlich sei der Auffassung, »... daß es sich bei der Erklärung der deutschen Bischöfe ... um eine innerkirchliche Regelung handelt, die sich im Rahmen des Reichskonkordats bewegt«.

Man darf unterstellen, daß die Auskunft des Parlamentarischen Staatssekretärs wohl eher politisch-taktischen Erwägungen als streng juristischen gefolgt ist. Zur juristischen Beurteilung der Sachlage läßt sich sagen: Ein grundsätzliches Verbot der politischen Tätigkeit von Priestern kann es nicht geben. Nach dem Reichskonkordat ist nur die Tätigkeit eines Priesters als Abgeordneter an die Erlaubnis des zuständigen Bischofs gebunden. Der Artikel 32 des Reichskonkordats enthält aber kein Verbot der politischen Tätigkeit von Geistlichen, sondern nach Auffassung des Kirchenrechtlers Herrmann einen Auftrag an den Vatikan, entsprechende Bestimmungen zu erlassen. Das ist zwar nie geschehen, ungeachtet dessen liegt die Zuständigkeit für ein solches Verbot einzig beim Vatikan – unter der Voraussetzung, daß man die Gültigkeit eines Konkordats insgesamt voraussetzt. In diese Richtung gehen die Bedenken des Kirchenrechtlers Knut Walf: Seiner Meinung nach könnte eine demokratische Regierung eine solche Regelung wie die des § 32 RK niemals zum Gegenstand eines Vertrages machen; er meldet deshalb gegenüber dem Artikel nicht nur vertragsrechtliche, sondern darüber hinaus verfassungsrechtliche Bedenken an und will diese Bedenken ausdrücklich auch für die Bischofserklärung vom September 1973 gewürdigt sehen.

Ist also der juristische Boden der Bischofserklärung zumindest schwankend, dann bliebe zur Rechtfertigung noch die theologische Seite. Dazu zunächst ein etwas näherer Blick auf diese Erklärung. Die Motivation der Bischöfe ist, so geht aus der Einleitung zur Erklärung hervor, primär pastoraler, seelsorglicher, nicht aber grundsätzlicher Natur.

»Aus Sorge um die Schäden, die der Kirche aus der parteipolitischen Betätigung der Priester erwachsen ...«, sei das Verbot erlassen worden, heißt es da. Es stellt sich also die Frage nach den grundsätzlichen theologischen Einwänden gegen eine politische Tätigkeit von Priestern, und da kann man in Übereinstimmung mit starken Strömungen in der gegenwärtigen und nicht nur der gegenwärtigen Theologie sagen, daß auch die Verkündigung des Evangeliums immer eine politische Dimension hat und daß das Evangelium immer auch eine politische Relevanz haben muß, wenn es nicht zum »Opium des Volkes«, zum individuellen Seelentrost, verkommen soll.

Entgegen ihrem pastoralen Ansatz argumentieren die Bischöfe dann doch theologisch-grundsätzlich, wenn sie zunächst Grundsätze des Zweiten Vatikanischen Konzils und der Bischofssynode von 1971 anführen:

»Die besonders von Christus ihm anvertraute Sendung des Priesters, wie die der Kirche im ganzen, bezieht sich nicht auf das Politische, das Wirtschaftliche oder Soziale, sondern ist religiösen Gehalts. Doch kann der Priester dem Sinn seines Amtes entsprechend viel zu einer gerechteren weltlichen Ordnung beitragen, dort vor allem, wo schwere Ungerechtigkeit und Unterdrückung das menschliche Dasein besonders fragwürdig machen. Dabei soll er jedoch stets Kontakt mit der kirchlichen Gemeinschaft wahren und keine Gewalt anwenden ...«

Hier wird zwar die religiöse Aufgabe des Priesters betont, die weltlich-politische aber keinesfalls ausgeschlossen. Abgelehnt wird nur die Anwendung von Gewalt.

»Wo verschiedene politische oder wirtschaftliche Entscheidungen legitim sind, haben die Priester wie jeder andere Bürger das Recht zu eigenen Stellungnahmen. Da aber politische Entscheidungen wesensgemäß relativ sind und das Evangelium nie vollkommen adäquat und unabänderlich interpretieren, soll der Priester als Zeuge der künftigen Welt eine gewisse Distanz zu jedem politischen Amt oder Einsatz wahren.«

Hier wird das Recht zur politischen Stellungnahme des Priesters ausdrücklich genannt. Keineswegs verlangt sein Amt eine absolute, sondern höchstens eine gewisse Distanz.

»Die Übernahme einer Führerschaft oder der aktiv militante Einsatz in einer bestimmten politischen Partei soll jedem Priester untersagt sein, es sei denn, in bestimmten außergewöhnlichen Fällen ...«

Hier wird ebensowenig wie in den beiden ersten Zitaten generell eine politische Tätigkeit von Priestern abgelehnt, sondern nur die »Übernahme einer Führerschaft« oder der »aktiv militante Einsatz«, und selbst dies wird in Ausnahmefällen zugestanden. Die Bischöfe folgern:

»Zwar schließt das nicht von vornherein aus, daß ein Priester als Bürger unseres Staates Mitglied einer Partei ist, sofern diese nicht inhumane oder antichristliche Ziele verfolgt. Abzulehnen ist jedoch, daß sich ein Priester öffentlich innerhalb einer Partei, für eine Partei sowie die Wahl einer Partei einsetzt.«

Genau das aber läßt sich aus den angeführten Zitaten eben nicht oder zumindest nicht eindeutig belegen. Im übrigen verlangen die Bischöfe hier von einem Priester, der in einer Partei Mitglied sein will, was sie für die Kirchenmitgliedschaft entschieden ablehnen: nämlich die Rolle einer zahlenden Karteileiche zu spielen.

In Teil II ihrer Erklärung lassen die Bischöfe eine theologische Begründung folgen. Dort heißt es u. a.:

»Der apostolische Dienst hat keinen anderen Sinn und Auftrag als den, das Opfer und die Liebe Jesu Christi für die Welt in der Welt heilbringend gegenwärtig zu halten.« Und weiter heißt es in der Erklärung:

»... daß es dem wirklichen Verkünder des Evangeliums darum gehen muß, in jeder Lage den Anspruch Gottes zu verkünden und dem Recht Geltung zu verschaffen, das Gott auf den Menschen hat«.

Nun ist allerdings überhaupt nicht einzusehen, inwiefern dieser Auftrag des Verkündigers im Gegensatz stehen soll zu einer politischen Tätigkeit. Im Gegenteil: Wenn heute Christen versuchen, dem Anspruch Gottes Geltung in der Welt zu verschaffen, wie anders sollte das geschehen als durch den Versuch, dem Gebot Gottes auch im politischen Raum aus christlicher Motivation Geltung zu verschaffen?

Gewichtiger scheint das zweite theologische Argument der Bischöfe zu sein:

»Der Dienst an der Einheit der Gemeinde und Gesamtkirche ist eine weitere wesentliche Aufgabe der Priester ... Freilich gibt es Fälle, in denen der Priester Stellung nehmen muß, weil die Wahrheit es fordert und der Dienst an der Einheit immer in der Wahrheit gründet. Wenn es sich jedoch um Fragen handelt, in denen Katholiken unbeschadet ihres Glaubens verschiedener Meinung sein können, soll der Priester nicht öffentlich Partei ergreifen. Sonst droht die Gefahr, daß dem Priester der seelsorgliche Zugang zu einem Teil der Gläubigen erschwert oder gar unmöglich gemacht wird.«

Hier wird zunächst ein fundamentaler Gegensatz zwischen Teil I und Teil II der Bischofserklärung deutlich. Um ihn zu demonstrieren, genügt eine Gegenüberstellung der betreffenden Aussagen. In Teil I heißt es:

»Wo verschiedene politische oder wirtschaftliche Entscheidungen legitim sind, haben die Priester wie jeder Bürger das Recht zur eigenen Stellungnahme.«

In Teil II heißt es:
»Wenn es sich jedoch um Fragen handelt, in denen Katholiken unbeschadet ihres Glaubens verschiedener Meinung sein können, soll der Priester nicht öffentlich Partei ergreifen.«
Was in Teil I der Erklärung also noch erlaubt ist, ist in Teil II verboten. Da kaum anzunehmen ist, daß die Bischofskonferenz im Verlaufe der Beschlußfassung über den Text ihre Meinung geändert hat, läßt dieser Widerspruch auf eine nicht eben gründliche rationale Durchdringung der Materie schließen.
Das Argument hingegen, daß ein Priester durch sein Eintreten für eine Partei sich den seelsorglichen Zugang zum politisch andersdenkenden Teil seiner Gemeinde erschwere, ist alt, wurde schon von Benedikt XV. (1914–1922) ins Feld geführt und ist zweifellos von einigem pastoralen Gewicht. Denn wer die Verhältnisse in katholischen Kreisen und Gemeinden kennt, weiß, wie schwierig es ist, hier emotionsfrei einen politischen Pluralismus zu verwirklichen, ist dieser doch bis in die sechziger Jahre dieses Jahrhunderts fast völlig unbekannt gewesen und ist es von Ausnahmen abgesehen immer noch. De facto gab es in den letzten hundert Jahren vielmehr immer eine enge Verflechtung zwischen jeweils einer politischen Partei und dem Katholizismus. Bis 1933 war es das Zentrum, in zum Teil scharfer Abgrenzung gegen die Sozialdemokraten und mit, gelinde gesagt, auch einigem Mißtrauen gegen den demokratischen Weimarer Staat, nach dem Krieg war es die Verflechtung mit der CDU. Eben deshalb ist zu fragen, ob nicht gerade durch ein vielfältiges politisches Engagement diese doch keineswegs zwangsläufige Verquickung des Katholizismus mit jeweils nur einer anderen politischen Richtung, die Katholiken einer anderen politischen Couleur nicht selten zum Zweiter-Klasse-Katholiken abstempelt, am ehesten aufgebrochen werden könnte. Es ist auch zu fragen, welches politische Verständnis und Feindbild dahintersteht, wenn ein parteipolitisches Engagement, bei dem Katholiken unbeschadet ihres Glaubens auch nach Bischofsmeinung verschiedener Meinung sein dürfen, Gefahr für die Einheit der Gemeinde bringen könnte. Es ist auch zu fragen, welches Priesterbild denn eigentlich hinter der Vorstellung steht, daß einem Priester mit einem bestimmten Parteibuch der seelsorgliche Zugang zu einem Gläubigen mit einem anderen Parteibuch erschwert werden könnte. Vieles spricht dafür, daß dahinter die offenbar immer noch lebendige, wenn auch mittelalterliche Vorstellung von der Rolle des totalen Sakralbeamten steht, der sich und seine sakrale Reinheit beschmutzt, wenn er sich außerhalb dieses sakralen Rahmens bewegt und deshalb abstinent sein muß in allen weltlichen Dingen. Die politisch engagierten Priester plädieren deshalb völlig zu

Recht heute dafür, zu unterscheiden zwischen der Berufstätigkeit des Priesters mit allem was dazu gehört und den bürgerlichen Rechten, die ein Priester hat wie jeder andere auch.

Im dritten und letzten Teil ihrer Erklärung formulierten die Bischöfe schließlich, wie sie selbst den Beitrag des Priesters zur Politik sehen:

»Im politischen Raum kommt dem Priester die Aufgabe zu, die sittlichen Grundsätze zu verkünden, den Bedrängten aller Art seine Stimme zu leihen und nicht zuletzt auch die Aufgabe, den Politikern aller Parteirichtungen und den politisch tätigen Bürgern als Seelsorger zur Verfügung zu stehen.«

Seelsorge an Politikern: Nun gut, dagegen ist nichts einzuwenden, aber das ist keine politische Tätigkeit. Den Bedrängten die Stimme leihen: Wäre das nicht Aufgabe aller Christen und nicht nur der Priester? Und wie soll dieser Einsatz etwa politisch wirksam werden, wenn er sich in verbalen Kraftakten erschöpft? Und schließlich die Verkündung der sittlichen Grundsätze? Ist das nicht ein viel weiteres Feld, als es hier auf den ersten Blick scheint? Welche Grundwerte sind denn überhaupt für die pluralistische Gesellschaft der siebziger Jahre in der Bundesrepublik verbindlich? Daß sie nicht unbedingt identisch sind mit den Grundsätzen der katholischen Glaubens- und Sittenlehre, ist doch wohl unbestritten. Daß den Kirchen eine wichtige Funktion zukäme in der Auseinandersetzung um diesen Fundamentalkonsens unserer Gesellschaft, ist ebenso unbestritten, aber eben diese Debatte hat bislang zwischen den Kirchen und den übrigen gesellschaftlichen und politischen Gruppen so gut wie gar nicht stattgefunden. Und noch eine ganz andere Frage ist schließlich, wie diese allgemein anerkannten Grundsätze in die politische Praxis umgesetzt werden können.

Fassen wir zusammen: Kirchenjuristisch gibt es keine generellen Einwände gegen politische Tätigkeit von Priestern, theologisch kann man in dieser Frage sehr verschiedener Meinung sein. So reduziert sich die Problematik auf eine politische Streitfrage, und es spricht in der Tat manches dafür, daß sie es, unabhängig von jeglicher theologischer Begründung, von Anfang an war. Dafür gibt es eine Reihe von Indizien.

Es fällt auf, daß die Bischöfe immer von parteipolitischer und nicht generell von politischer Tätigkeit sprechen, eine Unterscheidung, die tatsächlich gar nicht aufrechtzuerhalten ist, und das gleich aus mehreren Gründen:

Die Parteien in der Bundesrepublik sind die Träger politischer Willensbildung. Wer sich politisch betätigen will, dabei aber auf die Parteien verzichten will, begibt sich des politisch wirksamen und legitimen Instrumentariums und setzt sich darüber hinaus dem Verdacht aus,

nicht über den normalen Weg der demokratischen Willensbildung über Parteien und Parlamente seine politischen Vorstellungen zu verwirklichen, sondern gleichsam von außen als Lobby. Hinzu kommt, daß es kaum eine politische Äußerung gibt – es sei denn so allgemeiner Natur, daß sie nichtssagend ist –, die nicht als parteipolitische Stellungnahme gehört wird.
Wer sich zum Beispiel zur Reform des § 218 oder zur Ostpolitik äußert, dessen Äußerung wird immer im Spektrum einer politischen Partei betrachtet werden.
Es gibt darüber hinaus Grund genug zu der Annahme, daß die Erklärung der Bischöfe weniger generell auf die parteipolitische Tätigkeit von Priestern abzielt als vielmehr auf eine bestimmte parteipolitische Tätigkeit von Priestern, nämlich jene für die SPD, wie sie im Katholischen Arbeitskreis der SPD-Wählerinitiative ihren Ausdruck findet. Dafür gibt es eine Reihe von Indizien, die zum Teil an anderer Stelle dieses Buches ausführlich beschrieben werden und hier nur stichwortartig genannt zu werden brauchen.
Das erste Indiz dafür haben die katholischen Bischöfe über 20 Jahre hinweg vor fast jeder politischen Wahl selbst geliefert mit ihren Wahlhirtenbriefen, die in der Regel von den Kirchenkanzeln verlesen wurden und die die CDU zwar nicht direkt beim Namen nannten, aber immer und zweifellos zu Recht als Votum für die CDU verstanden wurden, indem sie zur Wahl christlicher Politiker bzw. zur Wahl von Politikern aufriefen, die christliche Grundsätze vertreten oder so ähnlich.
Ein weiteres Indiz sind die Vorgänge um die katholische Wochenzeitung »Publik«. Sie hatte den politischen Pluralismus auf ihre Fahnen geschrieben.
Damit brachte sie die bis dahin selbstverständliche Ausrichtung des politischen Katholizismus auf die CDU/CSU deutlich ins Wanken. Eine Finanzierungslücke gab Gelegenheit, solchen Verunsicherungen ein Ende zu machen. Allerdings ging es um noch mehr als um den parteipolitischen Pluralismus. Ziel war es wohl auch, die orthodoxe Richtung in der CDU zu stärken (siehe Seite 134ff).
Ähnlich ging es dem Dachverband katholischer Studenten, der Katholischen Deutschen Studenteneinigung. Sehr viel deutlicher als »Publik« wichen die Studenten vom rechten Weg ab. Die Folge: Die Bischöfe drehten ihnen den Geldhahn ab, und als diese Maßnahme dem abweichlerischen Treiben noch kein Ende machte, entzogen die Bischöfe dem Verband ihre Anerkennung (siehe Seite 108ff).
Schließlich ist der Fall des Theologen Greinacher zu nennen. Er hatte sich im Frühjahr 1972 öffentlich auf die Seite der Befürworter der Fri-

stenlösung und damit auf die Seite der Regierungskoalition geschlagen. Greinacher bekam Ärger mit den Bischöfen. Nach einigem Hin und Her schienen beide Seiten aber, nachdem Greinacher seinen Standpunkt erläutert hatte, zu einem Modus vivendi zu kommen. Doch die Ruhe täuschte:

Nachdem Greinacher über ein Jahr später seine längst bekannte Auffassung vor dem SPD-Bundesparteitag wiederholte, teilte ihm Kardinal Döpfner mit, wegen dieser Äußerung könne er in kirchlichen Gremien nicht mehr mitarbeiten und entzog ihm den Beraterstatus in der Synode der Bistümer. Es liegt nahe zu vermuten, daß die Bischöfe Greinacher übelnahmen, überhaupt dort aufgetreten zu sein. Strafandrohung wegen seines politischen Einsatzes erging gegen Greinacher auch durch den Münsteraner Bischof Tenhumberg.

Am interessantesten und beweiskräftigsten ist aber in diesem Zusammenhang ein Tatbestand, der weithin unbekannt ist und wohlweislich verschwiegen wird:

Es gibt in der Bundesrepublik, offensichtlich unbehelligt von bischöflichen Verboten und Verdikten, eine Reihe von katholischen Priestern, die sich nicht nur parteipolitisch betätigen, sondern im Auftrag ihrer Parteien sogar politische Mandate innehaben. Am 27. September 1974, so berichtet die katholische Zeitschrift »Imprimatur«, schrieb der Bundesgeschäftsführer der SPD, Holger Börner, an den Vorsitzenden der Deutschen Bischofskonferenz, Döpfner, einen Brief, in dem er folgende Fälle namentlich aufführte:

den Pfarrer Johann Geberl, der im Stadtrat von Amberg Vorsitzender der CSU-Fraktion ist;

den Pfarrer August Kohl von Bonbruck im Kreis Landshut; er ist für die CSU Mitglied des Landrats und stellvertretender Vorsitzender der CSU im niederbayerischen Bezirkstag;

den geistlichen Oberstudienrat Herbert Lang, der die CSU im Kreisrat von Neumarkt (Oberpfalz) vertritt;

den Geistlichen Rat Johann Sommer, der einerseits Domkapitular in Passau und andererseits Mitglied des Landesvorstands der CSU ist;

den Pfarrer von Ursenzollen, Johannes Stahl, der im Gemeinderat seiner Pfarrei die CSU vertritt.

Erst ein halbes Jahr später konnte der Sekretär der Bischofskonferenz, Prälat Josef Homeyer, das Antwortschreiben an Börner fertigstellen; dennoch fiel seine Antwort vom 1. April 1975 eher wie ein Aprilscherz aus. Er bestätigte die Richtigkeit von Börners Angaben, versuchte sie aber folkloristisch zu motivieren. Er erklärte nämlich, daß sich diese Fälle nicht zufällig alle auf den bayerischen Raum bezögen und fuhr fort:

»Dort entspricht – im Unterschied zu anderen Regionen – die Mitarbeit von Priestern in politischen Gremien einer langen Tradition, die vom Ursprung her weniger als parteipolitische Tätigkeit verstanden wurde, sondern als eine Art geistliche Beratung der entsprechenden Gremien.«

Prälat Homeyer wußte aber offenbar nicht, daß im Bistum Trier zwei Geistliche Mitglieder kommunaler Parlamente für CDU und FDP sind, im selben Bistum Trier, in dem dem Geistlichen Hermann Münzel Strafen angedroht wurden, als er sich ein einziges Mal für die SPD engagierte. Sein Engagement war bescheiden, die Wirkung um so größer, wenn auch unbeabsichtigt. Münzel war auf einer Wahlveranstaltung in einem Wirtshaus zugunsten des SPD-Spitzenkandidaten für Rheinland-Pfalz, Wilhelm Dröscher, aufgetreten, am 26. Februar 1975 vor 26 Teilnehmern. Darauf erhielt er einen Brief von seinem Bischof, Bernhard Stein aus Trier. Darin stand, mit Berufung auf die Trierer Synodalstatuten, kurz und lapidar: »Im Wiederholungsfall werde ich Ihnen die Missio Canonica entziehen.«

Der Geistliche Hermann Münzel ist Religionslehrer. Die Missio Canonica ist unerläßliche Voraussetzung zur Erteilung des Religionsunterrichtes – auch an staatlichen Schulen. Der Entzug der Missio Canonica bedeutet für den Religionslehrer Hermann Münzel, daß er seine berufliche Grundlage verliert. Jene zwei anderen Geistlichen des Bistums Trier dagegen sind nicht nur bis heute Mitglieder in kommunalen Volksvertretungen, ihnen wurde nicht nur keine Strafe angedroht, sie wurden nicht einmal zur Niederlegung ihres Mandates veranlaßt. Ihnen wurde lediglich die Erwartung mitgeteilt, daß sich ein solcher Fall nicht wiederhole.

Kaum besser als dem Trierer Religionslehrer Münzel ging es dem Münchner Kirchenrechtler Knut Walf. Wie der Religionslehrer Münzel sich im Landtagswahlkampf in Rheinland-Pfalz für die SPD stark gemacht hatte, so hatte der Münchner Dozent sich im Landtagswahlkampf in Hessen für eben diese Partei erklärt und einige Wahlveranstaltungen bestritten. In einem Briefwechsel, den er mit dem Münchner Ordinariat führte, wurde ihm daraufhin mitgeteilt, daß die Erklärung der Bischöfe zur parteipolitischen Tätigkeit von Priestern rechtlich verbindlich sei:

»Mit dem Satz ›Abzulehnen ist jedoch, daß sich ein Priester öffentlich innerhalb einer Partei, für eine Partei sowie für die Wahl einer Partei einsetzt‹ wird zweifelsfrei Priestern der öffentliche Einsatz für die Wahl einer Partei, wie es Wahlreden sind, verboten.«

So teilte der stellvertretende Generalvikar von München dem Dozenten mit. Und weiter:

»Sie werden daher dringend ersucht, die Anordnungen der Deutschen Bischofskonferenz zu beachten und jede Tätigkeit als Redner für eine Partei oder für die Wahl einer Partei künftig zu unterlassen. Der Herr Kardinal darf als der Ortsbischof Ihres Wohnsitzes und Ihres kirchlichen Dienstes Ihren Gehorsam erwarten.«

Auf die Erfahrungen, die Knut Walf bei seinem Wahlkampfeinsatz im Westerwald gemacht hatte und die er dem Ordinariat mitgeteilt hatte, war der stellvertretende Generalvikar interessanterweise nicht eingegangen. Walf hatte geschrieben:

»Denn gerade wieder während der Tage im Westerwald hatte ich Gelegenheit zu erfahren, daß sich der dortige Ortsklerus massiv in parteipolitische Fragen einmischt, und zwar in der Wortverkündigung; durch eine – so wurde behauptet – entsprechende Bestückung der Schriftenstände in den Kirchen, ja sogar durch selbstverfaßte hektographierte Schriftsätze gegen SPD und FDP. Zudem werden in unglaublicher und undemokratischer Manier Gewerbetreibende, deren Zugehörigkeit zur SPD bekannt wird, seitens kirchlicher Stellen nicht mehr mit Aufträgen bedacht etc. Ein Einschreiten der kirchlichen Aufsichtsbehörden gegen derartige Praktiken ist bislang zumindest nicht bekannt ...

In der Gewissensbindung als Priester, Dozent und auch Verfasser einer kritischen Würdigung der ›Erklärung‹ habe ich im Westerwald sachlich in Wirtshaussälen gesprochen. Von den Kanzeln wird dort vielerorts hingegen anders gepredigt. Selten habe ich emotional so aufgeheizte Gemüter vorgefunden wie dort. Als Theologe bin ich fast geneigt, von einer Dämonisierung mancher Katholiken sprechen zu müssen. Es war gelegentlich zum Schaudern. Wer ruft aber jene zur Räson, die so etwas auf dem Gewissen haben?«

Als Kirchenjurist mag sich der Dozent Walf in der brieflichen Diskussion mit Kirchenbeamten gut halten können. Schlimmer ist, was als Gerücht kursiert und als solches u. a. auch in der kirchlich orientierten Zeitschrift Publik-Forum bislang unbestritten verbreitet wurde: Wegen der SPD-Aktivitäten des Dozenten Walf sollen einige bischöfliche Behörden beschlossen haben, keinen ihrer Priester zum Fachstudium des Kirchenrechts an das Kanonische Institut der Universität München zu entsenden, an dem Walf lehrt. Eine sehr subtile Form von Berufsverbot, die im übrigen nicht nur den Dozenten Walf, sondern auch seine Kollegen trifft, die in keiner Weise parteipolitisch engagiert sind.

Fall zwei:

Die vatikanische Ostpolitik und ihre deutsche Opposition

Im Februar 1974 klotzte der konservative »Rheinische Merkur« mit einem markigen »Nein, Herr Papst« gegen die Absetzung des ungarischen Kardinals Mindszenty. Dieser publizistische Kraftakt kennzeichnet sehr genau Ausmaß und Intensität der Auseinandersetzungen um die sogenannte vatikanische Ostpolitik, insbesondere soweit sie katholische bundesrepublikanische Kreise betrifft, was hier Gegenstand unserer Überlegungen ist.

Ebenfalls Anfang 1974 vertraute Prälat Wilhelm Wöste, offiziell der ranghöchste Kirchenpolitiker in der Bundesrepublik, in Bonn einem kleinen Kreis von Politikern und Wirtschaftlern an, daß die DDR schon längst einen Nuntius aus Rom hätte, »wenn sie nicht von der katholischen Kirche Deutschlands bisher daran gehindert würde«.

Eingeweihte konnten sich denken, daß mit »Kirche Deutschlands« nicht nur die Kirche in der Bundesrepublik gemeint war, und für solche Kenner war diese Information bestimmt. Im Manuskript seiner Rede, einer Zweitfassung, die später an die Öffentlichkeit gelangte, war der entscheidende Satz geändert: wenn es »nur nach ihrem Willen« gehen würde – also dem Willen der DDR.

Sieht man von den Kämpfen um den Paragraphen 218 ab, so dürfte es in den letzten Jahren kaum ein Thema gegeben haben, das die konservative Presse im allgemeinen, die katholische im besonderen, aber auch katholische Politiker und Funktionäre so erregt und in oft erbitterte Gefechte gegen den Vatikan geführt hat. Mit der Sicherheit des Pawlowschen Reflexes entfacht sich im katholisch-konservativen Blätterwald ein gewaltiges Rauschen, sofern nur von irgendwoher die Meldung auftaucht, irgendein vatikanischer Unterbeamter sei zu Gesprächen nach Ost-Berlin, irgendein DDR-Unterfunktionär zu Gesprächen in den Vatikan gefahren, es bestünden in Ost-Berlin oder im Vatikan irgendwelche Anzeichen zu einer auch noch so vorsichtigen Änderung des Status quo. Stellt man gleichzeitig in Rechnung, daß trotz allen publizistischen Aufwandes kaum ein Thema die breite Masse der Katholiken so kaltgelassen hat wie diese Ostpolitik, so kann man natürlich fragen, zu wessen Nutz und Frommen solcher Aufwand getrieben werde, und es liegt die Erklärung nahe, daß die Auseinandersetzung um die vatikanische Ostpolitik vor allem auch ein

Nebenkriegsschauplatz der heißen Auseinandersetzungen um die gesamte deutsche Ostpolitik ist, wenn sich auch in letzter Zeit mehr und mehr der Eindruck aufdrängt, als handele es sich hier nur noch um eine noch nicht geräumte Stellung, über die die allgemeine Entwicklung längst hinweggegangen sei.
So kann es nicht verwundern, daß die Fronten in der Auseinandersetzung um die vatikanische Ostpolitik ähnlich verlaufen wie bei den Auseinandersetzungen um die deutsche Ostpolitik: hier die Koalitionsparteien SPD/FDP als Träger der deutschen Ostpolitik, dort die Opposition von CDU/CSU; hier der Vatikan als Befürworter der deutschen Ostpolitik, der aus ihr die logischen Konsequenzen ziehen möchte, dort die CDU/CSU-Opposition, die Ursache wie Folgen gleich hartnäckig bekämpft. Daß in der Gegenfront die prominenten CDU-Katholiken und damit die Laien an der Spitze standen, konnte den Episkopat nur freuen. Es enthob ihn der offenen Konfrontation mit der römischen Zentrale und, wie man hört, gibt es sogar mehr oder weniger offiziell eine Arbeitsteilung in der Kirchenspitze: Für den Paragraphen 218 ist in der Öffentlichkeit vor allem die Bischofskonferenz zuständig, für die Ostpolitik dagegen das Zentralkomitee der deutschen Katholiken. Intern aber mischen die Bischöfe natürlich mit: So reiste zum Beispiel ein Beauftragter der Bischofskonferenz 1975 nach Rom, nachdem der Bonner Nuntius, Erzbischof Bafile, in einem knapp gehaltenen Schreiben mitgeteilt hatte, daß der Außenminister des Papstes, Erzbischof Casaroli, in Ost-Berlin verhandeln werde. Casarolis Reise fand zwar im Juni 1975 statt, aber er führte, wie die katholischen Kirchenführer in der Bundesrepublik herausstellten, dann doch keine »Verhandlungen«, sondern nur »Gespräche«. Im Juli 1975, bald nach der Rückkehr Casarolis, wurde dann Nuntius Bafile in völlig unrömischer Eile von Bonn abberufen. Er war wohl nie ein Freund der vatikanischen DDR-Politik gewesen und hatte bisweilen betont, daß er Nuntius für das »ganze« Deutschland sei. Die Nachricht über die Abberufung, die dpa aus Rom brachte, kam so überraschend, daß Kardinal Döpfner, der Vorsitzende der Deutschen Bischofskonferenz, nur mit Verspätung ein Danktelegramm an Bafile schicken konnte. Darin bescheinigte er ihm, daß er sich durch »genaue« Kenntnis der Kirche im geteilten Vaterland ausgezeichnet habe.
Tatsächlich liegt der Zusammenhang mit der deutschen Ostpolitik der sozial-liberalen Koalition auch schon im äußeren Ablauf der Ereignisse auf der Hand: Die erste größere Neuregelung, die der Vatikan in Gang setzte, die Neuregelung der polnischen Diözesangrenzen in den ehemals deutschen Ostgebieten, stand in unmittelbarem Zusammenhang mit der Ratifizierung des Warschauer Vertrages. Das wiederum

stand in unmittelbarer Konsequenz der bis dahin vertretenen Vatikanpolitik, daß vor einer Neuordnung der Diözesen das Verhältnis zwischen der Bundesrepublik und Polen vertraglich geregelt werden müsse. Dem war das jahrelange Drängen des polnischen Episkopats auf »Anerkennung der Realitäten« vorausgegangen. Ausdruck fand diese Haltung des polnischen Episkopats in einem dem Papst Ende 1969 überreichten Memorandum, in dem die Bischöfe die umstrittene Frage in aller Ausführlichkeit dargestellt hatten. Jedoch mehr als eine wohlwollende Annahme des Memorandums durch den Papst konnte der polnische Kardinal Wyszynski seinen Glaubensbrüdern in der Heimat nicht vermelden. Auch der deutsche Episkopat hielt sich zurück. Ende 1969 berichtete die katholische polnische Tageszeitung »Slowo Powszechne«, bei einem Gespräch zwischen polnischen und deutschen Bischöfen während der Bischofssynode in Rom hätten die polnischen Bischöfe hinsichtlich der Neuordnung der Diözesangrenzen »einen starken Widerstand auf seiten der westdeutschen Synodendelegation gefunden«, und wenige Monate später machte sich das Bonner Katholische Büro ausdrücklich den Standpunkt des Vatikans zu eigen, als es erklärte, der kirchlichen Regelung müsse eine politische Regelung vorausgehen.

Dennoch, längst bevor die politische Regelung perfekt war, längst bevor der Vatikan entsprechend nachgezogen hatte, wurde die innenpolitische Auseinandersetzung in der Bundesrepublik eröffnet. Anlaß bot die Reise des Wiener Kardinals König im Frühjahr 1971 nach Polen, während der er erklärt hatte, daß nach seiner Meinung die Aufbauleistung der Polen ihnen in den ehemals deutschen Gebieten ein Heimatrecht sichere.

Unverzüglich erklärte der Präsident des Bundes der Vertriebenen und CDU-Bundestagsabgeordnete Herbert Czaja, es handele sich hierbei »um eine von der katholischen Kirche in Österreich in keiner Weise zu vertretende Einmischung in die politischen Fragen Dritter«.

Auch zu einem peinlichen Vergleich war sich Czaja nicht zu schade.

»Die Unterstützung der Ziele kommunistischer Zwangsherrschaft durch den Kardinal von Wien erinnert peinlich an überwundene kirchenpolitische Fehler gegenüber früheren Diktaturen und bringt viele ostdeutsche Katholiken in einen scharfen Gegensatz zu solchen kirchenpolitischen Tendenzen.«

Was der Vertriebenenchef immerhin, wenn auch unzweideutig, umschrieb: Ausgerechnet »Stern«-Chefredakteur Nannen machte das Maß voll und verkündete vollmundig unter der Überschrift »Ein Volk, ein Reich, ein Führer«:

»Dem redseligen Kardinal König aus Wien aber wäre anzuraten, sich der Rolle seines Vorgängers Kardinal Innitzer zu erinnern, der im März 1938, als in Wien die Sprechchöre ›Ein Volk, ein Reich, ein Führer‹ nicht abrissen, die feierliche Erklärung der österreichischen Bischöfe veranlaßte, in der diese ›aus innerster Überzeugung und mit freiem Willen‹ dem Führer Adolf Hitler ihre Reverenz erwiesen, weil sie darauf bauten, ›daß durch die Wirkung der nationalsozialistischen Bewegung die Gefahr des alles zerstörenden gottlosen Bolschewismus abgewehrt werde‹.«

Etwa um die gleiche Zeit waren Czaja und der damals noch der SPD angehörende und später wegen der Ostpolitik zur CDU übergetretene Hupka im Vatikan aktiv geworden und hatten dort ein Memorandum überreicht, das erst im November in der Bundesrepublik bekannt wurde. In diesem Memorandum hatten sie den Papst im Namen von angeblich über zwei Millionen Mitgliedern des Bundes der Vertriebenen gebeten, »umstrittene Fixierungen von Grenzen« nicht »durch kirchenpolitische Schritte zu festigen«. Weiter hieß es in dem Memorandum mit diplomatisch verbrämter Drohgebärde:

»Manche ostdeutschen Christen, die kirchenpolitische Entscheidungen nicht von Glaubenswahrheiten zu trennen vermögen, würden durch eine ihnen ungerecht erscheinende kirchenpolitische Maßnahme in ihrer heute so notwendigen Treue zum Papst erschüttert ... Wir bitten den Heiligen Stuhl, die ostdeutschen Katholiken vor einer bitteren und in pastoraler Hinsicht gefährlichen Enttäuschung zu bewahren.«

Ganz abgesehen davon, daß eine große Zahl der aus den heute polnischen und früher deutschen Gebieten Vertriebenen Protestanten waren und sind: Das Argument, die deutschen Katholiken könnten in ihrer Treue zum Papst durch die vatikanische Ostpolitik erschüttert werden, mußte in Zukunft immer wieder herhalten, ganz ungeachtet der Tatsache, daß die Mehrzahl der deutschen Katholiken die vatikanische Ostpolitik genauso unterstützen dürften, wie sie die deutsche Ostpolitik unterstützten, immer vorausgesetzt, daß sie diese kirchliche Variante der Ostpolitik überhaupt interessiert.

Noch im Frühjahr 1972 erklärte eine Delegation von Vertriebenenfunktionären, der auch Weihbischof Kindermann angehörte, nach einem Besuch im Vatikan befriedigt, man habe den Eindruck gewonnen, der Vatikan beabsichtige nicht, die ehemals deutschen Gebiete nach Ratifizierung der Ostverträge umgehend zu »polonisieren«, wie sie es einigermaßen geschmacklos nannten.

Es scheint jedoch, als ob Weihbischof Kindermann hier schon nicht mehr ganz mit dem Vorsitzenden der Deutschen Bischofskonferenz,

Kardinal Döpfner, übereinstimmte. Dessen Münchner Katholische Kirchenzeitung hatte nämlich kurz vorher berichtet, die Diözesanneuregelung in Polen stehe kurz vor dem Abschluß. Einige Monate später ging das Münchner Blatt deutlich weiter. Es lobte – eine kleine Sensation im Kirchenblätterwald – ausdrücklich die deutschen Ostverträge und forderte die Kirche auf, die Ostverträge zusammen mit dem Staat mit Leben zu erfüllen, besonders in Hinblick auf Polen. Anfang Mai trat auch der Vatikan in einem offiziellen Kommentar vorbehaltlos für eine Ratifizierung der Verträge ein, ebenfalls verlautete aus Bonn, die Bundesregierung werde keine Einwände gegen die Absichten des Vatikans äußern, die polnischen Diözesangrenzen zu ändern.

Ein endgültiges Signal war schließlich eine Erklärung des Münchner Kardinals Döpfner, mit der er sich erstmals unmißverständlich festlegte. Vor einer Delegation der katholischen polnischen Znak-Bewegung erklärte Döpfner Mitte Juni 1972, die Revision der Diözesangrenzen in den früheren deutschen Ostgebieten sollte »nicht verzögert werden«.

Als dann zwei Wochen später, am 28. Juni 1972, der Vatikan die Änderung offiziell bekanntgab, waren die Beobachter dennoch allgemein überrascht von der Schnelligkeit, mit der er auf die Ratifizierung der Ostverträge reagiert hatte. Der Vatikan erkannte nunmehr die Oder-Neiße-Linie kirchenrechtlich an und errichtete in den ehemals deutschen Gebieten reguläre polnische Bistümer. Die bisherigen Apostolischen Administratoren, die dem Vatikan direkt unterstellt waren, ernannte er zu regulären residierenden Oberhirten.

Die Reaktionen auf deutscher Seite waren nun eher zurückhaltend. Die Bundesregierung verhielt sich vorsichtig neutral, die CDU äußerte ebenso vorsichtig Kritik. Kardinal Döpfner erklärte, die Deutsche Bischofskonferenz respektiere den Schritt, und auch in anderen kirchlichen Stellungnahmen fand man eher Kritik an der Eile, mit der der Vatikan den Schritt vollzogen hatte, als an der grundsätzlichen Lösung. Schärfste Kritik kam allerdings aus den Reihen der schärfsten Kritiker der deutschen Ostpolitik, von den Vertriebenen. Sie gab einen Vorgeschmack auf das, was in der innenpolitischen Szene in der Folge in der Auseinandersetzung um die Ostpolitik gegenüber der DDR zu erwarten war. Fühlte sich gegenüber Polen vielleicht der eine oder andere Kritiker durch gewisse moralische Skrupel in seinem Kritikdrang gebremst, so kam dieser gegenüber dem kommunistischen Teil Deutschlands nur um so ungehemmter zur Entfaltung.

Die Diskussion um die Neuregelung der polnischen Diözesen, so sollte sich bald zeigen, war nur ein ganz bescheidenes Vorspiel der Auseinandersetzungen um kirchliche Neuregelungen für die DDR. Ein weite-

rer Unterschied hat sicher dazu beigetragen, daß die Diskussion um die kirchenrechtlichen Regelungen in der DDR sehr viel schärfer verlaufen ist: Während der polnische Episkopat den Vatikan immer gedrängt hatte, die Verhältnisse endlich zu normalisieren und damit jeder Kritiker der vatikanischen Politik automatisch auch in Gegensatz zu den Interessen des polnischen Episkopats geriet – sicher ein Grund, weshalb sich viele deutsche Bischöfe mit ihrer Kritik zurückgehalten haben –, konnte der Vatikan bei seinen Bemühungen um die Neuordnung der kirchlichen Verhältnisse in der DDR keinesfalls auf ungeteilte Zustimmung und Unterstützung der Kirchenführung in der DDR rechnen, im Gegenteil: Nicht selten stützten bundesrepublikanische Kritiker des Vatikans wohl eher den Berliner Kardinal Bengsch, dem an vertraglichen Regelungen gar nicht gelegen sein kann, weil dann sein diplomatischer, kirchenpolitischer Spielraum eingeengt würde. Deutlicher als bei den Auseinandersetzungen um die polnische Frage kommt beim Streit um die vatikanische Ostpolitik gegenüber der DDR die Identität der bundesrepublikanischen kirchenpolitischen Interessen mit denen der CDU/CSU zum Ausdruck. Zur Erläuterung der kirchlichen Situation in der DDR zunächst ein paar Stichworte.
Insgesamt leben in der DDR ca. 1,3 Millionen Katholiken, das sind ungefähr acht Prozent der Gesamtbevölkerung. Ganz auf dem Gebiet der DDR liegen nur die Diözesen Meißen und die Apostolische Administratur Görlitz, die aus dem Rest der Diözese Breslau entstanden ist. Eine Sonderstellung nimmt das Bistum Berlin ein. Es umfaßt das Gebiet von Ost- und West-Berlin sowie das Gebiet um Berlin. Der in Ost-Berlin residierende Kardinal Bengsch hat das Recht, regelmäßig seine Gläubigen in West-Berlin zu besuchen. Alle übrigen Kirchensprengel in der DDR gehören kirchenrechtlich gesehen zu westdeutschen Diözesen, und zwar in verschieden großen Teilen zu Osnabrück, Hildesheim, Paderborn, Fulda und Würzburg. De facto hat sich aber in den langen Jahren seit Kriegsende eine weitgehende Selbständigkeit der kirchlichen Verwaltung in der DDR ergeben.
Nachdem der Vatikan auf die Vertragsratifizierung zwischen Bonn und Warschau sehr schnell mit der kirchlichen Neuordnung in Polen reagiert hatte, lag es nahe, ähnliche Regelungen für die DDR zu erwarten, die Frage war eigentlich nur, wie weit diese Regelungen gehen würden. Auf der einen Seite standen in der Bundesrepublik die Gegner der Ostverträge, die bekanntlich parteipolitisch auf seiten der CDU/CSU anzusiedeln sind. Sie sahen auch keinerlei Grund zur Änderung der kirchlichen Verhältnisse in der DDR, sondern hielten solche möglichen Änderungen eher für eine zusätzliche negative Begleiterscheinung zur Ostpolitik der SPD/FDP-Regierung. Ihnen

standen in der Bundesrepublik die Befürworter der Ostpolitik der Regierung gegenüber, die in der Ostpolitik des Vatikans eine logische Folge der deutschen Politik sahen und glaubten, damit auch Vorteile für die katholische Kirche in der DDR erkaufen zu können.
Auf der anderen Seite befand sich die DDR-Regierung, die ihrerseits nicht einsah, weshalb sie sich mit einer kleineren Lösung als die Polen zufriedengeben sollte und deshalb die Errichtung selbständiger Diözesen und die Schaffung einer eigenständigen Bischofskonferenz für die DDR erwartete.
Im Frühjahr 1973 verdichteten sich die Gerüchte um eine bevorstehende Neuregelung, und wie im Falle der polnischen Neuregelung gab auch diesmal Kardinal Döpfner das öffentliche Signal für die bevorstehende Regelung. Zum Abschluß der Frühjahrs-Bischofskonferenz am 15. März erklärte er, die deutschen Bischöfe hielten die Ernennung von Apostolischen Administratoren für sinnvoll. Um eine solche Erklärung kam Döpfner nicht länger herum, weil sich in den Wochen vorher Kirchenblätter, Springers »Welt« und der »Rheinische Merkur« auf dieses Thema eingeschossen hatten, dabei verschiedentlich von schweren Differenzen und ernsten Konflikten zwischen den westdeutschen Bischöfen und dem Vatikan die Rede war und der CDU-Pressedienst den Vatikan gewarnt hatte, die »Verbindung zwischen den Christen in Deutschland-West und Deutschland-Ost zu kappen«.
Die Bischöfe waren damit in einer unangenehmen Zwickmühle zwischen den politischen Interessen der ihnen nahestehenden CDU und den seelsorglichen Interessen des Vatikans, der eine Regelung auf der Basis des deutsch-deutschen Grundvertrages für erforderlich hielt. Wenig später sprach sich die rheinland-pfälzische Landesregierung mit Entschiedenheit gegen die Errichtung von Administraturen – also territorial dem Vatikan direkt unterstellter Gebiete – in der DDR aus. Daß ausgerechnet die rheinland-pfälzische Landesregierung mit der Neuregelung der Verhältnisse in der DDR zu tun hat, ist nicht verwunderlich: Als CDU-Kultusminister gehört ihr Bernhard Vogel, Präsident des Zentralkomitees der deutschen Katholiken, an. Noch unmittelbar vor Bekanntgabe des vatikanischen Schrittes warnte Präsident Vogel erneut vor »übereilten Schritten«.
Der Vatikan hatte offenbar verstanden. Er folgte dem Wunsch der westdeutschen Bischöfe, wartete mit der Neuregelung bis nach der Ratifizierung des Grundvertrages und wählte mit der Ernennung sogenannter Apostolischer Administratoren die kleinste aller möglichen Regelungen. Territorial hat sich damit nichts geändert: Die durch Apostolische Administratoren verwalteten Gebiete gehörten weiter zu den westdeutschen Diözesen. Auch personell bedeutete diese

Neuregelung keine Änderung, aber der Status der diese Gebiete verwaltenden Personen änderte sich: Aus Bischöflichen Kommissaren wurden nunmehr Apostolische Administratoren. Der Unterschied zur bis dahin geltenden Regelung besteht in erster Linie darin, daß die Administratoren direkt dem Vatikan unterstehen und alle Rechte eines regierenden Bischofs haben, während die früheren Kommissare von den westdeutschen Diözesen abhängig waren.
De facto bedeutet das zum Beispiel, daß seit der Neuregelung die Administratoren selbst Generalvikare oder Pfarrer ernennen können und in finanziellen Dingen selbständig sind, während sie vor der Neuregelung in diesen und ähnlichen Belangen von den westdeutschen Mutterbistümern abhängig waren.
Zweifellos bedeutet diese Regelung von 1973 einerseits eine Verselbständigung und Aufwertung der kirchlichen Amtsinhaber in der DDR, wobei der territoriale Status quo beibehalten wird; andererseits hat der Vatikan damit in erster Linie auf westdeutsche Wünsche Rücksicht genommen. So war das offizielle Echo auf den Schritt im großen und ganzen zurückhaltend. Kardinal Döpfner erklärte, die Deutsche Bischofskonferenz stehe positiv zu dieser Maßnahme und habe sie schon im Frühjahr des gleichen Jahres als »pastoral sinnvoll« bezeichnet. Kardinal Bengsch aus Ost-Berlin wie auch eine Reihe weiterer Bischöfe zeigten Verständnis für die Maßnahme. Sogar der Präsident des Zentralkomitees der deutschen Katholiken bezeichnete die Ernennung der Administratoren »angesichts der pastoralen Lage« in der DDR als »notwendig und rechtlich möglich«, jedoch ließ er gleichfalls unüberhörbar seiner Sorge über »weitere Erwägungen des Vatikans« freien Lauf und bezeichnete weitere Maßnahmen im vorhinein als »Unrecht«. Die CDU erklärte, sie respektiere den Schritt des Vatikans, sagte aber auch gleichzeitig, die Ernennung der Administratoren könne »de facto einen ersten Schritt zur Trennung bedeuten«.
Grund zur Unzufriedenheit hatte vor allem die DDR: Sie hatte schon früher erkennen lassen, daß die Ernennung von Administratoren ein Provisorium sei, für das man in der DDR keinen Grund sehe.
Um so heftiger wurde in der Folge die Auseinandersetzung um die vatikanische Ostpolitik, wenn auch nur ein Hauch von »weiteren Erwägungen des Vatikans«, wie es Katholikenpräsident Vogel genannt hatte, spürbar wurde. Die längst überstanden geglaubte Auseinandersetzung um die deutsche Ostpolitik schien auf diesem Nebenkriegsschauplatz aufs neue eröffnet. Vor allem drei Dinge sind es, die Vogel und seine Mitstreiter meinen, wenn sie bei »weiteren Erwägungen des Vatikans« gleich vorbeugend von »Unrecht« reden. Einmal die Errichtung selbständiger Diözesen in jenen DDR-Kirchenspren-

geln, die heute kirchenrechtlich noch zu westdeutschen Diözesen gehören; dann die Erhebung der de facto ohnehin selbständigen, aber juristisch als Untergliederung der Deutschen Bischofskonferenz firmierenden Berliner Ordinarienkonferenz zu einer eigenständigen Bischofskonferenz; und schließlich ist es vor allem die Vorstellung, daß ein vatikanischer Pronuntius im kommunistischen Ost-Berlin residieren könne.
Die Befürworter dieser Politik haben vor allem folgende Argumente: Wenn der Vatikan mit allen möglichen kommunistischen Staaten diplomatische Beziehungen hat, kann er die DDR als aus kirchlicher Sicht liberalen Staat nicht ausnehmen; er muß im Gegenteil versuchen, aus pastoralen Gründen diese für ihn günstige Situation zu festigen und abzusichern und vielleicht gar als beispielgebend für seine Position in anderen kommunistischen Ländern herauszustellen, ganz abgesehen davon, daß die tatsächliche Entwicklung der Kirche der DDR diese ohnehin praktisch eigenständig gemacht hat. Zeigt deshalb der Vatikan auch nur das kleinste Zeichen einer Aktivität in eine dieser genannten Richtungen, so erhebt sich gleich ein Sturm von Warnungen, Mahnungen oder auch massiver Entrüstung. Nur auf diesem Hintergrund ist die Aufregung erklärlich, die sich um zwei Ereignisse im Herbst des Jahres 1974 breitmachte, die eigentlich höchstens eine historische Fußnote verdient hätten.
Ereignis Nr. 1: die römische Bischofssynode. In ihrem Teilnehmerverzeichnis erschien der in Ost-Berlin residierende, aber auch für West-Berlin und Teile der DDR zuständige Kardinal Bengsch nicht mehr wie bisher immer üblich in der Reihe der vom Papst persönlich zu berufenden Synodenmitglieder, sondern unter der Rubrik »Deutschland« an letzter Stelle unter der Untergliederung: Deutsche Demokratische Republik. Ein Sturm der Entrüstung brach in der Bundesrepublik unter den Gegnern der Ostpolitik los, so daß sich der Vatikan gleich zu einem Abwiegelungsmanöver veranlaßt sah: Die Teilnehmerliste sei kein politisches Dokument, sondern allein zum praktischen Gebrauch bestimmt, eine Aufwertung der Berliner Ordinarienkonferenz, die sich aus dem Berliner Kardinal und den übrigen DDR-Bischöfen zusammensetzt, als Gegenüber zur Deutschen Bischofskonferenz unter Kardinal Döpfner sei keineswegs beabsichtigt.

Jedoch, Emotionen waren nun einmal geweckt, genährt, und prompt sahen sich Skeptiker beim Ereignis Nr. 2 in ihren Befürchtungen bestätigt, als es einen kleinen diplomatischen Eklat um einen geplanten Vatikanbesuch des Berliner Regierenden Bürgermeisters Klaus Schütz gab. Diesen Besuch, der als Privataudienz geplant war, sagte der Berliner Bürgermeister schließlich ab. Die Begründung für diese Absage sowie ihre Interpretation sind durchaus unterschiedlich und richten sich

je nach dem Standort, mit der die vatikanische Ostpolitik insgesamt beurteilt wird.
Offiziell gab Schütz für seine Absage »unaufschiebbare Verpflichtungen« an, die andere Version lautete, Schütz habe auf der Teilnahme des deutschen Botschafters bestanden, der Vatikan hingegen habe diese Teilnahme abgelehnt, da die Anwesenheit des Botschafters den Charakter einer Privataudienz sprenge und bei zwei früheren Besuchen des Schütz-Vorgängers Willy Brandt auch nicht erwogen worden sei. Der römische Korrespondent Hansjakob Stehle, als Befürworter der vatikanischen Ostpolitik bekannt, nannte die Affäre ein diplomatisches Windei, und seine Version der Sache scheint durchaus nicht unglaubwürdig. Dem deutschen Vatikanbotschafter, so Stehle, sei die deutsche Ostpolitik im allgemeinen und die vatikanische Ostpolitik im besonderen nicht geheuer. So habe er die Absage geradezu provoziert, um zu zeigen, daß die vatikanische Politik deutschen Interessen zuwiderlaufe und genauso illusionär wie die deutsche Ostpolitik sei. Es ist nicht bekannt, ob der Befürworter der deutschen Ostpolitik, Klaus Schütz, glücklich über den heftigen Beifall aus den Reihen der Gegner dieser Politik war.
So wundert es nicht, daß die Gegner dieser Ostpolitik die Sache sehr viel ernster und grundsätzlicher nahmen als der römische Korrespondent Hansjakob Stehle. Der CDU-Abgeordnete Alois Mertes z. B. schrieb über die beiden Fälle in der »Deutschen Zeitung«:
»Vielmehr begünstigte der Vatikan de facto in höchst überflüssiger Weise die SED-Thesen über die Nichtexistenz einer einzigen nationalen Bischofskonferenz in Deutschland und das Verhältnis West-Berlin–DDR.«
Und weiter: »Es bleibt der Eindruck, daß die Weigerung des Papstes, den deutschen Botschafter mit Bürgermeister Schütz zu empfangen, auf politischen Opportunitätsüberlegungen gegenüber Ost-Berlin und Moskau beruht.«
Mertes prognostizierte eine schwere Vertrauenskrise zwischen dem Vatikan und dem deutschen Volk ob dieser Politik und ließ auch gleich erkennen, wo er die Wurzel allen Übels sieht:
»Oder will die vatikanische Ostpolitik – so wie diejenige Egon Bahrs – die rauhe Wirklichkeit des politischen Ost-West-Konfliktes in das Prokrustesbett subjektiver Visionen und einsamer Spekulationen zwängen?«
Diese Parallelkonstruktion – vatikanische Ostpolitik als Folge der deutschen Ostpolitik; eine falsche und illusionäre Politik, weil sie den Spuren der falschen und illusionären Politik folgt, auf die sie gründet: kurz, der Vatikan als gutgläubiges, aber dennoch naives Opfer der

deutschen Ostpolitik – diese Argumentationskette findet sich bei den Gegnern der vatikanischen Ostpolitik immer wieder. Die Gegner der vatikanischen Ostpolitik nähren also ihre Gegnerschaft geradezu aus der Gegnerschaft gegen die Ostpolitik der Regierung Brandt-Scheel, das gibt ihnen gleichzeitig die Möglichkeit, in der Sache kompromißlos abneigend zu sein, ohne den Vatikan allzu direkt zu treffen – er ist ja nur das Opfer der viel größeren Verfehlungen derjenigen, die diese Verträge geschlossen haben, und es gilt gerade, ihn vor diesen in Schutz zu nehmen. Diese Argumentationsreihe erlaubte sogar, nachdem die totale Konfrontation immer weniger Aussicht auf Erfolg zeigt, eine vorsichtige Kehrtwendung und Verteidigung der vatikanischen Ostpolitik, wie etwa der Münsteraner Bischof Tenhumberg beweist. Er erklärte vor katholischen Verbindungsstudenten in Münster in einer vielerorts beachteten Rede, weder er noch alle deutschen Bischöfe übernähmen jede Position der vatikanischen Ostpolitik, vor allem nicht bezüglich bestimmter Regelungen mit der DDR. Es gebe aber auch keinen Grund, sagte Bischof Tenhumberg in dieser Rede weiter, »Rom und die deutschen Bischöfe zum Prügelknaben zu machen, wenn sie sich *nach der längst gelaufenen Ostpolitik der Bunderegierung* (Hervorhebung vom Verfasser) und der Kirchenpolitik im evangelischen Bereich um eine pastoral verantwortliche Lösung unter voller Wahrung der Verantwortung für die Einheit des Vaterlandes und unter voller Ausnutzung unserer vertraglichen Rechte (Reichskonkordat) bemühen«. »Längst gelaufene Ostpolitik der Bundesregierung«, das heißt ja wohl nichts anderes als: Es sind nun mal bestimmte Fakten geschaffen worden, die wir nicht verhindern konnten, was bleibt uns anderes übrig, als aus dieser Situation nun noch das Beste zu machen?

Noch deutlicher und offener zeigte der »Rheinische Merkur« diesen Zusammenhang in einem Kommentar zum Besuch des Vatikan-Außenministers Casaroli in der DDR im Frühsommer 1975:

»Nachdem eine deutsche Bundesregierung das Regime der ›DDR‹ hoffähig gemacht hat, kann dem Vatikan kein Vorwurf gemacht werden, wenn er daraus Konsequenzen zieht.«

Ein weiteres Beispiel aus jüngster Zeit zeigt jedoch, daß die massiven grundsätzlichen Bedenken deutscher Katholikenprominenz und konservativer Politiker keineswegs kleiner geworden sind. Vielmehr ist die Auseinandersetzung um die vatikanische Ostpolitik letztlich nur eine Spielart der alten Streitfrage, ob man mit Kommunisten durch Verhandlungen Vereinbarungen zu beiderseitigem Nutzen erreichen kann oder ob man dem expansionsfreudigen Kommunismus mit der Härte des kompromißlosen Antikommunismus widerstehen muß. Hier waren es nicht einmal irgendwelche Aktivitäten des Vatikans, die die

konservativen Gemüter erhitzten, sondern es war ein Aufsatz des Münsteraner Theologieprofessors Herbert Vorgrimler. In diesem Aufsatz, im Informationsdienst des katholischen »Arbeiterkreises für zeitgeschichtliche Fragen e. V.«, hatte der Theologieprofessor die Meinung vertreten, die man auch von Ostpolitikern im Vatikan hören kann, »daß es aus theologischen – nicht aus politischen – Gründen keine Alternative zur vatikanischen ›Ostpolitik‹ gibt«.
Der Vatikan, so Vorgrimler, habe gegenüber den kommunistischen Staaten nichts aufgegeben, was nicht längst verloren war, statt dessen aber etliches erreicht, was für den Bestand einer lebendigen Kirche wichtig, ja unerläßlich sei:
»1. in den meisten Fällen ist es gelungen, in den jeweiligen Landeskirchen eine funktionsfähige Hierarchie zu errichten und mit dieser in regelmäßigem Kontakt zu stehen;
2. das Vorhandensein der Kirche wird in den einzelnen Ländern, je länger, desto sicherer, als etwas ganz Normales angesehen. Beides ist aus kommunistischer Sicht alles andere als eine bare Selbstverständlichkeit.«
Die Verbindung der einzelnen Ortskirchen und ihrer Hierarchie mit Rom und den übrigen Bischöfen der katholischen Kirche sei aber für die Kirche nicht nur eine Frage der Organisation, sie sei auch von theologisch enormem Gewicht, da diese Verbindung wesensgemäß zum Selbstverständnis der Kirche gehöre. Deshalb gebe es aus theologischer Sicht eben keine Alternative zu dieser Politik. Da aber die normale Verbindung zwischen Rom und den Ortskirchen in bewährter Weise überall über den Nuntius laufe, sei es nicht recht verständlich, warum es einen solchen nicht auch in der DDR geben sollte.
Dies war der »Frankfurter Allgemeinen« und ihrem Mitherausgeber und Kommentator Johann Georg Reißmüller denn doch zuviel. Am 19. November 1974 polemisierte er in einem Kommentar massiv gegen den Theologen und SPD-Sympathisanten Vorgrimler. Reißmüller ging allerdings so gut wie gar nicht auf Vorgrimlers theologische Überlegungen ein, sondern versteifte sich vor allem auf dessen These, nach dem Zweiten Weltkrieg sei die katholische Kirche in kommunistischen Ländern wegen ihrer Opposition in die innere und äußere Isolation geraten und so jeder gesellschaftlichen Wirkmöglichkeit beraubt worden. Reißmüller beschloß seinen Kommentar:
»Es ist beklagenswert, daß der Professor Vorgrimler einen solchen Aufsatz geschrieben hat. Aber daß der deutsche Katholizismus darin offenbar keinen Skandal sieht, das ist der eigentliche Skandal.«
Wohl ungewollt hatte Reißmüller damit bestätigt, was die deutschen Kritiker der vatikanischen Ostpolitik nicht wahrhaben wollen: daß

die Mehrzahl der deutschen Katholiken – man mag das bedauern oder nicht – das alles herzlich wenig interessiert, ganz im Gegensatz zu den Gegnern der Ostpolitik des Vatikans, die immer so gerne das Argument ins Feld führen, der Vatikan gefährde mit seiner Politik die Vertrauensbasis bei den deutschen Katholiken. Die prominenten Gegner meldeten sich denn auch in den folgenden Wochen in der FAZ reichlich und ausführlich zu Wort: der rheinland-pfälzische Kultusminister und Präsident des Zentralkomitees der deutschen Katholiken ebenso wie Friedrich Kronenberg, der Generalsekretär eben dieses Zentralkomitees, das ja schon immer an der Spitze der Kritiker stand.

Die Phalanx der Gegner der vatikanischen Politik in der Bundesrepublik scheint den Vatikan zumindest im Tempo seiner Politik beeinflußt zu haben. An die Errichtung selbständiger Diözesen in der DDR oder gar an die Entsendung eines Pronuntius nach Ost-Berlin scheint man, wenn nicht alles trügt, unter dem Eindruck der deutschen Kritik im Augenblick nicht mehr zu denken. Allenfalls scheint zur Zeit die Aufwertung der Ostberliner Ordinarienkonferenz zu einer eigenständigen Bischofskonferenz im Bereich des Möglichen zu liegen. Der Vatikan argumentiert dabei durchaus logisch, wenn er sich von solchen Änderungen auch Vorteile für die eigene Position verspricht: Die Lage der Kirche, so der Vatikan, sei in keinem kommunistischen Staat der Welt so gut wie in der DDR, diese Position wolle man halten oder gar verbessern. Und es spricht alles dafür, daß mit der Zeit die Chancen und Positionen des Vatikans eher schlechter werden.

Mag der DDR im Augenblick noch daran gelegen sein, ihr internationales Prestige durch eine »Normalisierung« der kirchlichen Verhältnisse oder gar durch die Beherbergung eines Nuntius in Ost-Berlin aufzubessern, so dürfte dieses Motiv immer schwächer, die Möglichkeit, dafür etwas einzuhandeln, immer dürftiger werden. Vielleicht kommt schon bald der Zeitpunkt, da die DDR ihre internationale Position so gefestigt sieht, daß sie auf die Anerkennung des Vatikans keinen Wert mehr legt, und dann stünde der Vatikan mit leeren Händen da, nunmehr ganz dem Wohl und Wehe der DDR-Regierung ausgeliefert. Deshalb hat der Vatikan seine Absichten allenfalls aufgeschoben, keinesfalls aufgegeben. So scheint es konsequent, daß inzwischen die deutschen Kritiker der vatikanischen Ostpolitik ihren Rückzug auf allen Fronten vorbereiten. Jedenfalls erklärte der Bischof von Hildesheim, Heinrich Maria Janssen, in einem Fernsehinterview anläßlich des Casaroli-Besuchs in der DDR:

»Wir können wohl unsere Bedenken anmelden und können ernsthaft davor warnen, aber verhindern werden wir das nicht können.«

Gleichzeitig ließ Janssen erkennen, daß er schon seit anderthalb Jahren sich mit solchen ernsthaften Warnungen zurückgehalten und keinen Kontakt mit entsprechenden Stellen des Vatikans gehabt habe.

Die Kirche und die pluralistische Gesellschaft

»Die unterentwickelte Vierte Welt wird durch schwere Krisen erschüttert: Zerfall der sittlichen Normen, Umsichgreifen der Unzucht, Manipulierung der Sexualität durch die Pornographie, Zerrüttung vieler Ehen und Familien, Geburtenrückgang, Zunahme der Gewalttaten, Schwächung der das menschliche Leben schützenden Wertvorstellungen, lautloses Abgleiten vieler in die religiöse Gleichgültigkeit, Verunsicherung des Glaubens, Rückgang der Priester- und Ordensberufe, Vereinsamung vieler Menschen, Ausbreitung der Lebensangst und der Selbstmordanfälligkeit und dergleichen mehr.«
So sieht ein deutscher Kardinal die moderne Gesellschaft. Joseph Höffner, der Erzbischof von Köln, meinte 1973 in der sehr konservativen katholischen Zeitung »Deutsche Tagespost«, das Elend der Vierten Welt sei verhängnisvoller als das der Dritten Welt.
»Die Vierte Welt läßt sich nicht geographisch umschreiben. Man stößt auf sie in allen Erdteilen und Kulturkreisen. Vierte Welt ist der Inbegriff eines Elends, das sich verhängnisvoller auszuwirken droht als der physische Hunger. Es ist das Elend der moralischen Unterentwicklung ...«

Ein Kardinal sieht schwarz

Steht zu Beginn des dritten Jahrtausends die apokalyptische Endzeit bevor, oder predigt Höffner letztlich das in Zeiten gesellschaftlichen Umbruchs stets wiederkehrende, von Umweltabwehr provozierte kultur-pessimistische Lamento?
Was dahintersteckt, deutet der Forschungsbericht »Zwischen Kirche und Gesellschaft« an, den der Zürcher Professor Gerhard Schmidtchen im Auftrag der Synode der katholischen Bistümer und in Verbindung mit dem Institut für Demoskopie Allensbach erstellt hat. Darin heißt es:
»Die Strukturen Kirche und Gesellschaft werden von vielen Katholi-

ken als diskrepant empfunden. Die Menschen verstehen sich heute von der Gesellschaft her und versuchen, sich infolgedessen auch von der Gesellschaft her zu gestalten. Das ist modernes säkulares Bewußtsein. Diese Denkform hat eine merkwürdige Durchsetzungskraft. Verbreitet sind Fortschrittserwartungen, Erwartungen an die Selbstgestaltungsfähigkeit des Menschen, die utopisch-religiöse Züge tragen. Die Kirche und die christliche Überlieferung werden von vielen nicht mehr als instrumentell für diese Werte empfunden.«

Daraus entsteht Defensivmentalität. Sie führt zum Dammbau, der traditionelle christliche Werte vor weltlichen Einflüssen schützen soll. Konflikte zwischen kirchlichen und gesellschaftlichen Wertorientierungen werden eher durch Festhalten an traditionellen kirchlichen Verhaltensweisen zu lösen versucht, wobei dann gegenteilige Informationen aus Gründen des Selbstschutzes abgewehrt werden müssen.

Freilich gibt es auch, wie der Forschungsbericht ermittelte, eine Minderheit von kirchentreuen Katholiken, die vor allem drei Punkte attackiert: den Traditionalismus in der Kirche, die Weigerung, sich an die moderne Gesellschaft anzupassen und die falschen Machtstrukturen der Kirche. Die Mehrheit der Kirchentreuen steht auf der Gegenseite: Sie tadelt die Schwäche der Kirche, sie tadelt, daß es zuviel Anpassung und zuwenig klare und entschiedene Stellungnahmen gebe. Diese Kritik fällt zusammen mit dem Pochen auf Autorität in der Kirche. Weiter heißt es im Synodenbericht:

»Mit steigender Teilnahme am Kommunikationsprozeß wächst Dissonanzdruck, muß zwischen christlichem Weltverständnis und dem naturwissenschaftlich-rationalen Weltbild ein Widerspruch gesehen werden. Der Wunsch, sich einmal mit einem Fachmann über die Frage zu unterhalten, ob es einen Widerspruch zwischen der Wissenschaft und dem christlichen Glauben gibt, wächst mit zunehmender Teilnahme am Kommunikationsprozeß erkennbar an ... Je stärker die Teilnahme am Kommunikationsprozeß, desto stärker wird die Kritik an der Kirche. Je länger die Lektüre dauert, desto mehr stört Katholiken, die der Kirche fernstehen, aber auch die Kirchentreueren der Traditionalismus in der Kirche, desto mehr stört die Kirchenferneren die Einstellung zu sexuellen Fragen.«

Vor diesem Hintergrund wird verständlich, was Kardinal Höffner im Blick auf seine Vierte Welt über Massermedien, Sexualität und christliches Ethos sagt:

»Mit der Anonymität verbindet sich in der industriellen Gesellschaft die verwirrende Vielfalt und Gegensätzlichkeit der sittlichen Anschauungen, ein moralisches Durcheinander, das über Presse, Hörfunk und Fernsehen auf fast jeden Menschen unaufhörlich einwirkt. Kristallisationszentren dieses moralischen Pluralismus sind vor allem die Großstädte, Industriegebiete, Großbetriebe, Freizeitmächte und Massenmedien. Das zum Beispiel in vielen Großbetrieben herrschende ›man denkt‹, ›man meint‹, ›man tut‹ ist weithin dem christlichen Ethos abträglich. Der junge Christ, der in einen solchen Betrieb eintritt, erlebt oft schon in den ersten Tagen, daß seine sittlichen Vorstellungen nicht ernst genommen und verspottet werden. Auch wird er nicht selten schon bald in die sexuelle Geheimsprache des Betriebes eingeführt.«

Die Bedeutung, die Höffners Verständnis der modernen Welt für den deutschen Katholizismus besitzt, läßt sich nicht nur aus der hohen Stellung ablesen, die er als Kardinal und Erzbischof in der Deutschen Bischofskonferenz innehat. Sein spezifisches Gewicht ergibt sich daraus, daß Höffner vor seiner Ernennung zum Bischof Professor für katholische Sozialwissenschaften an der Universität in Münster war. Höffners Schule, die sich vornehmlich an der spanischen Spätscholastik orientiert, ist sozialtheoretisch im Katholizismus der Bundesrepublik tonangebend, gerät aber zunehmend in Widerspruch zur politischen Theologie und zu den gesellschaftlichen Realitäten des zwanzigsten Jahrhunderts. Das verursacht Abwehrhaltungen. Wen kann es da wundern, daß – was eine kirchliche Stelle nicht dementieren wollte – ausgerechnet die derzeit beiden prominentesten wissenschaftlichen Repräsentanten dieser Richtung, Wilhelm Weber und Anton Rauscher, eine Art Basispapier für jene restriktive, vom gleichen Krisenbewußtsein geprägte Erklärung erstellten, die die Deutsche Bischofskonferenz im September 1972 zu Beginn des Wahlkampfes zur gesellschaftspolitischen Entwicklung in der Bundesrepublik veröffentlichte?

Weber ist Nachfolger Höffners auf dem Lehrstuhl für Christliche Sozialwissenschaften in Münster und Rauscher, inzwischen Professor in Augsburg, fungiert als Direktor der Katholischen Sozialwissenschaftlichen Zentralstelle in Mönchengladbach. In der gesellschaftspolitischen Erklärung der Bischöfe heißt es:

»Gewaltdarstellungen laufen immer wieder am Bildschirm vor den Augen auch der Kinder ab. Die Geschäftemacher der Pornographie bieten von Monat zu Monat immer skrupellosere Erzeugnisse an, in denen Sexualität mit Sadismus und Brutalität gekoppelt wird. Das alles wird nicht selten mit gesellschaftsreformerischen Ideologien verbrämt ...

Die Abwehr kommt zu spät, wenn die Verfechter dieser radikalen Ideologien die Schlüsselposition in unserer Gesellschaft bereits erobert haben und im Bildungswesen, in den Kommunikationsmedien und in der Politik ihren Terror ausüben. Zu den erklärten Zielen dieser Gruppen gehört es, die schulische Jugend zu gewinnen: Wenn dem nicht Einhalt geboten wird, müssen wir damit rechnen, daß Schüler politisch manipuliert und ihren Eltern wie auch der Gesellschaft zunehmend entfremdet werden. Die Gefahr ist ernst. Weil die sittlichen Grundwerte verflachen, sucht diese Jugend vielfach in anderen Idealen einen neuen Lebensinhalt.«

Die Gefahr sehen die deutschen Bischöfe vor allem in einem moralischen Pluralismus. Um sie auszuschalten, melden sie für die Kirche eine Position oberhalb der übrigen gesellschaftlichen Großgruppen an, da – so ihr Argument – die Kirche nach den für alle verbindlichen Werten in der Gesellschaft suche und den hohen Wert des Gemeinwohls verkünde.

Die kirchliche Führung setzt also Fragezeichen hinter den gesellschaftlichen Pluralismus. Dazu gesellen sich Vorbehalte gegenüber dem Demokratieprinzip. 1971 veröffentlichte der politische Beirat des Zentralkomitees der deutschen Katholiken »Thesen wider den Mißbrauch der Demokratie«. Darin wird Demokratie lediglich als Staatsform, nicht aber als Lebensform anerkannt, auch wenn man das beim Zentralkomitee später nicht immer zugeben wollte.

Das stand in offenem Widerspruch zu den Enzykliken »Mater et Magistra« und »Pacem in Terris« Johannes' XXIII. Dieser Papst war davon ausgegangen, daß politische Demokratie nur eine Seite der Struktur der modernen freiheitlichen Gesellschaft ist. So stellte er klar, daß der Demokratisierungsprozeß als die universale Perspektive der Zukunft nachdrücklich zu fordern und zu fördern ist – wenn auch Demokratie im engeren politischen Sinne nicht einfach auf alle gesellschaftlichen Bereiche übergestülpt werden darf. Auf diesem Demokratieverständnis basierte nicht nur die Pastoralkonstitution des Zweiten Vatikanischen Konzils, sondern auch das Rundschreiben »Octogesima adveniens« von Papst Paul VI.

Scharfe katholische Angriffe gegen die Zentralkomitee-Thesen blieben nicht aus. Sie kamen auch aus dem organisierten Katholizismus, so aus der Katholischen Arbeitnehmerbewegung, die hinter den Thesen des Zentralkomitees einen parteiischen Eingriff in die Diskussion um die Mitbestimmung witterte. Bemerkenswert war eine Stellungnahme, die die Teilnehmer einer Ferienakademie des bischöflichen Cusanuswerkes zu den Thesen abgaben. Bemerkenswert vor allem deshalb, weil in dieser von den deutschen Bischöfen finanzierten Institution zur Hochbegabtenförderung die intellektuelle katholische Elite von morgen herangebildet wird. In der Erklärung hieß es:

»Fragt man nun nach der Funktion dieser Thesen, so ist unverkennbar, daß eine auf Restauration drängende Gruppe innerhalb des politischen Beirates des Zentralkomitees der deutschen Katholiken bewußt

versucht, die ihnen zu Verfügung stehenden Institutionen für ihre Zwecke zu gebrauchen: Sie will innerhalb des Katholizismus eine ideologische Plattform schaffen, von der aus die bestehenden Machtverhältnisse konserviert werden sollen.«
Festzuhalten bleibt, daß es die Mehrheit im politischen Beirat des Zentralkomitees war, die Vorbehalte gegenüber gesellschaftlicher Demokratie anmeldete. Und das Zentralkomitee selbst hat sich nicht von den Thesen distanziert. Bemerkenswert ist auch, daß sich der oben genannte Anton Rauscher im ZDF-Magazin Gerhard Löwenthals als einer der geistigen Väter dieser Erklärung entpuppte.

Die deutsche Synode — oder: Wie man Konflikte nicht löst

Das Thema Demokratie spielt in die Frage hinein, wie der deutsche Katholizismus seine Konflikte bewältigt. Vieles spricht dafür, daß weder die Führungsspitze der Kirche noch der größte Teil ihrer Basis konfliktfähig sind. Die Neigung, mit Konflikten zu leben und sie offen auszutragen, ist nicht sehr groß. Ein Musterbeispiel an Konfliktverdrängungen hat z. B. die Synode der deutschen Bistümer geliefert, die 1970 begann und im November 1975 beendet wird.
Die Synode, so frotzelte man im Würzburger Kiliansdom, ist das Schülerparlament des deutschen Katholizismus. Denn schon rein kirchenrechtlich ähneln die Verhandlungen der Synode Sandkastenspielen der Schülermitverwaltung.
Kirchenrechtlich steht die Synode auf der unteren Stufe einer beratenden Versammlung; sie sagt den Bischöfen, was sie denkt und wünscht, kann aber nichts ohne die Oberhirten beschließen. Zu den Vorlagen gibt die Bischofskonferenz Stellungnahmen ab, die oft von Synodalen als blankes Veto empfunden werden.
Die Bischöfe selbst sind ihrerseits vom Vatikan abhängig. Dadurch ist ihr Spielraum eingegrenzt. Auf der Synode hat man den Eindruck, daß die Bischöfe möglichst alles vermeiden wollen, was sie überhaupt erst in Konflikt mit der römischen Zentrale bringen könnte. Diese Angst ließen sie zum Beispiel 1972 erkennen, als sie öffentliche Diskussion und Beschlußfassung über die Frage verhinderten, ob verheiratete Männer Priester werden dürften. Manchmal hat man allerdings den Eindruck, als schützten die Bischöfe das römische Gespenst nur vor. Denn Synoden in den Nachbarländern Österreich, der Schweiz

und den Niederlanden waren nicht nur mutiger, sondern die Bischöfe ließen sie auch dabei gewähren. Hinter all dem steckt die Frage, wie demokratisch, wie synodal die katholische Weltkirche, in diesem konkreten Fall die deutsche Kirche, sein darf.

Schon im ersten Kapitel dieses Buches wurde deutlich, daß das Problem so alt ist wie die Demokratie in Deutschland. Damals schob der Kölner Erzbischof Geissel dem Aufbruch von unten einen Riegel vor, weil er der Meinung war, daß mit demokratischen Ideen auch zügellose Revolution in die Kirche komme.

Die Geschichte schien ihr Comeback zu feiern, als im Mai 1975, auf der vorletzten Sitzung der Synode, die 120 Jahre später, kurz nach dem schon wieder verblühten Frühling des Zweiten Vatikanischen Konzils, einberufen worden ist, ebenfalls ein Erzbischof aus Köln sich von Demokratie und Pluralität abgrenzte, dem Volk das Priestertum und der Vielfalt die Einheit gegenüberstellte: Joseph Kardinal Höffner. Er begründete Gegenanträge der Bischofskonferenz, als die Vorlage »Verantwortung des ganzen Gottesvolkes für die Sendung der Kirche« beraten wurde. Nach Meinung der Bischöfe, so sagte er, gehe es um »ekklesiologisch bedeutsame Fragen«. Er forderte, die Aufgaben der Amtsträger besser von den Aufgaben des ganzen Gottesvolkes abzugrenzen. Man werde der Verfassung der Kirche nicht gerecht, wenn man die im modernen Staat übliche Demokratie oder die Mitbestimmung, soweit sie in der Wirtschaft verwirklicht sei, auf die Kirche übertragen wolle. Die Mitverantwortung der Gläubigen im Bereich des geistlichen Amtes sei so differenziert, daß man sie »nicht einfach als Partnerschaft oder Team-Arbeit bezeichnen« könne.

Die Konservativen hatten die Vorlage als Prüfstein für den rechten Weg der Kirche in die Zukunft angesehen. Die Synode folgte den Bischöfen weitgehend, wenn auch einige Synodale sozusagen mit den Zähnen knirschten. Das alles hat dazu beigetragen, daß nicht nur unter Synodalen, sondern vor allem an der Basis, in den Gemeinden, Unbehagen und vielfach Resignation herrschen. Schon die Geschäftsordnung der Gemeinsamen Synode überläßt jedes Ja und Amen den Bischöfen. Das hat Folgen für die Gemeinsamkeit und die Gleichberechtigung der Kirchenversammlung. Die Kirchenstruktur, in mehreren Zeitaltern gewachsen, gibt dem Kirchenvolk nur wenig Spielraum.

Auf den ersten Vollversammlungen der Synode mußten einige Vorlagen regelrecht durchgepeitscht werden, damit das Kirchenparlament in seiner Tagesordnung zurecht kam. So war es kein Wunder, daß in Gemeinden und informellen Kreisen Zweifel am Sinn der Katholikenversammlung laut wurden. Zunächst wollte man über alles reden, obwohl es schon schier unmöglich war, vieles zu behandeln.

Grundsätzlich war es deshalb sicherlich richtig, Probleme auszusortieren, Schwerpunkte zu setzen und sie intensiv durchzuarbeiten. Doch offenbar kam diese Notwendigkeit der Mehrheit nur zu gelegen, um Konfliktstoffe beiseitezuschieben. Die ursprünglich 49 geplanten Vorlagen sind mit Recht auf 15 reduziert worden, aber die Synode strich vornehmlich Themen mit juristischen Auswirkungen und Probleme mit gesellschaftlichem Zündstoff. Zum Beispiel wurde die Frage der »menschlichen Sexualität« in die stille Sphäre der Kommissionen verwiesen und nur noch als Arbeitspapier zur Vorlage »Christlich gelebte Ehe und Familie« zugelassen. Um jedoch nicht den geringsten Zweifel über die rechte Lehre aufkommen zu lassen, veröffentlichten die deutschen Hierarchen einen Hirtenbrief zur »menschlichen Geschlechtlichkeit«, noch bevor die Synodenkommission das Arbeitspapier erstellt hatte.

Um die Vorlage »Christlich gelebte Ehe und Familie« hat es überhaupt das längste Tauziehen auf der Synode gegeben. Bei der Beratung dieses Papiers brach der eigentliche Konflikt zwischen Kirchenleitung und Basis, zwischen Dogma und Gewissen auf.

Nur einer scherte aus den äußerlich geschlossenen Reihen der Bischöfe aus: Josef Maria Reuss, Weihbischof aus Mainz. Ihn feierte die Synode demonstrativ, weil er ein mutiges Buch zur Empfängnisregelung herausgebracht hat. Vom Rednerpult aus konnte er sehen, wie fast alle seine Amtsbrüder den Beifall stumm zur Kenntnis nahmen. Reuss, von Haus aus Pastoraltheologe, erteilte seinen Kollegen im Bischofsamt einen dogmatischen Grundkurs: Die Kirche ist unfehlbar nur unter bestimmten Voraussetzungen. Die Lehre, daß empfängnisverhütende Mittel sittlich schlecht sind, fällt nicht darunter. Deshalb ist die Enzyklika »Humanae Vitae«, die sogenannte »Pillen«-Enzyklika Papst Pauls VI., nicht unfehlbar. Sie kann jederzeit widerrufen werden.

Auch Bischöfe, die das nicht gern hören, nahmen diese belehrenden Hinweise unwidersprochen zur Kenntnis. Um das alles bewerten zu können, muß man wissen: 1970, zu Beginn der Synode, hatte die bereits erwähnte Umfrage unter den deutschen Katholiken herausgefunden, daß sie die größten Schwierigkeiten mit ihrer Kirche in Fragen der Unauflöslichkeit der Ehe, der Scheidung, der vorehelichen sexuellen Beziehungen, der Empfängnisregelung und damit verbunden der Autorität des Papstes haben. Genau darum ging es in dieser Vorlage. Drei Punkte waren heiß umstritten: Erstens die Empfängnisregelung; die meisten Katholiken halten sich nicht an das Verbot des Papstes. Zweitens voreheliche sexuelle Beziehungen, die nach katholischer Morallehre nicht erlaubt sind. Drittens das Problem der wiederverhei-

rateten Geschiedenen in der Kirchengemeinde; ihnen wird die Teilnahme an den Sakramenten verweigert.
In der ersten Lesung der Vorlage war noch versucht worden, diese strengen Bestimmungen ein wenig zu lockern. Aber die Bischöfe verhinderten das durch dreifachen Einspruch, so daß es schließlich nur noch darum ging, die bisherigen Positionen zu halten. Die Oberhirten sehen sich als Wächter der traditionellen kirchlichen Lehre, merken aber auch, daß die Gesellschaft sich immer weiter davon entfernt.
Der aktuelle Bezug ist die geplante Reform des Scheidungsrechts. Die Bischöfe befürchten offenbar einen moralischen Dammbruch, wenn sie in Sachen Ehe sogar in der Kirche Aufweichung zulassen, was andere freilich für ein größeres Maß an Gewissensfreiheit halten. Nach dem Willen der Oberhirten sollte in der Vorlage die katholische Lehre so zum Ausdruck kommen, wie sie von ihnen und vom Papst verstanden wird, nicht aber, wie sie von Gemeindepfarrern und vielen Kirchenmitgliedern in gewisser Freizügigkeit ausgelegt wird.
Auf der einen Seite baute der Mainzer Kardinal Volk die Position der Bischofskonferenz auf: Krisen in den Ehen zeigten, daß die Ehe selbst in der Krise sei. Diese Krise der Ehe könne nur überwunden werden, wenn die Ehe wieder gefestigt werde. Ein Pfarrer, der über vierzig Jahre in der Gemeindearbeit steht, stellte dagegen: Jesus von Nazareth habe den Pharisäern und Schriftgelehrten vorgeworfen, sie bänden den Menschen schwere Lasten auf, sie selbst aber trügen sie nicht. »Genau das machen wir, wir unverheirateten Priester und Bischöfe.«
Vorsorglich hatten die Bischöfe bei einigen Anträgen schon die Geschäftsordnung bemüht und mit dem Hinweis auf Glauben und Sitte, die sie gefährdet sahen, Abstimmungen darüber untersagt. Hätte die Synode die Vorlage abgelehnt, wäre das von vielen als Gesichtsverlust der Bischöfe angesehen worden. So erklärten sie sich in letzter Minute doch noch zu einem Kompromiß bereit.
In der Frage der Geschiedenen wollen die Bischöfe ein Votum an den Papst in Rom richten. Bei der Empfängnisregelung bleibt die Entscheidung unter gewissen Bedingungen dem Gewissen der Eheleute überlassen, womit allerdings ein unübersehbarer Widerspruch zum Papst besteht. Die ausgehandelte Formel liegt auf der Ebene der sogenannten Königsteiner Erklärung der Bischöfe. In Königstein im Taunus hatten sie 1968 couragiert das »Pillenverbot« des Papstes für die Bundesrepublik gelockert. Aber nun wollten einige, wie man hörte, wieder den Rückweg antreten – in Richtung auf die Enzyklika »Humanae Vitae«.
Trotz dieser bischöflichen Zugeständnisse ist die Vorlage nur mit zwei Stimmen Mehrheit durchgekommen. Denn sie war nur noch ein Mini-

malkompromiß, nachdem die eigentlich vorwärts weisenden Punkte schon gestrichen waren. Es ist in der Tat ein Schildbürgerstreich, wenn neben den alten Wegweiser – auch wenn er nicht nach Rom zeigt – ein neuer gesetzt wird, der nur bestätigt, daß der alte immer noch stimmt. Aber dieses Würzburger Ereignis, das einzige seiner Art auf der gesamten Synode, macht die Situation des Fußvolks deutlich. Es erreicht nichts, was Bischöfe und Papst nicht wollen – oder umgekehrt: Es erhält Zugeständnisse nur dann, wenn es ihm gelingt, die Kirchenleitung in die Zwickmühle zu bringen – und wann passiert das schon?

Gestrichen wurde auch in einer an sich vorwärtsweisenden Vorlage, die sich mit dem Verhältnis zwischen Kirche und Arbeiterschaft beschäftigt. Da wird von einem »fortwirkenden Skandal« gesprochen, und die Synode sagt, sie wolle Gewissensforschung betreiben. Der Vater dieser Vorlage ist der katholische Sozialwissenschaftler Oswald von Nell-Breuning. Einige seiner besonders klaren Aussagen stießen allerdings bei der ersten Lesung auf starken Widerspruch. Jetzt ist die zweite Fassung vorgelegt worden, die auf der letzten Sitzung der Synode verabschiedet werden soll. Sie ist in drei Punkten bereinigt. Getilgt ist der Satz, daß der Sozialkatholizismus, »so groß und rühmlich« seine Leistungen auch gewesen sind, »vielfach auch in der Kirche allein gelassen oder sogar mit Mißtrauen« beobachtet wurde. Gestrichen ist ebenfalls, daß im Klerus »viel Zurückhaltung, um nicht zu sagen Abneigung« gegenüber den Gewerkschaften besteht und daß diejenigen, die sich über diese Hemmungen hinwegsetzen, »als Außenseiter, wenn nicht gar als Abständige angesehen« werden. Schließlich stimmt jetzt auch wieder die politische Richtung. Dem ursprünglichen Papier konnte man entnehmen, daß sich die Kirche gegenüber SPD und CDU unterschiedlich verhalten und die CDU bevorzugt habe. So sei der Eindruck entstanden, sie sei »die Verbündete der bisher in Staat, Gesellschaft und Wirtschaft an der Macht befindlichen Kreise und sei als solche eben immer ›gegen den Arbeiter‹«. Nun aber hat man der SPD einen Teil der Schuld zugeschoben, indem man hinzufügte: »Die Kirche war in der Vergangenheit leider wiederholt zu einer solchen Haltung genötigt und kann auch in Zukunft dazu genötigt sein.« Sodann folgt die Ermunterung an CDU und CSU, der Kirche behilflich zu sein, die Arbeiter nicht zur SPD und damit von der Kirche wegzutreiben: »In diesem Fall läßt die Schwierigkeit sich nur in dem Maß ausräumen, wie diejenigen Parteien, denen gegenüber die Kirche weniger Zurückhaltung übt oder denen sie sich geneigter zeigt, die berechtigten Ansprüche der Arbeiter ebensogut oder noch besser vertreten und dadurch den auf sie fallenden Schein oder den Verdacht, sie seien Unternehmerparteien, in für den Arbeiter überzeugenden

Weise widerlegen.« Mit anderen Worten: Wenn Arbeiter meinen, die Kirche sei »immer gegen den Arbeiter«, dann liegt das nicht an der Kirche, sondern vor allem an den Parteien.
Hinter verschlossenen Türen wurde schließlich das grundsätzliche Verhältnis der Kirche zu Staat und Gesellschaft behandelt. Zunächst sollte darüber eine eigene Vorlage erarbeitet werden, die in der Vollversammlung diskutiert werden sollte. Aber dann wurde doch nur ein Arbeitspapier erstellt. Denn man stelle sich vor, die Katholikenversammlung hätte Themen wie die Kirchensteuer, das Verhältnis zwischen Kirche und Parteien oder gar die Reform des Paragraphen 218 öffentlich debattiert, und das bei Anwesenheit der Bischöfe. Sicherlich wären die Meinungen – wie in den Fragen der Ehe – hart aufeinandergeprallt. Das kann nicht wünschen, wer gerade im politischen Bereich auf ideologische Einheit und gesellschaftliche Geschlossenheit des deutschen Katholizismus bedacht ist. Andererseits bleibt anzumerken, daß sich die Synodalen nicht davon abbringen ließen, über den Religionsunterricht in der Vollversammlung zu diskutieren.
Insgesamt gesehen haben sie freilich fast alle gesellschaftlichen Streitthemen ausgeklammert oder verharmlost – und fast alle heiklen Fragen gestrichen, die Ärger mit der römischen Zentrale bringen. Wenn sich die Entwicklung zu humanen Gesellschaften in unseren Breiten auf der Basis der Konfliktbewältigung vollzieht, dann ergibt sich, daß die Synode zur Lösung drängender menschlicher Probleme bislang nicht viel beiträgt.

Vom kirchlichen Nutzen der Religionsfreiheit

Eine Folge der mangelnden Fähigkeit zur Konfliktbewältigung ist die gestörte Kommunikation mit der Gesellschaft. Es war allzu einleuchtend, daß fast nur die Kirchenpresse anwesend war, als die Synodenkommission V seinerzeit ihr wichtiges politisch orientiertes Arbeitspapier »Aufgaben der Kirche in Staat und Gesellschaft« vorstellte.
Auch auf anderen Gebieten schiebt die Kirchenleitung Konfliktstoff beiseite, wie erstens die von den deutschen Bischöfen verfügte Liquidation der Wochenzeitung »Publik« zeigte, die unter dem Morgenstern des Zweiten Vatikanischen Konzils geboren worden war (siehe Seite 134ff), und zweitens die Liquidation der Katholischen Deutschen Studenteneinigung (siehe Seite 108ff).
Was soziale und bildungspolitische Aufgaben betrifft, spielen Mitglie-

der kirchlicher Institutionen häufig in der Verteidigung. Als Beleg hierfür ein Beispiel aus der Diskussion um das FDP-Kirchenpapier. In Punkt 9 jener Fassung des Kirchenpapiers, das der Bundesvorstand der FDP zur innerparteilichen Diskussion freigegeben hatte, hieß es:
»Bildung, Krankenpflege und soziale Versorgung sind öffentliche Aufgaben. Die öffentliche Hand muß eine ausreichende Anzahl von Einrichtungen bereitstellen, die weltanschaulich neutral und für jedermann zugänglich sind. Das Recht der Freien Träger, in diesem Bereich tätig zu sein, bleibt unberührt, doch ist ihr Vorrang gemäß dem Subsidiaritätsprinzip abzuschaffen.«
Bereits eine Woche bevor dieses Diskussionspapier offiziell veröffentlicht wurde, hat die Vorsitzende der Kommission, die das Papier erarbeitet hat, nämlich Liselotte Funcke, öffentlich keinen Zweifel daran gelassen, wie dieser Passus zu verstehen ist.
»Im Bereich der Sozialarbeit haben die Kirchen und Freien Träger Pionierarbeit geleistet. Es heißt, diese Leistungen nicht zu schmälern, wenn man erkennt, daß heute die öffentliche Hand in manchen Bereichen diese Aufgaben stärker übernehmen muß, um für alle Bürger gleiche Hilfsmöglichkeiten und medizinische Versorgung sicherzustellen. Doch darf diese Erkenntnis nicht dazu führen, ein Staatsmonopol im Sozialbereich aufzurichten. Es könnte für die betroffenen Menschen zur einseitigen Abhängigkeit führen und würde die notwendige Spontaneität einfrieren lassen. Wo heute durch die wachsende Mobilität des Menschen und durch die strukturelle Veränderung der Familie die innerfamiliäre Hilfe abnimmt, kommt dem unmittelbaren mitmenschlichen Einsatz des Einzelmenschen, der freien Bürgerinitiativen und staatsunabhängigen Träger eine wachsende Bedeutung zu. Der Staat darf diesen Einsatz nicht eingrenzen, doch muß um der gleichmäßigen Versorgung aller willen seine Aktivität gleichberechtigt und nicht nachgeordnet sein.«
Das war also gemeint, als es hieß, Bildung, Krankenpflege und soziale Versorgung seien öffentliche Aufgaben, und der Vorrang der Freien Träger sollte abgeschafft werden. Es ging um die Gleichstellung von Staat und Freien Trägern, im Interesse einer gleichmäßigen Versorgung für alle. Die Aussage in der FDP-These, daß der Vorrang gemäß dem Subsidiaritätsprinzip abgeschafft werden solle, war, zugegeben, verwirrend formuliert. Die endgültige und vom FDP-Parteitag im Herbst 1974 verabschiedete Fassung hat diese Verwirrung beseitigt, die ursprüngliche inhaltliche Fassung aber praktisch übernommen: Das Recht der Freien Träger, in diesem Bereich tätig zu werden, muß erhalten bleiben, allerdings – wie es wörtlich nunmehr heißt – »ohne Vorrangstellung«. Der Sache nach ist damit diese These gar nicht so

weit von dem Subsidiaritätsprinzip entfernt, das Papst Pius XI. in seinem Rundschreiben »Quadragesimo Anno« entwarf.

»Wie dasjenige, was der Einzelmensch aus eigener Initiative und mit seinen eigenen Kräften leisten kann, ihm nicht entzogen und der Gesellschaftstätigkeit zugewiesen werden darf, so verstößt es gegen die Gerechtigkeit, das, was die kleineren und untergeordneten Gemeinwesen leisten und zum guten Ende führen können, für die weitere und übergeordnete Gemeinschaft in Anspruch zu nehmen. Jedwede Gesellschaftstätigkeit ist ja ihrem Wesen und Begriff nach subsidiär: Sie soll die Glieder des Sozialkörpers unterstützen, darf sie aber niemals zerschlagen oder aufsaugen.«

Diese Aussage Pius' XI. steht im Zusammenhang mit der Lehre der Päpste, daß der Staat für das Gemeinwohl verantwortlich ist. Das Subsidiaritätsprinzip will und soll die Freiheit, das Leistungsvermögen und die günstige Entwicklung der einzelnen und der kleineren Gemeinschaften schützen, zur Auswirkung und zur Entfaltung bringen. Aber diese Auswirkungen und Entfaltungen müssen den Erfordernissen des Gemeinwohls gerecht werden, sich also in die Gesamtordnung des staatlich geeinten Volkes eingliedern: Es bedarf der Koordinierung dieser vielfältigen Leistungen, Unternehmungen, Einrichtungen untereinander, der Einordnung in die übergreifenden Gesamtpläne, Gesamtentscheidungen, Gesamteinrichtungen. Diese Aufgabe obliegt der höheren Gemeinschaft, insbesondere dem Staat als dem Hüter des Gemeinwohls. Vor diesem Hintergrund schrieb der katholische Sozialwissenschaftler Oswald von Nell-Breuning, der federführend an der Enzyklika »Quadragesimo Anno« mitgearbeitet hat:

»Wer die letzte Verantwortung für das Wohl und Wehe des Ganzen trägt, muß auch in der Lage sein, die Zuständigkeiten zu regeln und diejenigen Zuständigkeiten an sich zu ziehen, deren er bedarf, um den Gliedern, die dieses Ganze ausmachen, die ihnen geschuldete Hilfe leisten zu können.«

Genau auf dieser Linie bewegt sich die FDP-These, wenn sie Bildung, Krankenpflege und soziale Versorgung als öffentliche Aufgaben deklariert, aber das Recht der Freien Träger, in diesem Bereich tätig zu sein, nicht einschränkt. Um so mehr überraschte die Kritik, die das Bonner Bischofsbüro vorbrachte, nachdem das Arbeitspapier veröffentlicht worden war:

»Eine Verwirklichung der 14 Punkte käme einem Staatsmonopolismus nahe und hätte eine Verödung der bildungspolitischen und sozialkaritativen Landschaft zur Folge. Vor allem würde sie dem Bürger die Möglichkeit nehmen, von seiner grundgesetzlich gesicherten Freiheit

Gebrauch zu machen, zwischen Einrichtungen verschiedener Art zu wählen. Die Freiheit des Bürgers würde also begrenzt, die Entfaltungsfreiheit der Kirche behindert, die Freiheit des Staates als Monopol mißbraucht.«

So klar schien das alles zu sein. Aber war es das wirklich? Prälat Wöste, der Chef des Bischofsbüros, vertraute später einem kleinen Kreis von Politikern und Wirtschaftlern an: »Es ist leichter, die Gesamtheit der Thesen ad absurdum zu führen, als sich nur mit jenen Thesen auseinanderzusetzen, die sich schon länger in einer öffentlichen Diskussion befinden, z. B. Abschaffung der Körperschaft öffentlichen Rechts, der Kirchensteuer, des Subsidiaritätsprinzips im sozialkaritativen Bereich.«

Die Frage ist, ob mit dem Vorwurf des Staatsmonopolismus nicht etwas ganz anderes gemeint ist. Dem Bürger, so behaupten die Bischöfe, würde die Möglichkeit genommen, zwischen Einrichtungen verschiedener Art zu wählen. Dies bezieht sich offenbar auf die Forderung der FDP, die öffentliche Hand müsse eine ausreichende Anzahl von Einrichtungen bereitstellen, die *weltanschaulich neutral* und für jedermann zugänglich seien. Offenbar befürchten die Bischöfe, daß dann nicht mehr so viele konfessionelle Einrichtungen mit staatlicher Unterstützung gebaut werden wie früher, sondern auch weltanschaulich neutrale, also pluralistische. Unter solchen Perspektiven wäre natürlich die überaus scharfe Reaktion der Bischöfe in gewisser Hinsicht verständlich, sie wirft aber auch gleichzeitig ein bezeichnendes Licht auf das Kernproblem, das hinter dieser Auseinandersetzung steht. Dieses heißt nämlich: Religionsfreiheit. Konkret gesprochen: Die begüterten Großkirchen, denen das derzeitige Kirchensteuerverfahren zugute kommt, haben die Möglichkeit, sich als Freie Träger für Krankenhäuser, Kindergärten und Schulen anzubieten und werden außerdem noch in erheblichem Maße staatlich subventioniert. Dahinter darf man wohl eine Einengung der Religionsfreiheit jener Bürger sehen, die kleineren oder keinen Glaubensgemeinschaften angehören. Sie können u. U. gezwungen sein, mangels anderweitiger Angebote die Einrichtungen von Glaubensgemeinschaften, die ihren weltanschaulichen Überzeugungen widersprechen, in Anspruch nehmen zu müssen. Daraus ergibt sich die Verpflichtung des religiös neutralen Staates, eine ausreichende Anzahl religiös neutraler Einrichtungen in Bildung und Gesundheitspflege zu schaffen. Hinter all dem steckt das gesellschaftliche Schlüsselproblem der unteilbaren Religionsfreiheit, die – wie jedes Grundrecht – für alle gleich ist, nicht für den einen Bürger mehr als für den anderen gelten kann und in der Demokratie zunächst einmal den Sinn hat, Minderheiten zu schützen. Man kann deshalb fragen: Hätte die Kirche nicht die Aufgabe, in diesem Sinne zunächst einmal für die Verwirklichung der religiösen Freiheit aller einzutreten, anstatt ihre eigene privilegierte Stellung zu verteidigen und möglichst weiter auszubauen? Dies gilt auch bezüglich anderer Privilegien der Kirche.

Bis zum Jahre 1965 ging die offizielle katholische Lehre davon aus, daß das Recht auf religiöse Freiheit nicht auf die Würde der menschlichen Person gegründet sei, sondern daß sie nur als unabwendbares Übel des gesellschaftlichen Pluralismus toleriert werden müsse. Auf dem Zweiten Vatikanischen Konzil hat die Kirche in einer grandiosen Kehrtwendung einen jahrhundertelang verteidigten Anspruch preisgegeben und sich positiv zur Religionsfreiheit bekannt. In der »Erklärung über die Religionsfreiheit« heißt es:

»Das Vatikanische Konzil erklärt, daß die menschliche Person das Recht auf religiöse Freiheit hat. Diese Freiheit besteht darin, daß alle Menschen frei sein müssen von jedem Zwang, sowohl von seiten einzelner wie gesellschaftlicher Gruppen, wie jeglicher menschlicher Gewalt, so daß in religiösen Dingen niemand gezwungen wird, gegen sein Gewissen zu handeln, noch daran gehindert wird, privat und öffentlich, als einzelner oder in Verbindung mit anderen innerhalb der gebührenden Grenzen nach seinem Gewissen zu handeln.«

Mit dem Bekenntnis zur Religionsfreiheit gesteht das Konzil diese Freiheit auch denen zu, die nicht katholisch sind. Die Religionsfreiheit der Katholiken findet ihre Grenze am gleichen Recht der anderen.

Auch Artikel 4 des Grundgesetzes garantiert die Bekenntnisfreiheit:

»Die Freiheit des Glaubens, des Gewissens und die Freiheit des religiösen und weltanschaulichen Bekenntnisses sind unverletzlich.«

Der Staat muß dafür sorgen, daß das für alle geltende Gesetz so ausgestaltet wird, daß alle Religionsgemeinschaften ihrem gesellschaftlichen Auftrag frei nachkommen können. Eine Kirche, die sich ausdrücklich und höchst feierlich auf die Religionsfreiheit festgelegt hat, kann sich dem um ihrer eigenen Glaubwürdigkeit willen nicht in den Weg stellen.

Konkret könnte das bedeuten: Die Kirche sollte sich nicht nur um den Ausbau ihrer eigenen Bekenntnisfreiheit sorgen, sondern sich zum Anwalt derjenigen weltanschaulichen Minderheiten machen, die sich wegen der besseren Rechtspositionen der Kirche in ihrer Religionsfreiheit benachteiligt sehen. Damit ist das gesamte Privilegiensystem angesprochen, das etwa in Konkordaten fixiert ist, die die Kirche rechtlich höher und langfristiger als andere Religionsgesellschaften absichern und bevorzugen, weil die anderen wegen ihrer andersartigen Struktur keine völkerrechtlichen Verträge schließen können.

Mit dem zunehmenden Rückgang der religiösen Praxis und der Zunahme nichtreligiöser Weltanschauungsgruppen wird die Religionsfreiheit zur Weltanschauungsfreiheit. Diese entwickelt sich zu einem Grundprinzip des modernen Verfassungsstaates der Neuzeit, nämlich zum Prinzip der grundsätzlichen Inkompetenz des Staates in weltanschaulichen und damit auch in religiösen Fragen. Genau dies fürchtet offenbar die kirchliche Führerschaft. Im Informationsdienst der Katholischen Nachrichtenagentur hieß es 1973:

»Aus einer Analyse der Regierungserklärung meinen kirchliche Beobachter schließen zu können, daß dem Kanzler ein in seiner Gesellschaftsordnung wertneutraler Staat vorschwebt, in dem zwar auf die menschlichen Grundwerte keineswegs verzichtet, deren Beachtung aber nicht mehr vom Staat garantiert werden soll. Die Kirchen, die diese Rolle offenbar übernehmen sollen, befürchten, daß in einer Zeit, in der sie mehr und mehr an Einfluß verlieren, die Forderung nach Abschaffung dieser, dann allein noch von ihnen propagierten Fesseln vermeintlicher Freiheit geradezu provoziert würde.«

Indes schrieb der seinerzeitige nordrhein-westfälische Kultusminister Paul Mikat schon vor neun Jahren:

»In einem wie dem anderen Fall geht es heute nicht mehr um die Frage, ob und inwieweit die Kirche rechtlich verbindlich sittliche Maßstäbe für den Staat setzen kann, sondern darum, welche Bedeutung die christliche Lebensordnung in der modernen Gesellschaft hat und wie die Kirche in der lebendigen Auseinandersetzung mit anderen konfessionellen, weltanschaulichen und politischen Kräften die im Volk lebendige sittliche Ordnung prägt.«

Das war Pfingsten 1966, kurz nach Beendigung des Konzils. Der heutige CDU-Bundestagsabgeordnete trat weiterhin für institutionelle Beziehungen zwischen Kirche und Staat ein und gab darüber hinaus schon damals zu bedenken:

»Sobald die Kirche den ihr gewährten Raum durch ihre Gläubigen geistig und sachlich nicht mehr ausfüllen kann, werden andere Kräfte die Gestaltung der sittlichen Ordnung im Staat übernehmen. Darin liegt die Bewährung und Gefährdung der Kirche in der Demokratie. Sie ist im gesellschaftlichen Raum nicht staatlich gesichert ...«

Genau hier steckt das Problem. Die Kirche, obwohl nach modernerem Verständnis in der Gesellschaft – wie alle anderen Gruppen auch – auf sich selbst gestellt, sucht sich durch staatliche Sonderrechte gesellschaftlich abzusichern, wobei die Abwehr säkularer Werte heute vielleicht sogar das Hauptmotiv ist. Doch das treibt sie immer tiefer ins Getto und in die Verteidigung nie überwundener, vorkonziliarer Bewußtseinssperren. Notwendig wäre die Anerkennung des gesellschaftlichen Pluralismus, die das Denken im eigenen System sprengen würde. Oder, um es biblisch zu sagen: die Anerkennung eines Pluralismus, der von der Freiheit und Gleichheit aller Menschen als Kinder des einen Vaters ausgeht, der seine Sonne über Böse und Gute aufgehen läßt und es regnen läßt über Gerechte und Ungerechte – über solche, die sich nicht dafür halten und über solche, die dafür gehalten werden. Aber die gegenwärtige Kirchenführung duldet nicht einmal in ihren eigenen Reihen einen echten Pluralismus. Die dadurch auftretenden Konflikte werden nicht gelöst, sondern eliminiert: indem man den Pluralismus durch administrative Maßnahmen erstickt oder seine Verfechter an den Rand der Kirche oder nach außen drängt. Geradezu ein Musterfall für solche Konfliktverdrängung ist die Auseinandersetzung um die Katholische Deutsche Studenteneinigung (KDSE).

Fall drei:

Marx oder Jesus? Der politische Pluralismus innerhalb der katholischen Kirche, dargestellt am Beispiel der Katholischen Deutschen Studenteneinigung (KDSE)

»Sehr verehrte, liebe Studenten der KDSE, es kann ja wohl nicht meine Aufgabe sein, daß ich Ihre wichtigen Beratungen lange aufhalte, aber als Bischof der Diözese möchte ich Sie doch ganz herzlich hier in Aachen willkommen heißen. Sie sind hier in die Stadt Karls des Großen gekommen. Karl der Große hat, davon sind wir alle überzeugt, wertvolle Fundamente für die europäische Kultur gelegt, er hat weitgehend den Begriff eines christlichen Abendlandes geprägt, und ich wäre froh, wenn Sie in diesen Tagen auch eine Möglichkeit hätten, unseren Dom, der von Karl dem Großen erbaut worden ist, zu besichtigen, vielleicht auch das Rathaus zu sehen, und daß Sie dann gute Eindrücke von hier mitnehmen.
Aachen hat aber nicht nur eine große Vergangenheit aufzuweisen, nein, hier hat man sich bemüht, das kostbare Erbe des christlichen Mittelalters in Treue zu hüten alle die Jahrhunderte hindurch bis auf den heutigen Tag...

Und in diesem Sinne möchte ich denn auch Ihren Beratungen dieser Tage guten Erfolg wünschen, und ich wäre glücklich darüber, wenn dabei auch ein Weg gefunden werden könnte, damit die gegenwärtigen Schwierigkeiten, die, wie wir alle wissen, ja nun doch bestehen, daß die nach Möglichkeit überwunden und daß die nicht ganz leichten Probleme aufgelöst werden könnten.«

Das war in Aachen, am 17. Februar 1972, auf dem sogenannten Gemeindevertretertag der Katholischen Deutschen Studenteneinigung, als Bischof Pohlschneider die Vertreter der deutschen Studenten- und Hochschulgemeinden noch recht freundlich begrüßte. Tatsächlich waren zu diesem Zeitpunkt die Beziehungen zwischen den katholischen deutschen Bischöfen und dem akademischen katholischen Jungvolk bereits recht gespannt. Schon bald nach dieser freundlichen Begrüßung verließ der Bischof auch die Studenten. Wenige Tage nach den Beratungen der Katholischen Deutschen Studenteneinigung in Aachen, in der diese noch einmal versuchte, ihren Standpunkt zu klären und den Oberhirten durch Entgegenkommen schmackhaft zu machen, entzogen die deutschen Bischöfe ihrem aufmüpfigen Studentenverband die Anerkennung als Zusammenschluß der katholischen Studentengemeinden.

Aber natürlich war nicht der von Bischof Pohlschneider als Mitbegründer des christlichen Abendlandes gepriesene Karl der Große der Stein des Anstoßes, sondern ein anderer Karl, jener Jesuitenschüler aus Trier mit dem Hausnamen Marx. Um seinetwillen, so die katholischen Bischöfe, hätten die katholischen Studenten den Glauben verfälscht und die Botschaft Jesu im Sinne einer innerweltlichen, marxistischen Heilslehre verkürzt.

Tatsächlich war das Schwerpunkt-Programm der KDSE, das die Bischöfe zu ihrem Marxismus-Vorwurf veranlaßt hatte, nur der Höhepunkt einer Auseinandersetzung, die schon seit längerem zwischen den Studentengemeinden, der Katholischen Deutschen Studenteneinigung als ihrer Dachorganisation, auf der einen Seite und den Bischöfen auf der anderen Seite stattgefunden hatte.

1966/67, auf dem ersten Höhepunkt der Unruhen an den deutschen Universitäten, war es in den katholischen Studentengemeinden, zumindest soweit nach außen hin sichtbar, noch vergleichsweise ruhig. Während sich die evangelischen Studentengemeinden beispielsweise an den Auseinandersetzungen um die Hochschul- und dann auch um die Gesellschaftsreform zumindest zum Teil schon aktiv beteiligten, waren die katholischen Studenten – kein Wunder ob ihrer Herkunftsgeschichte aus einer sich monolithisch und geschlossen verstehenden Kirche – noch mit der Reform der Gemeinden im Inneren beschäftigt.

Dennoch waren es schließlich, wie im übrigen studentischen Bereich, grausame Nachrichten aus dem Vietnam-Krieg, die das moralische Engagement katholischer Studenten zum ersten Mal in politische Aktion umschlagen ließ. So veranstaltete die Katholische Deutsche Studenteneinigung erstmals im Frühjahr 1967 ein gemeinsames Seminar zusammen mit evangelischen Studenten, auf dem 50 Thesen zum Krieg in Vietnam verabschiedet wurden. Eine engagierte katholische Gruppe in Berlin, der Demokratisch-katholische Arbeitskreis, der dem Dunstkreis der katholischen Studentengemeinde zuzurechnen war, beteiligte sich an der Vietnam-Demonstration am 23. Oktober 1967, und die Bochumer Studentengemeinde, von deren Mitgliedern sich ein Teil bald zur Gruppe »Kritischer Katholizismus« zusammenschloß, verteilte ebenfalls 1967 an einem Oktober-Sonntag nach der Messe Flugblätter vor den Kirchentüren, auf denen es hieß:

»Sie kommen aus der Kirche – heute wie an vielen vergangenen Sonntagen. Haben Sie in dieser Kirche etwas über Vietnam gehört? Hat man Ihnen hier jemals mehr oder anderes gesagt, als, ganz gelegentlich, daß Sie für den Frieden in Vietnam beten müssen?

Sie haben gebetet – für verkrüppelte und verbrannte Kinder, für Väter und Mütter, die aus ihren Hütten vertrieben wurden, für gefolterte Gefangene, für gemordete Zivilisten, für gefallene Soldaten, für ein Volk, dessen Erde man verbrannte, dessen Behausungen man vernichtete, das man auszurotten im Begriffe steht. Haben Sie aber auch zur Genüge darüber nachgedacht, daß CHRISTLICHE SOLDATEN es sind, oder doch zumindest sogenannte, die all dieses Unheil anrichten? Identifizieren Sie sich mit diesen Soldaten? Oder meinen Sie nicht doch, Sie müßten alles daran setzen, um diesen mordenden Christen in die Arme zu fallen, ihrem Tun ein Ende zu machen?«

Damit war der Kern aller späteren Auseinandersetzungen zwischen den Bischöfen und den katholischen Studenten vorgezeichnet: die Opposition gegen ein allgemein wohlmeinendes, politisch unverbindliches Christentum (»für den Frieden in Vietnam beten«) und die Option für ein politisch aktives und parteinehmendes Christentum (»diesen mordenden Christen ... ein Ende ... machen«). Weitere Konflikte erwuchsen aus dem nunmehr in vielen Studentengemeinden vorangetriebenen Prozeß der Demokratisierung innerhalb der Gemeinden selbst, der dem hierarchischen Selbstverständnis der Bischöfe zusätzliche Kopfschmerzen bereitete und ihre Gegenwehr hervorrief.

An der Spitze dieser neuen Bewegung in den katholischen Studentengemeinden als eine der ersten Gruppen, die dieses neue Bewußtsein in Worte faßten, stand das Westberliner »Aktionskomitee kritische Studentengemeinde«, das in einem Flugblatt so formulierte:

»Ihr gesellschaftlicher Auftrag zwingt die Kirche immer neu zur leidenschaftlichen Kritik der Gewalt und fordert ihre Mitglieder zur Anklage von kirchlichem Versagen in Vergangenheit und Gegenwart heraus.

Aufgrund der heutigen Verflechtung der Kirche mit den jeweiligen Machtträgern ist sie nicht in der Lage, diese Funktion zu erfüllen. Aus dieser Einsicht hat eine katholische Studentengemeinde die Aufgabe, mitzuhelfen, die gesellschaftlichen Zwänge in der Kirche zu analysieren und die Ergebnisse in der Öffentlichkeit wirksam zu vertreten.

Die katholische Studentengemeinde hat die Aufgabe, darauf hinzuweisen, daß in unserer Gesellschaft eine autoritär-patriarchalische Kirche undemokratisch Macht ausübt,

daß die bestehenden kirchlichen Mißstände in der Informations- und Predigtpraxis verschleiert werden,

daß die Kirche durch die bürgerliche Gesellschaft mißbraucht wird, diese nur zu repräsentieren und zu rechtfertigen. Kirche darf nicht zum Ersatz für Psychotherapie degenerieren.«

Die Ursachen für diesen Prozeß der Demokratisierung der Studentengemeinden nach innen und ihre Politisierung nach außen sind sicher vielfältig und im einzelnen kaum alle zu ergründen. Zunächst hat sicher der allgemeine Trend der studentischen Protestbewegung gegen die verfestigten Strukturen in der Hochschule und in der Gesellschaft eine Rolle gespielt. Die katholischen Studenten sind diesem Trend – wie in der katholischen Kirche üblich, mit etwas Verspätung – gefolgt und haben ihn dann in ihre Gemeinden hineingetragen.

Eine zweite wichtige Rolle hat sicher das Zweite Vatikanische Konzil gespielt, das nach Jahrzehnten der Erstarrung erstmals den Reformern in der Kirche eine größere Wirkungschance zu bieten schien. Nicht zuletzt haben sicher auch die Auswirkungen der sogenannten »Politischen Theologie«, wie sie der katholische Theologe Johann Baptist Metz entwickelt hat, eine entscheidende Rolle gespielt, denn diese Theologie, die Kirche als »Institution gesellschaftskritischer Freiheit« definierte, bot sich geradezu an, das politische Bewußtsein katholischer Studenten zu untermauern und erfreute sich deshalb von Anfang an bei engagierten katholischen Jungakademikern außerordentlicher Beliebtheit. War es zunächst der Reformeifer des Zweiten Vatikanischen Konzils, der die Studenten zu reformfreudigen Aktivitäten in Kirche und Gesellschaft ermuntert hatte, so bewirkte die zunehmende konservative Bewegung nach dem Konzil eine Polarisierung; enttäuscht, resigniert und frustriert ob der immer stärkeren Widerstände gegen Reformen innerhalb der Kirche wandten sich die Studenten um so intensiver Reformbemühungen im gesellschaftlichen Bereich zu.

Die Konsequenzen ließen nicht auf sich warten. Als die Gemeinden Bochum und Berlin ein politisches Mandat für sich in Anspruch nahmen, gerieten sie in Konflikt mit ihren Ortsbischöfen.
So brauchte es also eigentlich nicht zu wundern, daß in dem Augenblick, wo nicht einzelne Studentengemeinden oder Gruppen, sondern die Dachorganisation der katholischen Studierenden, die Katholische Deutsche Studenteneinigung, ein solches politisches Mandat für sich beanspruchte, der Konflikt sich ausweitete zu einer Auseinandersetzung zwischen den katholischen Studenten insgesamt und der kirchlichen Obrigkeit. Der Kernpunkt dieses Streites war aber nicht eine bestimmte politische Praxis, wie sie schon seit längerem in den Gemeinden geübt wurde und zum Teil bis heute geübt wird, sondern ein theoretischer Entwurf; jenes fast schon legendäre »Schwerpunktprogramm für die politische Arbeit der katholischen Studentengemeinden und der Katholischen Deutschen Studenteneinigung«, das nach langen Diskussionen vom Gemeindevertretertag der KDSE vom 17. bis 21. Juli 1971 in Würzburg beschlossen wurde.
Der Verabschiedung dieses Schwerpunktprogramms war eine lange Diskussion vorausgegangen. Schon im Juli 1969 kam der Gemeindevertretertag in Freising zu der Überzeugung, daß es notwendig und für die weitere Entwicklung der Studenteneinigung wichtig sei, »... inhaltliche Punkte für die Gesamtarbeit der KDSE zu formulieren, um Praxis und Reflexion der Gemeindearbeit in Koordination mit der politischen Arbeit des Vorstandes zu bringen«.
Der Gemeindevertretertag in Goslar brachte im Mai 1970 die ersten Diskussionen über die gesellschaftspolitische Arbeit der Gemeinden als Verwirklichung christlichen Glaubens. Als Ergebnis der Diskussion von Goslar ergaben sich folgende Schwerpunkte:
»Politische Arbeit der Gemeinden muß als Ausdruck und Verwirklichung des Glaubens verstanden werden und daher in einer christlichen Motivation verankert sein;
außer dem sozialpolitischen Feld sind Kirche und Theologie (Synode), Hochschule, Dritte-Welt-Entwicklungspolitik wichtige Arbeitsbereiche;
die Diskussion um programmatische Sätze muß aufgrund entsprechender Vorlagen in den und mit den Gemeinden geführt werden.«
Einige Monate später, im September 1970, versandte der Vorstand der KDSE die »Beschlüsse zu einem Schwerpunktprogramm« als Vorlage für die weitere Diskussion an die Gemeinden.
Bevor jedoch die Studentenvertreter auf dem nächsten Vertretertag im Februar 1971 über die Beschlüsse verhandeln konnten, ergriffen die Bischöfe ihrerseits die Initiative; der bis dahin eher noch unter der

Oberfläche schwelende Konflikt brach offen aus, als die Kommission XII der Deutschen Bischofskonferenz, die für Fragen der Wissenschaft und Kultur zeichnet, am 5. Dezember 1970 die Errichtung einer Kommission beschloß, die ein Gutachten über die derzeitige Ausrichtung der KDSE erstellen sollte.
Der Vertretertag der KDSE im Februar 1971 in Münster verabschiedete daraufhin zwar noch kein Schwerpunktprogramm, sondern nur Perspektiven für die weitere Arbeit des Vorstandes, das Klima zwischen der KDSE und den Bischöfen war aber schon so gespannt, daß die Bischöfe erstmals zu finanziellen Sanktionen griffen: Sie stellten die Zuschüsse für die KDSE zwar in bisheriger Höhe bereit, zahlten sie aber zunächst nur für ein Vierteljahr aus.
Als dann im Juli 1971 in Würzburg schließlich doch das Schwerpunktprogramm für die politische Arbeit der Studentenvertreter beschlossen wurde, folgten die Ereignisse Schlag auf Schlag.
Noch in Würzburg und vor Abschluß der Beratungen erklärten die Vertreter der Hochschulgemeinde Köln ihren Austritt aus der KDSE.
Als Begründung nannten sie die nach ihrer Meinung illegitime Politisierung der Gemeinden durch das Schwerpunktprogramm. Die katholischen und traditionell konservativen Studentenverbindungen CV, KV, UV und RKDB beeilten sich, in die gleiche Kerbe zu schlagen. Sie bezeichneten den Schritt der Kölner Gemeinde noch am gleichen Tag in einer ebenfalls in Würzburg veröffentlichten Stellungnahme als Beweis für die »seit einiger Zeit latent vorhandene Krise der KDSE« und erklärten weiter, die KDSE sei durch »die Versuche zu einer Politisierung der Gemeinden« in diese Krise hineingetrieben worden. Allein, das Beispiel der Kölner Gemeinde fand keine Nachahmung, der Gemeindevertretertag verabschiedete das Schwerpunktprogramm, und mehr noch: Der »Hochschulbund« im »Bund Neudeutschland« – die Universitätsgruppe des traditionsreichen katholischen Oberschülerverbandes – sowie die früher der Deutschen Pfadfinderschaft Sankt Georg angehörende »Hochschulgemeinschaft« distanzierten sich nachdrücklich von der Stellungnahme der katholischen Verbindungen.
Ein Blick in dieses politische Schwerpunktprogramm macht allerdings schnell die Nervosität erklärlich, mit der traditionelle katholische Kreise und Verbände darauf reagierten, verstieß es doch in der Tat völlig gegen ihre langgehegte Überzeugung von einer vermeintlich politisch neutralen Institution Kirche, wobei »politisch neutral« – das sei gleich angemerkt – gleichzusetzten ist mit der Zustimmung zum politischen Status quo. Schon in der Einleitung dieses Programms heißt es klar und eindeutig im Gegensatz zu diesem ungeschriebenen Dogma, das bis dahin kaum in Zweifel gezogen worden war:

»Gerade die konkrete Erfahrung von Behinderung und Unterdrückung gesellschaftsverändernder Prozesse führte schließlich zu einer Politisierung vieler Gruppen in den Studentengemeinden. Das heißt: zu einer Bewußtmachung der Widersprüche der gegenwärtigen kapitalistischen Gesellschaftsstruktur und zu Strategien, diese Widersprüche offenzulegen und konkrete Wege zu erschließen zur Emanzipation des Individuums in einer humanen Gesellschaft. Diese Politisierung wird in den Studentengemeinden als Praxis konkreten Glaubens verstanden, insofern es um die Schaffung von Bedingungen geht, die einer Befreiung des Menschen dienen.«

Es folgt dann die Beschreibung einiger Merkmale, die nach Überzeugung der Studenten die gegenwärtige Situation der Bundesrepublik charakterisieren: als eines kapitalistischen Systems, das gekennzeichnet sei durch die Herrschaft einer Minderheit, die das Kapital besitze, über die Mehrheit der lohnabhängigen Massen. Dieser Widerspruch werde besonders deutlich im Bereich der Produktion und im Bildungs- und Konsumbereich: Im Bildungsbereich etwa ständen dem Grundrecht auf Bildung die Unterordnung der Bildungsbedürfnisse unter die Zwänge des Profits gegenüber, im Bereich des Konsums zeige sich der Widerspruch besonders zwischen den konsumorientierten Leitbildern der Werbung und den tatsächlich beschränkten finanziellen Möglichkeiten der Verbraucher. Den Bestrebungen vorwiegend sozialistischer Gruppen, diese Widersprüche aufzudecken und zu beseitigen, stehe das Bestreben der anderen Seite gegenüber, die bestehenden Verhältnisse zu konservieren. Auf diesem Hintergrund wird die Aufgabe der KDSE formuliert:

»In Hinsicht auf die skizzierte gesellschaftliche Situation besteht eine wesentliche Aufgabe der KDSE darin, die Humanisierung der Gesellschaft anzustreben im Sinne der Verbesserung der gesellschaftlichen Lebensbedingungen wie auch im Sinne der Selbstverwirklichung des einzelnen.«

Das erfordert im einzelnen unter anderem: Analyse des kapitalistischen Systems und Auseinandersetzungen mit sozialistischen Systemen und Theorien, Chancengleichheit im Bildungsbereich, Förderung von Erziehungsprogrammen, die das Bewußtsein für gesellschaftliche Zusammenhänge fördern, Untersuchung der ökonomischen und politischen Abhängigkeiten der Dritten Welt von den kapitalistischen Ländern, Kritik an Aufrüstung und Förderung von Friedensforschung.

Zu Motivation und Zielsetzung für die einzelnen Studentengemeinden heißt es im Schwerpunktprogramm weiter:

»Die Gemeinden und damit die KDSE haben ihre Basis in dem ständigen Bemühen, sich mit Wort und Tat Jesu Christi und seiner Wirkungsgeschichte angesichts der eigenen Welterfahrung auseinanderzusetzen. Die daraus entstehenden Glaubenserfahrungen drängen auf jeweils neue Vermittlung in Gesellschaft und Kirche. Die Gemeinden arbeiten darauf hin, eine Atmosphäre kritischer, d. h. die Konflikte nicht verschleiernder Solidarität zu schaffen, in der Gemeinschaft in ständiger Offenheit möglich wird. Diese Offenheit bezieht sich auch auf diejenigen, die aufgrund anderer Motivation solidarisch in den Gemeinden mitarbeiten wollen. Die Gemeinden suchen ihre Identität und Motivation im Hören auf das Wort, in den verschiedenen Formen der gottesdienstlichen Versammlung und in ihrer praktischen Arbeit. Aufgrund dieses Selbstverständnisses der Gemeinden versucht die KDSE in unserer Welt humane Zielvorstellungen zu entwickeln.

Die Botschaft Jesu von der Herrschaft Gottes bedeutet die endgültige Zusage von Freiheit, Gerechtigkeit und Frieden für alle Menschen und die Absage gegenüber Versuchen, diese Freiheit durch Herrschaft des Menschen über den Menschen einzuschränken.

Diese Akzentuierung ist in der gegenwärtigen Situation in besonderer Weise dazu geeignet, die Bedeutung der christlichen Botschaft für alle Menschen einer großen Zahl von Menschen zu vermitteln. Damit gewinnt die befreiende Botschaft Jesu eine entscheidende Konsequenz für das Zusammenleben der Menschen.«

Es folgt dann eine breite Darstellung der Arbeitsbereiche, innerhalb derer die Forderungen des politischen Schwerpunktprogrammes in die Praxis umzusetzen sind:

An der Spitze steht der Bereich Theologie und Kirche. Nachdem die Studenten zunächst ihre grundsätzliche, wenn auch kritische Solidarität mit der bestehenden Kirche betont haben, fordern sie im einzelnen:

Bessere theologische Information, die Entwicklung einer modernen Verkündigungssprache, Demokratisierung der Gemeindestrukturen, neue liturgische Modelle, wachsende Mitbestimmung der kirchlichen Räte, speziell der Synode, Intensivierung des Kontaktes mit den evangelischen Glaubensbrüdern.

Der zweite Arbeitsbereich ist die Hochschule. Hier wird Demokratisierung und Mitbestimmung verlangt sowie eine stärkere Ausrichtung der Ausbildung »unter dem Aspekt einer emanzipatorischen Berufspraxis« anstelle einer Tendenz, »die Studenten nach den Bedürfnissen der Großindustrie in bestimmte Ausbildungszweige zu lenken ...«

Die studentische Sozialpolitik ist der dritte der schwerpunktmäßig genannten Arbeitsbereiche. Hier geht es vor allem um die Vermittlung von gesellschaftlichen und politischen Implikationen, von Studium und Beruf auf der einen Seite, sowie um materielle Absicherung der

Studenten bei Ausbildung, Wohnen, Gesundheitsfürsorge andererseits. Der Bereich Friedensforschung und Friedensdienst zielt darauf, die Bedingungen von Krieg und Frieden bewußt zu machen sowie zum Frieden als übergreifendem Bildungsprinzip zu erziehen. Eine zentrale Rolle spielen dabei der Bereich Kriegsdienstverweigerung und der Zivil- und Friedensdienst, wobei dem letzteren ausdrücklich Vorrang eingeräumt wird und die Meinung, Wehr- und Zivildienst seien komplementäres Handeln, die beide dem Frieden auf ihre Weise dienten, abgelehnt wird.

Den fünften Schwerpunkt ihrer politischen Arbeit sieht die KDSE im Bereich »Dritte Welt«, deren Situation sie so beurteilt:

»Die heutige Unterentwicklung ist nicht das Resultat rassischer, biologischer oder kultureller Überlegenheit. Unterentwicklung ist vielmehr ein noch fortschreitender Prozeß, der durch die wirtschaftliche und politische Abhängigkeit der Dritten Welt von den Industriestaaten bedingt ist. Die hohe Wachstumsrate und der Wohlstand der Industrieländer werden in erheblichem Maße durch Systeme und Mechanismen gewährleistet, die zu einer fortschreitenden Verarmung der Länder der Dritten Welt führen.«

Hier will die KDSE vor allem Bildungsveranstaltungen durchführen, die diese Zusammenhänge analysieren und aufdecken.

Als weitere Arbeitsbereiche werden genannt: Probleme ausländischer Arbeiter in der Bundesrepublik, verstärkte Kommunikation der Gemeinden untereinander und mit der KDSE sowie Programme, die die Gemeinden aktivieren sollen.

Das also war das politische Schwerpunktprogramm der KDSE. Nachdem es da war, ging's bergab. Zunächst sah die konservative Presse rot und eröffnete ein publizistisches Sperrfeuer. Die »Frankfurter Allgemeine Zeitung« entdeckte in dem Schwerpunktprogramm »das Bemühen, zu anderen linken Studentenorganisationen aufzuschließen«. Der »Rheinische Merkur«, den Bischöfe mittlerweile fast ganz aufgekauft haben, sprach von »Anleihen bei der radikalen Linken« und die konservative »Deutsche Tagespost« vermutete mit dem »Merkur« gleichfalls, daß die KDSE »in die Nähe von Spartakus gerückt« sei. Den verbalen Attacken von rechts folgten bald massivere und wirksamere Taten.

Mit Datum vom 14. September 1971 veröffentlichte die von den Bischöfen eingesetzte neunköpfige Gutachterkommission ihre Antwort auf die Frage:

»Wird die KDSE durch ihre augenblickliche Arbeit und derzeitige Ausrichtung ihrem kirchlichen Auftrag gerecht?«

Das Ergebnis der Kommission war denkbar knapp: Vier der Gutachter beantworteten die Frage positiv, fünf beantworteten sie negativ. Die Minderheit argumentierte u. a.:

»Es ist daher – bei aller Gefahr der Verkürzung und Einseitigkeit – anzuerkennen, daß in der gegenwärtigen Situation die Aufgabe der Humanisierung der Gesellschaft katholischen Hochschulangehörigen als zur Zeit vorrangiger kirchlicher Auftrag erscheinen muß. Bei der Verwirklichung dieses von der KDSE gesehenen und im Schwerpunktprogramm näher definierten Auftrags wird zu Recht davon ausgegangen, daß es um konkrete gesellschaftliche Veränderungen geht und daß es nicht hinreicht, lediglich ein unverbindliches Programm zu verkünden. Die KDSE kann daher ihrem kirchlichen Auftrag insoweit nur gerecht werden, wenn sie ihre Überlegungen und Aktionen mit der Absicht der Durchsetzung in konkrete politische Zusammenhänge einbringt!«

Die Verwendung eines neo-marxistischen sozialwissenschaftlichen Vokabulars bezeichnet die Gutachterminderheit zwar als problematisch, schließt aber nicht aus, daß dieser Ansatz als möglicher Weg gesehen werden müsse, »die Ursachen gesellschaftlicher Mißstände erkennen und überwinden zu können«.

Sie schlägt deshalb vor, die Arbeitsmöglichkeiten der KDSE in der bisherigen Form und im bisherigen Umfang zu erhalten und außerdem »ein intensives Gespräch mit der KDSE und den anderen kirchlichen Verbänden im Hochschulbereich auf(zu)nehmen«.

Ganz anders die Mehrheit der Kommission. Sie sieht nicht nur die Gefahr, sondern, wie sie in ihrem Gutachten unterstrich, die Realität, daß »die christliche Botschaft (...) im Sinne einer rein innerweltlichen Heilslehre wesentlich verkürzt und damit verfälscht (wird)«.

Diese rein innerweltliche Heilslehre ist nach Meinung der Gutachtermehrheit nicht nur einseitig politisch, sondern auch politisch einseitig, und zwar »sozialistisch«. Die Kommission empfiehlt deshalb unter Abwägung aller Gegebenheiten einschließlich der Möglichkeit eines »Auszug(es) kritischer, an Hochschulen engagierter junger Christen aus der Kirche« die bisher für die Studenten aufgewandten Mittel Trägern zuzuführen, »die dem kirchlichen Auftrag entsprechen«.

Darüber hinaus rät sie den Bischöfen an, nach Möglichkeiten einer neuen Einheit katholischer Studenten Ausschau zu halten.

Damit war eine wichtige Vorentscheidung gefallen. Wenig später, am 22. September nämlich, schloß sich die Bischofskonferenz, wie nicht anders zu erwarten, dem denkbar knappen Mehrheitsvotum der Kommission an. Zum Schluß ihrer Herbstversammlung veröffentlichte sie eine Erklärung, in der es hieß:

»Aufgrund eingehender Prüfung stellt die DBK mit Bedauern fest, daß bestimmte Gremien und vor allem die Geschäftsstelle der KDSE Grundsätze vertreten, in denen sich ein Selbstverständnis und eine Zielsetzung der KDSE zeigen, die in Widerspruch zu ihrem kirchlichen Auftrag stehen. Diese Grundsätze verkürzen die christliche Botschaft im Sinne einer innerweltlichen Heilslehre und verfälschen dadurch den Glauben, der nur noch als Motivation für gesellschaftskritisches und einseitig politisches Handeln aufscheint. Die Kirche wird in diesen Grundsätzen nicht vom Evangelium Jesu Christi und vom verbindlichen kirchlichen Glauben her verstanden. Anstelle der Freiheit, die Christus uns brachte, tritt ein marxistisch beeinflußter sozio-ökonomischer Begriff der Befreiung. Die DBK lehnt daher die gegenwärtige Ausrichtung innerhalb der KDSE entschieden ab und bringt ihre Mißbilligung zum Ausdruck.«

Weiter kündigten die Bischöfe an, eine Kommission unter dem Speyrer Bischof Friedrich Wetter zu errichten, die Richtlinien für die künftige kirchliche Arbeit im studentischen Bereich erstellen sollte und stellten weitere finanzielle Sanktionen vorsorglich in Aussicht. Neben Bischof Wetter gehörten der damalige Weihbischof und heutige Bischof von Rottenburg, Georg Moser, und Bischof Franz Hengsbach aus Essen der Richtlinien-Kommission an. Das sofortige Ende der KDSE schien damit besiegelt, die Geldhähne verschlossen, der Auftrag für einen neuen Start im kirchlichen Hochschulbereich gegeben. Da meldete sich die Studentenpfarrerkonferenz wenige Tage nach der Veröffentlichung des Bischofsvotums und leistete – bei aller Kritik im Detail – den Studenten deutliche Schützenhilfe. Schließlich hatte auch ein Großteil der Studentenpfarrer das politische Schwerpunktprogramm mitverabschiedet. Sie erklärten, daß sie überzeugt seien, »daß die Grundsätze, die im Schwerpunktprogramm für die politische Arbeit der KDSE enthalten sind und nach dem ihre Gremien arbeiten, nicht im Widerspruch zum kirchlichen Auftrag stehen; denn die Humanisierung der Gesellschaft wird aus der Situation der Studentengemeinden als ein z. Z. vorrangiger kirchlicher Auftrag sichtbar«.

Die Studentenpfarrer schlossen sich im übrigen dem genannten Minderheitsgutachten über die KDSE an und erklärten alle administrativen Mittel und Maßnahmen gegen die Studenten für unangemessen. Wie unangemessen so mancher Bischof dagegen die Reaktion der Studentenpfarrer empfunden haben mag, macht eine Episode aus Berlin deutlich. Der besonders konservative Kardinal Bengsch strafte die unbotmäßigen Pfarrer auf der Stelle:

Er erteilte Studentenpfarrern aus der Bundesrepublik, die sich im Bischöflichen Bildungsheim in Ost-Berlin mit Kollegen aus der DDR zu einem gesamtdeutschen Gespräch treffen wollten, Hausverbot, weil, so der erboste Oberhirte, die westdeutschen Pfarrer sich mit ihrer Erklärung zugunsten der KDSE in Widerspruch zu ihren Bischöfen gesetzt hätten.

Auch der Verband der Diözesen, das Geldverteilungsorgan der Bischofskonferenz und damit Geldgeber der KDSE, ließ sich von der liberalen Pfarrermeinung nicht sonderlich beeindrucken. Er beschloß am 13. Dezember 1971, die für die studentische Arbeit bereitgestellten Mittel zwar nicht generell zu vermindern, aber erklärte doch:

»Die KDSE wird in die Lage versetzt, bestehende rechtliche Verpflichtungen zu erfüllen. Freiwerdende Personalstellen können nicht ohne die Zustimmung der von der Deutschen Bischofskonferenz eingesetzten Kommission neu besetzt werden ... Projektbezogene Mittel können nur nach Zustimmung der von der Deutschen Bischofskonferenz eingesetzten Kommission freigegeben werden.«

Damit schien die Kontrolle der KDSE durch die Bischofskommission perfekt zu sein: Sie behielt die Kontrolle über Personal sowie über Projektarbeit, in der das Schwerpunktprogramm hätte verwirklicht werden sollen, ausdrücklich vor.

Schon in diesem Stadium war es zweifelhaft, ob es bei den Auseinandersetzungen zwischen Bischöfen und Studenten tatsächlich in erster Linie um theologische und kirchliche Fragen ging. Die Reaktion des Berliner Kardinals glich eher einer beleidigten Prestigereaktion eines Hierarchen, der um keinen Preis Widerspruch duldet. Die schon lange anhaltenden Auseinandersetzungen mit der Berliner Hochschulgemeinde dürften diese Haltung sicherlich entscheidend bestärkt haben.

Jedenfalls haben die Bischöfe die inhaltliche Auseinandersetzung mit den Studenten kaum gesucht, oder, genauer gesagt, sie sind ihr praktisch permanent ausgewichen. Auf den Gemeindevertretertagen, immerhin dem repräsentativen Gremium der KDSE auf Bundesebene, haben sie in der Regel sich höchstens zu einem Grußwort und allgemein unverbindlichen Gelingenswünschen eingefunden. Auch Studentenpfarrer beklagten auf einer Konferenz Ende September 1971 in Freising, daß die Bischöfe das Gespräch mit den Hochschulpfarrern kaum gesucht hätten. Laut Umfrage unter 100 Studentenseelsorgern hätten überhaupt nur zehn in dieser Sache mit ihren Bischöfen oder wenigstens deren zuständigen Referenten Kontakt aufnehmen können, und nur drei hätten mit ihren Bischöfen ein intensives Gespräch in dieser Sache führen können. Auch habe das Auftreten des Bischofs Wetter und des Kardinals Döpfner auf der Studentenpfarrerkonferenz in Freising nicht überzeugt: Auf die Frage, worin denn die von den Bischöfen beanstandete Verkürzung der christlichen Botschaft und die

Verfälschung des Glaubens bestanden habe, habe der Speyrer Bischof nur vage und unbefriedigende Auskünfte gegeben. Kardinal Döpfner konnte, wie die Katholische Nachrichtenagentur berichtete, »jetzt nicht darauf eingehen« und erklärte, daß man dann ein Referat halten müsse. Sollte man von dem obersten deutschen Bischof nicht erwarten können, daß er zumindest in der Intention in wenigen Sätzen sagen kann, was er und seine bischöflichen Amtsbrüder meinen, wenn sie von Verkürzung der christlichen Botschaft und Verfälschung des Glaubens reden? Oder sollte man vielleicht realistischer annehmen, daß die Bischöfe sich eine inhaltliche Diskussion über die Position der katholischen Studenten erspart haben, weil ihnen die ganze Richtung nicht paßte und sie sich deshalb bequemerweise der Position der knappen Gutachtermehrheit angeschlossen haben? Die auffällige Übereinstimmung zwischen Gutachtertext und Bischofserklärung spricht in der Tat für das letztere. Wie wenig zumindest einer Mehrzahl der Bischöfe an tatsächlichen Informationen über die Verhältnisse in den katholischen Studentengemeinden gelegen war, zeigt auch folgende Randnotiz: Dem KDSE-Vorsitzenden Klaus Lang wurde der Beraterstatus in der Kommission Wissenschaft und Kultur der Deutschen Bischofskonferenz ebenso entzogen wie dem Vorsitzenden der Studentenpfarrerkonferenz, Reinhold Waltermann. In der einzigen bischöflichen Kommission, die sich mit studentischen Fragen im katholischen Bereich befaßt, war der Rat der beiden demokratisch legitimierten Spitzenfunktionäre aus diesem Bereich nicht gefragt. Der Auseinandersetzung mit unbequemen Positionen entzieht man sich am besten dadurch, daß man sich ihrer Vertreter entledigt.

Solcherart Reaktionen zeigen vieles von der Unsicherheit, die die Kirchenleitung offensichtlich angesichts der sich hier formierenden innerkirchlichen und kirchenpolitischen Opposition empfand. In der Tat gab es gleich mindestens dreifachen Anlaß zu dieser Verwirrung: Die katholischen Studenten bestritten erstens den politischen Alleinvertretungsanspruch der deutschen Bischöfe im deutschen Katholizismus. Das war durchaus neu und ungewöhnlich. Denn zwar hatten katholische Verbände bis dahin schon immer auch ihrerseits bestimmte politische Ansprüche vertreten, aber selbstverständlich stellten diese nie die von der Hierarchie gesetzten Grenzen in Frage bzw. berührten nur den Laien durchaus zugestandene Randbezirke.

Darüber hinaus vertraten die katholischen Studenten auch inhaltlich Positionen, die bis dahin im politischen Katholizismus tabu waren. Will man diese Position vorerst nur ganz formal umreißen, so könnte man sagen: Die Studenten stellten die bis dahin weitgehend unangefochtene Einheit der Interessen des politischen Katholizismus mit denen der CDU in Frage. Und schließlich versündigten sich diese Studenten dadurch, daß sie ihr Konzept in einer Sprache vorbrachten, die dem politischen traditionellen Katholizismus fast obszön vorkommen mußte: Das Vokabular des politischen Schwerpunktprogramms, das der neomarxistischen Kapitalismuskritik entnommen war, ließ die alte katholische Kommunismusangst neu aufblühen.

Der Mangel an tatsächlichen Informationen über die Situation in den Studentengemeinden führte zu einem geradezu grotesken Mißverhältnis zwischen den bischöflichen Vorstellungen von der Arbeit der Gemeinden und den tatsächlichen Verhältnissen. Zum Zeitpunkt des bischöflichen Verdikts waren viele Gemeinden weit davon entfernt, das politische Schwerpunktprogramm überhaupt in die Praxis zu vermitteln, viele Gemeinden fühlten sich davon einfach überfordert. Die besondere Struktur der Studentengemeinden, bedingt durch die studentische Wanderungsbewegung, führte nicht selten dazu, daß entweder auf den Gemeindevertretertagen solche Studenten über die politische Theorie der KDSE diskutierten und abstimmen mußten, die die politische Praxis der sie entsendenden Gemeinden nur wenig kannten, oder aber Studenten über die Querelen mit den Bischöfen diskutierten und eine Strategie entwerfen mußten, die die Entstehungsgeschichte dieses Konfliktes kaum noch kannten bzw. sich schon nicht mehr dafür interessierten. Nicht nur scherzhaft bestätigten Studentenpfarrer auch auf dem Höhepunkt der Auseinandersetzungen zwischen Bischöfen und Studenten, daß die mit Abstand am besten besuchten Gemeindeveranstaltungen keineswegs irgendwelche sozialistischen Kaderkurse waren, wie bischöfliche Reaktionen hätten glauben machen können, sondern der sonntägliche Gottesdienst – eine Tatsache, die so manches Ordinariat wohl beruhigt hätte, wenn es sie zur Kenntnis genommen hätte.

Dieser Eindruck wird bestätigt durch eine von der KDSE veröffentlichte Übersicht über die Aktivitäten von 40 der 60 katholischen Studentengemeinden im Wintersemester 1971/72, wie sie sich in deren Semesterprogramm niederschlugen. Dort finden sich:

71 Arbeitskreise zum Thema Glaubensinformation, Bibel, Liturgie, Ökumene, Synode und ähnliches;

32 Arbeitskreise dagegen nur zum Thema Bildungspolitik, davon wiederum nur 7 zum Thema Hochschulpolitik, dem Programm nach einer der Schwerpunkte der politischen Arbeit;

zur studentischen Sozialarbeit gab es 12 Arbeitskreise, zur Entwicklungshilfe 15, zum Themenkreis ausländische Arbeitnehmer 16, zu Friedensforschung und Friedensdienst 16.

Außerordentlich zahlreich waren zu jenem Zeitpunkt die sogenannten sozialpolitischen Arbeitskreise, die aber alles andere als große Politik machten, sondern sich vielmehr um die Förderung der gesellschaftlichen Randgruppen bemühten.

Das ist die Bilanz. Man fragt sich um so mehr, warum episkopale Augen eigentlich nur rot sahen. Jedoch, wie gesagt, um solche Bilanzen ging es schon lange nicht mehr, der Streit war zu diesem Zeitpunkt längst der Realität entrückt, und je länger er dauerte, um so weniger Rückbezug zu den tatsächlichen Verhältnissen hatte er noch und hat er bis heute. Je länger dieser Streit dauerte, um so härter wurden zwangsläufig die Fronten. Die Bischöfe schienen schließlich weder bereit noch in der Lage, Kompromisse des vermeintlichen Gegners zur Kenntnis zu nehmen, eine Einsicht, die allerdings heute erst so deutlich zu gewinnen ist und die nachträglich alle Interpretations- und Kompromißversuche der Studenten von vornherein als vergeblich erscheinen läßt, denn das Urteil stand schon fest und war mangels Rückbezug zur Basis und zu den tatsächlichen Verhältnissen auch nicht mehr zu revidieren.

Besonders der erste Gemeindevertretertag nach dem legendären Würzburger Treffen mit der Verabschiedung des Schwerpunktprogramms, der Gemeindevertretertag von Aachen im Februar 1972, bemühte sich, mit Hilfe eines interpretierenden theologischen Textes, der »Erklärung zu Funktionen der Studentengemeinden in der gegenwärtigen Situation«, die das Schwerpunktprogramm für die politische Arbeit theologisch begründet und in die Gesamtarbeit der KDSE und der Gemeinden einordnet, eine Brücke zur Haltung der Bischöfe zu bauen. In diesem Text heißt es u. a.:

»Verkündigung und Danksagung, Dienst und Brüderlichkeit sind der Auftrag der christlichen Gemeinde ... Die Aufgabenfelder sind nicht voneinander isoliert, sondern bedingen einander, denn die neutestamentliche Botschaft verheißt die Gegenwart Jesu Christi in der Vergegenwärtigung seines Redens und Handelns bis hin zur Feier der Eucharistie unter der Bedingung der immer neu zu praktizierenden Solidarität ...

Die politische Praxis der christlichen Gemeinde und die Inhalte ihrer Hoffnung sind notwendig parteilich, das heißt, die christliche Gemeinde soll Partei nehmen für die Armen, Entrechteten und Vergessenen. Solche ›Parteilichkeit‹ bedeutet, daß die Botschaft Jesu heute nur glaubwürdig gemacht werden kann, wenn sie in ihrer gesellschaftskritischen Intention eindeutig ist. Denn in Parteinahme und Einsatz für die Zukunft der Hoffnungslosen muß sich die Hoffnung der Christen bewahrheiten und verantworten ... Im Rahmen dieser Parteilichkeit bietet die christliche Gemeinde grundsätzlich Raum für verschiedene politische Vorstellungen und Handlungsweisen, da es für die politische Praxis vom Evangelium her in den meisten Situationen verschiedene Wege der Realisierung politischer Verantwortung gibt.«

Damit war man – so meinten die Studenten jedenfalls – den Bischöfen ein gutes Stück entgegengekommen; man hatte definiert, daß Parteilichkeit nicht gleichzusetzen sei mit einem Votum für eine bestimmte politische Partei, sondern vielmehr nur das Eintreten für die Opfer unserer Gesellschaft bedeutete. War das nicht etwas, worauf die Bischöfe in ihrem Wort zur »Verantwortung im Wohlstand« ebenfalls hingewiesen hatten? War nicht in dem bischöflichen Text auch von Solidarität an jenen Stellen die Rede, an denen die Studenten das Wort Parteilichkeit gebrauchten?

Das einzige, was aber die Studenten zu diesem Zeitpunkt erreichten, war der Aufschub des drohenden Endes der KDSE. Es schien, daß die Bischöfe nicht zuletzt wegen der öffentlichen Reaktion auf die Liquidation der katholischen Wochenzeitung »Publik« eine weitere spektakuläre Aktion scheuten, zumal sich inzwischen auch prominente katholische Theologen und Laien für die Studenten starkgemacht hatten, so etwa, um nur zwei zu nennen, der Münsteraner Fundamentaltheologe Johann Baptist Metz und der katholische Publizist Walter Dirks. Es sah so aus, als ob die Bischöfe nicht mehr auf eine schnelle Liquidierung der KDSE zusteuerten, sondern nach einem Weg suchten, die KDSE langsam auszutrocknen bzw. zur Selbstauflösung zu treiben. Nicht der Zweck hatte sich damit geändert, wohl aber die Mittel, ihn zu erreichen. In Aachen wurden nämlich zum erstenmal die Konturen einer neuen Strategie sichtbar: Die Bischöfe drängten nunmehr auf eine Satzungsänderung der KDSE. Im einzelnen bedeutete das folgendes: Die KDSE hatte sich bis dahin verstanden als eine gemeindlich strukturierte und orientierte Organisation. Einziges Kriterium der Mitgliedschaft eines katholischen Studenten in dieser Dachorganisation aller Studentengemeinden war die Mitarbeit in einer der Studentengemeinden. Den Bischöfen schwebte dagegen etwas anderes vor: Sie neigten nunmehr dazu, die KDSE auf die Struktur eines Verbandes zu reduzieren. Zu einem Verband gehört aber nur, wer ausdrücklich und formell seine Mitgliedschaft erklärt und sich den besonderen Prinzipien des Verbandes unterwirft. Ein solcher Verband hätte darüber hinaus als einer von vielen anderen Verbänden auch keinen Anspruch mehr auf finanzielle Förderung gehabt, was über kurz oder lang den Tod der KDSE bedeutet hätte, ohne daß man den Täter so ohne weiteres hätte ausfindig machen können.

Wenige Wochen später setzten die Bischöfe ihre neue Strategie in die Tat um. Am 27. März teilten sie der KDSE mit:

»Die Deutsche Bischofskonferenz kann sich aufgrund der Erfahrung der letzten Jahre nicht damit einverstanden erklären, daß sich die KDSE als Zusammenfassung der katholischen Studentengemeinden versteht. Sie fordert die KDSE auf, eine entsprechende Satzungsänderung vorzunehmen. Aufgrund der zu schaffenden Satzung wird die DBK entscheiden, ob die KDSE als katholischer Verband anerkannt werden kann.«

Diese lapidaren Sätze wurden den Studenten unmittelbar am Anfang eines Gespräches mit den Vertretern der Bischöfe serviert. Gerade in diesem Gespräch sollten Unstimmigkeiten über Struktur und Auftrag der Katholischen Deutschen Studenteneinigung geklärt werden. Mit der bischöflichen Erklärung war das Gespräch natürlich sinnlos geworden, die inhaltliche Diskussion der politischen Vorstellungen der Studenten endgültig zu den Akten gelegt. Die immer wieder erklärte die Sachfragen gesprochen hatte.

wurden mit ihm finanzielle Sanktionen verbunden: Mitte Mai wurde der KDSE mitgeteilt, daß von den über 125 beantragten Seminaren Um dem bischöflichen Beschluß den nötigen Nachdruck zu verleihen, und Projekten nur elf vorbehaltlos genehmigt und damit finanziert werden könnten. Fast 80 Projekte wurden gänzlich abgelehnt, bei den verbleibenden wolle man die Förderung von weiteren Informationen abhängig machen. Was nun folgte, war ein zäher, aber letztlich erfolgloser Versuch der KDSE, dem langsamen Knebelungsversuch zu entrinnen, indem man, wo es möglich schien, ohne den eigenen Standpunkt aufzugeben und ohne gleichsam auf eine Selbstauflösung zuzusteuern, den Bischöfen entgegenzukommen versuchte. So stärkte der Gemeindevertretertag von Paderborn im Juli 1972 die eigenständige Stellung der einzelnen Gemeinden gegenüber der Dachorganisation KDSE und band die Arbeit von Vorstand, Vorsitz und Geschäftsstelle der KDSE, jener Organe also, die das besondere Mißfallen der Bischöfe erregt hatten, stärker in die Richtlinienkompetenz des Gemeindevertretertages ein, der jeweils aus demokratisch gewählten Delegierten der Gemeinden bestand. Die Bischofskommission jedoch teilte durch ihren Vorsitzenden, Bischof Wetter, lediglich mit, sie sehe in den von der Katholischen Studenteneinigung gemachten Lösungsvorschlägen »keine brauchbare Grundlage für eine Lösung des anstehenden Problems«.

Auf der Frühjahrskonferenz der deutschen Bischöfe vom 12.–15. März 1973 in Bad Honnef fiel dann auch formell die inhaltlich längst vollzogene Entscheidung. Der Bruch zwischen Bischofskonferenz und mation. Das Urteil über die KDSE stand fest, bevor man mit ihr über Dialogbereitschaft der Bischöfe erwies sich als unverbindliche Dekla-

KDSE wurde besiegelt. In der Erklärung zum Abschluß dieser Konferenz hieß es u. a.:
»Trotz vielfältiger Bemühungen und Gespräche seitens der Deutschen Bischofskonferenz mit Vertretern der KDSE und Vertretern der Studentenpfarrer war die KDSE nicht bereit, den Wünschen der Deutschen Bischofskonferenz entsprechend ihre Satzung zu ändern. Die KDSE bestand vielmehr darauf, ihr Selbstverständnis als Zusammenschluß der deutschen Studentengemeinden aufrechtzuerhalten. Dabei geht sie von einem Gemeindeverständnis aus, das die christliche Botschaft verkürzt und dadurch verfälscht. Die KDSE kann daher in ihrem gegenwärtigen Zustand von der Deutschen Bischofskonferenz nicht mehr als die Vertretung der katholischen Studentenschaft und als Stelle zur Wahrnehmung pastoraler Aufgaben anerkannt werden. Damit entfällt auch die Grundlage für die weitere Gewährung finanzieller Mittel.«
Gleichzeitig kündigten die Bischöfe die »Einrichtung einer Stelle für pastorale Arbeit im Hochschulbereich« an, sie sollte der bischöflichen Kontrolle naturgemäß aufs engste unterliegen und demgemäß von vornherein die Gefahr von Querelen wie mit der alten KDSE ausschließen.
Die Entscheidung der Bischofskonferenz schien noch einmal zahlreiche Kräfte zugunsten der KDSE zu mobilisieren.
Zunächst beschloß der Vorstand der KDSE, auch gegen den Willen der Bischöfe die Arbeit der KDSE weiterzuführen.
Zur selben Zeit bildeten sich Initiativgruppen zur Sicherung der finanziellen Basis der KDSE. Eine Reihe von katholischen Theologieprofessoren unterschrieb einen Aufruf zur Unterstützung der KDSE. Die Theologieprofessoren Johann Baptist Metz und Karl Rahner verfaßten sogar ein umfangreiches Memorandum, in dem sie mit Kritik an der bisherigen Arbeit der KDSE nicht sparten, dennoch aber in wichtigen grundsätzlichen Fragen die Position der KDSE nicht nur für legitim, sondern für notwendig erklärten. Gerade auch in der umstrittenen Frage des »politischen Mandates« ergriffen Metz und Rahner Partei für die KDSE und erklärten:
»Dieses (politische Mandat) kann nicht nur dann gegeben sein, wenn das Amt in der Kirche eine solche politische Betätigung als solche und in ihrer Konkretheit positiv wünschen und befehlen würde.«
Und weiter hieß es, in konkretem Bezug auf die Auseinandersetzungen zwischen Bischöfen und KDSE:
»Es kann deshalb auch der Fall eintreten, daß eine Gemeinde in der Ausübung des eben beschriebenen politischen Mandats in einen Konflikt mit jener Gruppe kommt, die jene der Bischöfe mit ihrer gesell-

schaftspolitischen Grundtendenz ist und die ihrerseits auch Berufung auf christliche Prinzipien einlegt. Ein solcher Pluralismus in der Kirche ist nun einmal nicht zu vermeiden. Die Christen müssen sich an ihn gewöhnen, dürfen an ihm kein Ärgernis mehr nehmen und müssen lernen, mit Christen anderer gesellschaftspolitischer Tendenzen in der Kirche zusammenzuleben.«

Damit war auch von kompetenter theologischer Stelle der Kern der Auseinandersetzungen klar umrissen: Es war nicht so sehr um theologische Auseinandersetzungen gegangen, sondern um politische Differenzen; nämlich darum, daß die Bischöfe andere als ihre eigenen politischen Überzeugungen offenbar nicht zulassen wollten.

Unter diesen Umständen kann man es schon als Erfolg werten, daß es der KDSE auch ohne den bischöflichen Segen und vor allem ohne das bischöfliche Geld gelang, bis Ende des Jahres zu überleben. Dennoch kam die KDSE schließlich nicht umhin, auf ihrem Gemeindevertretertag in Würzburg Anfang Dezember 1973 ihre eigenen Exequien vorzunehmen und sich selbst zu liquidieren. Die sofort darauf gegründete Nachfolgeorganisation »Arbeitsgemeinschaft der Gemeinden (AGG)« kämpft heute noch um ihre Anerkennung und wird sie wohl nur erhalten, wenn sie in allen strittigen Punkten auf die Forderungen der Bischofskonferenz einschwenkt. Es scheint, als sei damit der bisher langanhaltendste der spärlichen Versuche, einen politischen Pluralismus in der Kirche zu etablieren, endgültig, dauerhaft und sicher beendet.

Bei genauerem Hinsehen zeigt sich jedoch, daß das noch nicht ganz der Fall ist. Denn in ihrer traditionsgemäß starken Fixierung auf Institutionen und Strukturen, auf Satzungen und Formalien haben die Bischöfe sich um die praktische Arbeit der AGG wie der früheren KDSE nie so recht gekümmert. Und so wuchs denn, unbemerkt von der Hierarchie, die konkrete Projektarbeit nach dem heiß umstrittenen Schwerpunktprogramm, die »Praxis konkreten Glaubens«, zu einer immer kräftigeren Pflanze heran, offensichtlich kaum beeinflußt von dem sie umtobenden Kampf um Programme und Satzungen. Und während die Bischöfe ihre Geldmittel immer spärlicher fließen ließen, gelang es den Verantwortlichen von KDSE und AGG, im Bereich der Projektarbeit das Haushaltsvolumen mit Hilfe von Gemeindebeiträgen, mit Hilfe von Spenden, mit Teilnehmerbeiträgen zu Veranstaltungen und mit Hilfe öffentlicher Zuschüsse ständig zu steigern und das Arbeitsprogramm auszudehnen.

Zwischen 80 und 90 Veranstaltungen auf Bundesebene hat die AGG im Jahre 1974 angeboten, hinzu kommen die Veranstaltungen von Gemeinden, die über die AGG abgewickelt wurden.

Folgende Schwerpunkte sind für diese Aktivitäten zu nennen:

die theologische Bildung und Gemeindeaktivierung; die hochschulpolitische Arbeit und die studentische Sozialpolitik; die Arbeit im Bereich dritte Welt; die Ausländerarbeit in den Gemeinden.
Ein weiterer Schwerpunkt ist die seit langem intensiv betriebene Arbeit im Bereich ausländische Arbeitnehmer. Hier arbeitet die AGG zusammen mit insgesamt etwa 200 Gruppen weit über den studentischen Bereich hinaus.
Diese Arbeit kann in vielen Bereichen wohl kaum den Segen der Bischöfe erwarten. In anderen Punkten entspricht sie allerdings auch erklärten Forderungen der Gemeinsamen Synode der Diözesen. Dennoch hat sie nie eine Rolle bei den Auseinandersetzungen mit den Bischöfen gespielt. Aber viele Projekte, nicht zuletzt für gesellschaftliche Randgruppen, waren bedroht, weil die Bischöfe die benötigten Geldmittel nicht zur Verfügung stellten.
Soweit der Fall der katholischen Studenten. Wir haben ihn besonders ausführlich dokumentiert und kommentiert, weil er den bislang andauerndsten und spektakulärsten Versuch darstellt, nach dem Zweiten Weltkrieg im deutschen Katholizismus so etwas wie einen politischen Pluralismus zu etablieren.
Dieser Versuch zeigt in seiner ganzen langen und zähen Entwicklung aber auch deutlich, daß gegenwärtig und in absehbarer Zeit auf einen etablierten politischen Pluralismus so gut wie keine Chance besteht: Dafür war die Haltung der Bischöfe gegenüber der KDSE allzu unbeirrbar, ja beängstigend unbeirrbar.
Diese Auseinandersetzungen zeigen, wie schwer, um nicht zu sagen unmöglich, es für eine verfestigte Hierarchie ist, Konflikte rational zu bewältigen. Rationale Bewältigung – das würde bedeuten, sich mit den inhaltlichen Forderungen der Gegenseite auseinanderzusetzen, was heißen könnte, die eigene Position in Frage zu stellen. Um sich aber solchen Verunsicherungen zu entziehen, liegt es nahe, zur Notbremse des Stärkeren zu greifen und Abweichler zum Schweigen zu bringen, indem man ihnen den Geldhahn zudreht. In dieses Bild paßt die erstaunliche Fixierung auf Programme und Satzungen – also auf den institutionellen Rahmen der KDSE bzw. der AGG – ebenso wie die bei einigen Bischöfen anscheinend mittlerweile entstandene Berührungsangst gegenüber der doch längst liquidierten KDSE: Nichts, so heißt es, dürfe in Zukunft noch an die alte KDSE erinnern, wenn die AGG jemals die bischöfliche Anerkennung bekommen wolle. Die AGG dürfe sich keineswegs als Nachfolgeorganisation der KDSE verstehen, alle Personen müßten ausgetauscht werden, die in irgendeiner Weise an die KDSE erinnern, der Name KDSE müsse auf alle Zeiten getilgt werden. Mag man insgeheim durchaus das Gefühl haben, daß

solche Konflikte durch administrative Maßnahmen doch nicht mehr aus der Welt zu schaffen und zu lösen sind, so will man wenigstens durch nichts mehr an sie erinnert werden.
Oh, alte Burschenherrlichkeit ...

Fall vier:

»Offene Kirche« — Eine gescheiterte Hoffnung?

»Als uns die Nachrichten aus der Tschechoslowakei erreichten, was hätten wir da tun können? Wir hätten aus Wut auf die Straße gehen können und protestieren und auch aus Wut beten. Einige von uns haben es auch getan. Wir hätten aus Angst nach mehr Waffen rufen können, einige von uns haben es getan und tun es heute noch. Wir hätten aus Mitgefühl fragen können, was können wir für die Menschen dort tun. Einige von uns haben es getan, und eine kluge Antwort lautete immer wieder: Das Beste, was wir tun können, ist, nichts zu tun.
Hör meine Worte, Herr, hör meine Taten Herr, Herr, hör meinen Protest! ...«
Das war im September 1968. Katholikentag Essen. Katholische und evangelische Christen hatten sich zum ersten »Politischen Nachtgebet« zusammengefunden – Ende der sechziger Jahre einer der weiteren Versuche neben den Studentengemeinden, den Aufbruch zu einem theologischen, kirchlichen und politischen Pluralismus innerhalb der katholischen Kirche in Gang zu setzen. Der nächtliche Zeitpunkt für diesen politischen Gottesdienst war zufällig: Nur nachts hatte man im überfüllten Essen noch eine freie Kirche gefunden, daher der Name Nachtgebet. Nicht zufällig war das Thema: die Politik, genauer die Besetzung der Tschechoslowakei durch Truppen des Warschauer Paktes kurz zuvor. Der Name wurde zum Programm: Das »Politische Nachtgebet« erregte zunächst in Köln, später in anderen Städten der Bundesrepublik und sogar des Auslandes Aufsehen.
Die Nachtbeter waren nicht die einzigen, die auf dem Essener Katholikentag – heute schon wieder fast ein Stück Kirchenhistorie – Aufsehen erregten: Ebenfalls zu oppositionellen Gruppen hatten sich der Bund der Deutschen Katholischen Jugend sowie der sogenannte »Kriti-

sche Katholizismus« formiert, der ja auch im Zusammenhang mit der Neuorientierung der Studentengemeinde eine wichtige Rolle gespielt hat (siehe Seite 110). Diese Gruppen auf der einen Seite sowie die Herausforderung der Geburtenregelungs-Enzyklika des Papstes Paul VI. auf der anderen Seite ließen Essen zu einem Signal werden: zu einem Signal für den Aufbruch zur Demokratisierung und Emanzipierung des deutschen Laienkatholizismus. Heute jedoch ist diese Bewegung längst wieder zum Stillstand gekommen. Viele der in der Nachfolge von Essen entstandenen Gruppen und Bewegungen sind wieder aufgelöst, einige siechen nur noch vor sich hin, andere haben sich ganz von der Kirche abgekoppelt, wieder andere tragen sich seit einiger Zeit mit dem Gedanken eines Zusammenschlusses in einer Arbeitsgemeinschaft »Offene Kirche«, ohne daß sie bisher aus dem Stadium theoretischer Entwürfe herausgekommen wären. Eines ist allen diesen Gruppen gemeinsam: Es ist ihnen nicht gelungen, sieht man von kurzfristigen oder lokalen Erfolgen ab, auf längere Sicht jenen politischen Pluralismus, den sie verwirklichen, auch in ihrer Kirche wirksam zu etablieren. Wo diese Gruppen sich tatsächlich wirksam mit den politischen und gesellschaftlichen Verhältnissen in der Bundesrepublik auseinandergesetzt haben, da geschah es entweder ganz am Rande der offiziellen Kirche – dazu könnte man etwa die politischen Aktivitäten des Bensberger Kreises, einer Gruppe aus katholischen Intellektuellen – rechnen. Oder aber diese Aktivitäten haben sich ganz aus dem kirchlichen in den gesellschaftlichen Raum verlagert. Nur die Träger dieser Aktivitäten sind Christen, ihre Tätigkeit wird aber nicht mehr mit der Kirche identifiziert, zu der sie gehören und aus der sie kommen. Hier müßte man etwa die schon beschriebene Projektarbeit der Katholischen Deutschen Studenteneinigung bzw. der Arbeitsgemeinschaft der Gemeinden und vieler katholischer Hochschulgemeinden nennen (siehe Seite 112ff). In dieser Randstellung außerhalb der unmittelbar kirchlichen Strukturen ist ja wohl auch, wie schon beschrieben (siehe Seite 45ff), jene einzige Gruppe anzusiedeln, die mit einigem Erfolg den politischen Pluralismus wenn schon nicht in die Kirche, so doch unter die Katholiken gebracht hatte, die katholische Wählerinitiative für die SPD nämlich.

Alle Gruppen innerhalb der Kirche stießen sehr bald auf die auch bei der Studenteneinigung beschriebenen Barrieren, die einen Pluralismus innerhalb der Kirche nie zuließen. Wer die Vielfalt des katholischen Vereinswesens hier als Gegenbeispiel anführen will, liegt falsch: sie beweisen eher das Gegenteil. Was sich hier nämlich als Vielfalt darstellt, ist eine Vielfalt, die sich selbst begrenzt und gar nicht erst versucht hat, über die Grenzen, die von der Hierarchie gesteckt sind, hinauszukommen – und seien diese auch unsichtbar oder gar nicht bewußt, weil längst verinnerlicht. Das Spektrum dieser Vielfalt schimmert beileibe nicht zwischen schwarz und rot, sondern erschöpft sich in den Spielarten von schwarz bis grau; rosa gilt in diesem Farbenspiel schon als Schockfarbe. Wer leise Sympathien für solche Farbtöne zeigt, bekommt sehr schnell eine Art Kainsmal vor die Stirn geklebt.

So geschah es den Priestern aus den Solidaritätsgruppen. Ehe sie noch, Ende der sechziger Jahre, ihre Intentionen hatten deutlich formulieren können, wurden sie im katholischen Milieu als Priestergewerkschaft verketzert – was ja schon gegenüber den Gewerkschaften nicht sehr freundlich ist.

In der Tat hatten sich die Priestersolidaritätsgruppen zu Anfang in der Hauptsache mit standespolitischen Fragen befaßt, später – im Mai 1969 hatten sie sich in Königshofen zu einer Arbeitsgemeinschaft auf Bundesebene zusammengeschlossen – kamen auch brennende seelsorgliche Fragen hinzu. Auf dem Höhepunkt der Bewegung hatten die Gruppen ungefähr zweieinhalbtausend Mitglieder. Ihr größtes öffentliches Aufsehen erreichten sie, als sie im Juli 1969 in Chur in der Schweiz eine Gegenveranstaltung zum europäischen Bischofssymposion organisierten und ebenfalls parallel zur internationalen Bischofssynode im Oktober desselben Jahres in Rom zusammenkamen. In Chur hatten die Priestersolidaritätsgruppen zum erstenmal und auf internationaler Basis ein politisches Programm für ihre Arbeit formuliert. In einer entsprechenden Erklärung protestierten sie dann im selben Jahr ». . . gegen jede Art von Korruption, Unterdrückung und Manipulierung der Arbeitnehmer, gegen Ausbeutung der Agrargewalt, gegen Rüstungswettlauf, der die Entwicklung blockiert, gegen die Unterdrückung ethnischer Minderheiten, gegen die Ausbeutung der dritten Welt, der Fremdarbeiter, gegen Nationalismus und Rassismus und begründen ihre Solidarisierung mit denen, die den Kampf der Befreiung gegen eine ungerechte Gesellschaft führen«.

Jedoch, trotz der parallelen Veranstaltungen in Chur und Rom – ein fruchtbarer Dialog zwischen den Reformpriestern und den Bischöfen kam nicht zustande. Im Gegenteil. Vielerorts verhärteten sich die Fronten, die Resolution und politischen Absichtserklärungen blieben größtenteils Papier. Zweifellos hatten einzelne Mitglieder und Gruppen in Einzelfragen, allerdings weniger auf politischem als auf seelsorglichem Gebiet, Erfolge zu verzeichnen, im ganzen gesehen stagniert die Arbeit der Priestergruppen jedoch schon seit mehreren Jahren. Herbert Sibbe, eines der führenden Mitglieder der Priestergruppen, resümierte denn auch folgerichtig und selbstkritisch in der katholischen Zeitschrift »Publik-Forum«:

»Ausgehend von den Dokumenten der Arbeitstagung der europäischen Priester- und Solidaritätsgruppen vom Oktober 1969 in Rom muß man feststellen: Es ist kein Dialog zwischen Kurie und den nationalen Bischofskonferenzen zustandegekommen. Die Synoden (BRD, Österreich, Schweiz) enttäuschten. In keinem der binnenkirchlichen Problemfelder (Zölibatsgesetzgebung, kirchliche Ämterstruktur, Demokratisierung der Kirche, Interkommunion, Ehe- und Familienpastoral, kirchliche Soziallehre, Kritik kirchlicher Ideologie ...) gelangen entscheidende Durchbrüche ... Das Mosaik der zunehmenden Unwirksamkeit der Priestergruppen zeigt noch einige weitere Steine: fehlender Blick für die politischen Zusammenhänge, auch für die materiellen und sozialen Interessen, die den Apparat Kirche aufrechterhalten ...«
Die nüchterne Selbstkritik ehrt die Priestergruppen, jedoch ist fraglich, ob bessere Erkenntnis der »politischen Zusammenhänge«, der »materiellen und sozialen Interessen, die den Apparat Kirche aufrechterhalten«, eine politisch wirksame Arbeit innerhalb dieses Apparates garantiert hätte. Denn neben administrativen Mitteln hat dieser Apparat ein Machtmittel, gegen das alle diese Gruppen nicht ankommen, nämlich seine Finanzmacht, die durch die Kirchensteuer garantiert wird. Diese materielle Überlegenheit macht es möglich, Reformen, die seinen Interessen zuwiderlaufen, zu bremsen und manchmal sogar zu ersticken.

Eine gewisse, von ihm selbst durchaus gewollte Außenseiterrolle im Kreis der Gruppen, die einen inneren und äußeren Pluralismus in der katholischen Kirche zu etablieren suchten, hat von Anfang an der »Bensberger Kreis« gespielt, sowohl was die Zahl seiner Mitglieder angeht, wie auch die Aktivitäten, die er entwickelt hat. Mit seiner Gründung im Mai 1966 gehörte er zu den frühesten Zusammenschlüssen dieser Art, dennoch war die Anzahl seiner Mitglieder immer sehr begrenzt und hat ungefähr 170 nie überschritten. Die Mitglieder entstammen fast sämtlich katholischen Intellektuellenkreisen, und ihre Aktivitäten im Bensberger Kreis konzentrierten sich auf die Veröffentlichung von Memoranden und Stellungnahmen. Dies wie die Tatsache, daß der Bensberger Kreis im Gegensatz zu anderen katholischen Gruppierungen immer wieder betonte, in erster Linie für sich selbst, keinesfalls für den deutschen Katholizismus zu sprechen, kann erklären, daß er trotz zum Teil brisanter Äußerungen nie in offenen Konflikt mit der kirchlichen Obrigkeit geriet.

Zum ersten Mal trat der Kreis 1968 mit einem Memorandum zu deutsch-polnischen Fragen an die Öffentlichkeit, das auf eine Versöhnung zwischen Polen und der Bundesrepublik abzielte und großes publizistisches Aufsehen erregte. Ähnliche Wirkung hatte das 1969 erschienene Memorandum über »Die Christen und der Krieg in Vietnam«. Dieses Memorandum sollte, wie die Bensberger wissen ließen, »die exemplarische Bedeutung des Vietnam-Konfliktes im Rahmen des Gesamtverhaltens der westlichen Industrieländer gegenüber der dritten Welt herauskristallisieren und Hinweise auf ähnliche Konflikte einbauen«.

Daneben gab es eine Reihe weiterer kürzerer Stellungnahmen und Erklärungen des Bensberger Kreises zu politischen Fragen, so einen scharfen Protest gegen die Einstellung der katholischen Wochenzeitung »Publik«; eine kritische Stellungnahme zu den »9 Thesen gegen den Mißbrauch der Demokratie« des Politischen Beirats des Zentralkomitees der deutschen Katholiken sowie eine weitere Erklärung zum Vietnam-Krieg von Ende 1972. Im April 1972 erschien die »Erklärung des Bensberger Kreises zur Ratifizierung der Ostverträge«, die die Ostpolitik der SPD/FDP-Koalition befürwortete; im November 1972 die »Stellungnahme des Bensberger Kreises zur Einflußnahme katholischer Gremien und Organisationen auf die Bundestagswahl«. Obwohl gerade die letztgenannte Erklärung des Bensberger Kreises unmittelbar gegen die Interessen offizieller katholischer Laien- und Klerikerkreise verstieß, hat es gegen ihn nie scharfe Sanktionen wie etwa gegen die katholischen Studenten gegeben, was sich aber allein schon aus der institutionellen und finanziellen Unabhängigkeit des Kreises von offiziellen katholischen Stellen erklären läßt. Es fehlen einfach die Machtmittel, um auf diesen Kreis in orthodoxer Weise einzuwirken. Das heißt nicht, daß zumindest einige Mitglieder, vor allem die in starker persönlicher Abhängigkeit stehenden Priestermitglieder des Kreises, in Konflikte mit offiziellen Kreisen der Hierarchie gerieten. Da man aber auf diese Weise den gesamten Kreis nicht packen konnte, versuchten seine Gegner häufig, ihn ins Zwielicht des schon nicht mehr recht Katholischen zu rücken, ihn mit der Aura politischer Unzuverlässigkeit zu umgeben. Eine geneigte Presse half dabei nur zu gern mit, und bald hingen dem Kreis Etiketten an wie »ein Zusammenschluß deutscher, meist linksstehender Katholiken«, »ein lockerer Verband aktiver, nicht unbedingt amtskirchlicher Katholiken«, »hauptsächlich linke katholische Intellektuelle«, »eine dem Charakter nach private Gruppe von Katholiken, die der Amtskirche kritisch gegenübersteht«. Weitergehende Kritiken nannten ihn »Schulmeister des deutschen Katholizismus«, der »linke Agitation unter dem Mantel des Katholizismus« betreibe.

Mit seinem dritten großen Memorandum zur »Demokratisierung der Kirche« nahm der Bensberger Kreis 1971 zum erstenmal öffentlich zu ausgesprochen innerkirchlichen Fragen Stellung. Nimmt man das vier-

te Memorandum zum Thema »Offene Gemeinde« hinzu, das im Januar 1974 veröffentlicht wurde, so kann man feststellen, daß der Bensberger Kreis im Vergleich zu anderen Reformgruppen den umgekehrten Weg gegangen ist: Statt von der Auseinandersetzung mit innerkirchlichen Fragen zur Beschäftigung mit gesellschaftlichen Problemen zu kommen, hat er sich zunächst mit politischen und erst im Laufe seiner Entwicklung mit spezifisch kirchlichen Fragen befaßt, wobei den letzteren Memoranden längst nicht mehr die öffentliche Aufmerksamkeit gewidmet wurde wie den Erklärungen zu Polen und Vietnam.
Obwohl das Memorandum über »Offene Gemeinde« in schon lange dauernde Diskussionen über die Gründung einer Arbeitsgemeinschaft »Offene Kirche«, wie sie in verschiedenen Gruppen stattfanden, hineinstieß, ging von ihm kaum eine vorwärtstreibende Wirkung aus. Als Ziel der »Offenen Kirche« formulierten die Bensberger:
»Eine Arbeitsgemeinschaft ›Offene Kirche‹ hat zunächst einmal das Ziel, Gruppen in der Kirche und solche, die in kritischer Distanz zur Kirche stehen, in ihren Überlegungen zu fördern. Zugleich ist es ihre Aufgabe, aufgrund der bisher gemachten Erfahrungen Anregungen zum Aufbau ähnlicher Gruppen zu geben. Eine organisatorische Zusammenarbeit dieser Gruppen ist zur gemeinsamen Reflexion und zum gemeinsamen Handeln notwendig ...
In der Arbeitsgemeinschaft ›Offene Kirche‹ und den sie tragenden Gruppen müßte deshalb der Versuch gewagt werden, auf der Basis nüchterner Situationsanalysen und angeregt von der Botschaft des Evangeliums neue Formen des Lebens und Handelns zu finden.« Bislang kamen jedoch alle Bemühungen für eine »Offene Kirche« über die Formulierung von Zielvorstellungen und Situationsanalysen nicht hinaus, konkrete Bestrebungen zur Bildung einer Arbeitsgemeinschaft »Offene Kirche« blieben bislang jedenfalls erfolglos. Und so paßt es in das Bild einer allgemeinen Stagnation, wenn Heinrich Missalla schon Anfang 1973 in einem »kritischen Selbstporträt« des Bensberger Kreises feststellte:
»Abgesehen vom Polen-Memorandum haben die anderen Arbeiten nicht jene Wirkungen ausgelöst, die wir uns erhofft hatten.«
Darüber hinaus kann man wohl annehmen, daß das in Vorbereitung befindliche Papier zum Thema Sozialismus den Bensbergern in offiziellen Kreisen wenig Ehre, aber um so mehr Feinde einbringen wird. Immerhin wird der Kreis wegen seiner weitgehenden Unabhängigkeit von der offiziellen Kirche wohl auch in Zukunft tun können, was Heinrich Missalla in der genannten Schrift so formuliert:
»Der Bensberger Kreis will dazu beitragen, daß Fragen als Fragen erkannt und diskutiert werden, auch gegen vorherrschende Interessen

und unter Umständen auch gegen politisches Kalkül, und er will damit einen Beitrag leisten zur politischen Gewissensbildung. Die damit verbundenen Risiken einschließlich des Irrtums kann eine freie kirchliche Gruppe eher auf sich nehmen als das kirchliche Amt oder als amtliche Sprecher des Katholizismus. Insofern ist die Tätigkeit des Bensberger Kreises eine Form politischer Diakonie.«

Nach allen bisherigen Erfahrungen muß damit gerechnet werden, daß diese »Form politischer Diakonie« eines Kreises von katholischen Christen außerhalb der Kirche eher und bereiter angenommen wird, als bei der Mehrheit des Kirchenvolkes.

Fall fünf:

»Publik« ist tot, es lebe der »Rheinische Merkur«

Eine der beklagenswertesten Fehlleistungen des Antipluralismus-Trends in der katholischen Kirche war die Liquidierung der katholischen Wochenzeitung »Publik« und ihre spätere Beerbung durch den »Rheinischen Merkur«. Kurz nachdem die Bischöfe 1971 »Publik« liquidiert hatten, wandte sich der ehemalige Sekretär der Bischofskonferenz, Prälat Karl Forster, gegen »Publik«-Legenden. Eine solche Legende sei zum Beispiel, daß die Oberhirten ein gestörtes Verhältnis zur Meinungsfreiheit hätten. Nun ist es durchaus das gute Recht eines bischöflichen Managers, seine Auftraggeber gegen vermeintliche Legenden zu verteidigen. Inzwischen steht aber umgekehrt wohl fest, daß das Sekretariat seinerseits eine Legende zu bilden suchte. In der offiziellen Erklärung zum Tod von »Publik« waren nämlich ausschließlich finanzielle Gründe genannt worden.

Richtig daran ist, daß »Publik« jährlich sechs Millionen Mark Zuschuß gekostet hätte. Aber das war in einer Zeit, in der nicht nur die Preise und damit die Kosten dieser Zeitung hochschnellten, sondern auch vorauszusehen war, daß das katholische Kirchensteueraufkommen um jährlich mindestens 200 Millionen Mark wuchs.

War es also nur das Geld? In anderen Fällen gehen die Bischöfe nicht so zimperlich damit um. Als das Kolping-Sozialwerk wegen Fehlspekulantentum auf dem Grundstücksmarkt 1974 die Existenz vieler kleiner bausparender Kolpingbrüder gefährdete, griffen Diözesen mit

30 Millionen Mark ein. Zugegeben, dieses »soziale« Beispiel ist ein hinkender Vergleich. Aber ebenso schnell waren sieben Bistümer dabei, die Wochenzeitung »Rheinischer Merkur« zu kaufen, als sie dem Untergang entgegensteuerte. Die Kirchenleitungen zahlten acht Millionen Mark und besitzen jetzt ein neues Zuschußobjekt.

Wer an die finanziellen Gründe nicht so recht glauben mag, sollte einen Blick auf die politische Seite der Sache werfen. Viele Kolpingsöhne und »Rheinischer Merkur« ähneln sich durch ihre Nähe zur CDU. Die Kolpingfamilie beschloß kürzlich sogar, die Jungsozialisten – dazu gehören alle SPD-Mitglieder zwischen 18 und 35 Jahren – auszuschließen. »Publik« dagegen wahrte, wie eine Arbeitsgruppe der katholischen Synode der Bistümer herausfand, »einigermaßen gleiche Distanz zu den Parteien«. Aber gerade das war für kirchentreue Katholiken, die sich im Prinzip zur CDU bekennen, schon eine böse Ketzerei. So konnte Willi Weiskirch in seiner Eigenschaft als Sprecher der CDU im »Deutschland-Union-Dienst« der CDU/CSU zum Tode von »Publik« kommentieren:

»Publik – daran haben auch die Redakteure nie einen Zweifel gelassen – war ein linkes Blatt. Die CDU und die CSU gehörten so wenig zu den Freunden dieser Zeitung wie etwa die theologischen Gruppen vom Schlage der konservativen Bewegung ›Una voce‹.«

Auch Friedrich Weigend-Abendroth glaubte offenbar nicht an die Legende von der Finanzierungslücke, als er schon sechs Wochen vor der Liquidation in der »Stuttgarter Zeitung« schrieb:

»Es besteht Grund, politische Hintergründe zu vermuten, für die sich die tatsächlich vorhandenen finanziellen Schwierigkeiten nur als Deckmantel anbieten. Tatsache ist, daß die sachliche und jede demokratische Partei Deutschlands nur nach ihren Leistungen und nicht nach einem kirchenpolitischen Freund-Feind-Schema beurteilende Schreibweise der innenpolitischen Redaktion bei verschiedenen Bischöfen und deren Ratgebern, vorwiegend an Rhein und Ruhr, seit langem Mißfallen erregt hat. Man ist dort allem Anschein nach willens, die Katholiken wieder stärker an die jetzt von besonders eindeutigen Glaubensgenossen in Bonn und Düsseldorf geführte CDU heranzuführen. Und man hat es satt, ein Blatt auf Jahre hinaus zu finanzieren, das sich weigert, in neu formierten Wahlkampfreihen mitzumarschieren, wie dies alle anderen katholischen Gazetten, zum Teil mit groteskem Übereifer, seit Jahr und Tag tun.«

Hauptfeind von »Publik« sei das schon lange totgeglaubte »Milieu«, von dem der katholische Publizist Carl Amery 1963 in seinem Taschenbuch »Die Kapitulation« behauptet hatte, trotz aller fortschrittlichen, ja avantgardistischen Entwicklung der Theologie, trotz

allen in der Theorie vertretenen Tendenzen der Öffnung zur modernen, pluralen Welt hin setze sich in der Praxis, immer dann, wenn es ans Hauen und Stechen gehe, in der Kirche das Übergewicht des sogenannten Milieus durch. Amery versteht darunter die Masse des braven Kirchenvolks, für die Glaube, Wohlanständigkeit, Berufserfolg und christlich firmierende Partei eine unauflösbare Einheit darstellen.
Daß Friedrich Weigend-Abendroth, einst Redakteur der kirchlichen Zeitung »Echo der Zeit«, den Nerv der Sache getroffen hatte, zeigte die Diskussion, die sich nach dem Tod von »Publik« an der Milieu-These entzündete. Kardinal Döpfner, der Vorsitzende der Bischofskonferenz, hatte einmal gesagt, es sei völlig falsch zu meinen, in »Publik« spiele sich eine Krise ab, richtiger sei vielmehr, daß in »Publik« die Krise offenbar geworden sei, die sich in dieser Gesellschaft respektive in dieser Kirche seit langem abspiele. »Publik«-Chefredakteur Alois Schardt griff diese Gedanken in der letzten Ausgabe der Zeitung auf:
»Woran wir gestorben sind? Am katholischen Milieu! Das klingt wie die Flucht in eine Anonymität, denn die Entscheidung haben die Bischöfe gefällt. Dennoch bleibt die Behauptung richtig! ... Die Bischöfe haben sich ihren Entschluß nicht leicht gemacht. Sie waren mit der Publik-Frage an einen Konfliktstoff geraten, der mit dieser Zeitung weder begonnen hat noch enden wird. Dieser Konflikt bezieht sich auf die Frage, ob man in Zukunft einen offenen oder wieder mal den geschlossenen Katholizismus will. Das Milieu will nicht gestört sein, will unter sich bleiben, will Konflikte lieber übersehen als austragen, es haßt den Einspruch von draußen, wenn er ungemütlich wird. Das Problem, für das Publik nur ein Symbol war, ist mit dem Verschwinden dieser Zeitung nicht gelöst.«
Der Jesuit Karl Rahner nahm das Stichwort vom Milieu auf und führte es weiter bis zu der Frage, ob der deutsche Katholizismus wieder auf dem Marsch ins Getto sei. Insgeheim seien viele, nicht nur Bischöfe, vom Wunsch befallen, eine Kirche zu haben, wie sie früher einmal war: in sich geschlossen und nach außen abgegrenzt – auch wenn man sich diesen Wunsch nicht eingestehe.
Deutscher Katholizismus und sein Getto – damit verbinden sich, wie auf den ersten Seiten dieses Buches deutlich wurde, lange, leidvolle Erfahrungen, die nach dem Zweiten Vatikanischen Konzil vergessen schienen. Doch die siebziger Jahre dieses Jahrhunderts machen klar, daß die alten Gettogeister nur eingesperrt, aber nicht verscheucht waren und jetzt aus der Krypta, der Unterwelt der katholischen Kirche, wieder nach oben schweben.
Heute ist die Gettogefahr allerdings umfassender als vor 70 Jahren:

Damals war es ein *politischer* Turm, in den sich der deutsche Katholizismus eingeschlossen hatte. Heute dagegen wird den Katholiken der Rückzug in *gesellschaftliche* Bastionen geblasen. Denn so vordergründig parteipolitisch, wie es der CDU-Sprecher suggerierte, ist der Fall »Publik« gar nicht. Weiskirch sprach nämlich nur für die *Mehrheit* der CDU, aber nicht für *die* CDU. Vor allem Mitglieder der Jungen Union und des linken CDU-Flügels, namentlich der damalige Hauptgeschäftsführer der Sozialausschüsse, Norbert Blüm, setzten sich bis zum Ende für das Weiterleben der Wochenzeitung ein. In diesem Zusammenhang ist auch bemerkenswert, was Blüm hinter dem Erwerb des »Rheinischen Merkurs« vermutet, den er als »Akt kirchenfürstlicher Anmaßung« bezeichnete:

»Jetzt wird also offensichtlich, was der geistig offenen und sozial engagierten Wochenzeitung ›Publik‹ den Todesstoß versetzt hat: Die ganze Richtung paßte einigen Bischöfen – allen voran dem Kölner – nicht.«

Der Kölner Erzbischof, Joseph Kardinal Höffner, war – wir erwähnten es bereits – ehemals Professor für katholische Sozialwissenschaften in Münster und dabei Wortführer der sozialkonservativen Theologenschule. Gegenspieler dieser neuscholastisch beeinflußten Richtung ist der Jesuit Oswald von Nell-Breuning, der nicht nur zu Eigentum und Mitbestimmung andere Lehrmeinungen vertritt, sondern auch bei SPD und Gewerkschaften angesehen ist. Nach eigenem Urteil kommt er kreuzbraven Katholiken wie ein »roter Teufel« vor.

Um diesen Streit, um das gesellschaftspolitische Engagement des deutschen Katholizismus geht es letztlich auch im Fall »Publik – Rheinischer Merkur«. Während die Sympathien der »Publik«-Redaktion eher auf seiten der reformierten Richtung Nell-Breunings lagen, verficht der »Rheinische Merkur« mehr die Linie Höffners. Deshalb ist es logisch, daß der Kardinal, der beim Kauf des »Rheinischen Merkur« die Federführung hatte, anschließend die Katholische Nachrichtenagentur wissen ließ, er sehe keinen Anlaß, »die geistige Richtung« des neuen Bischofsblatts zu ändern. Er fügte hinzu:

»Vieles deutet darauf hin, daß die katholische Soziallehre und Sozialbewegung in den nächsten Jahren eine neue Bedeutung gewinnen. Ich begrüße es sehr, daß sich der ›Rheinische Merkur‹ die besondere Aufgabe gestellt hat, die Aktualisierung der katholischen Soziallehre zu fördern.«

Auch in diesem Fall hat also wie 1848 und 1912 die Kölner Kurie ihr politisches Konzept durchgesetzt, allerdings nicht um den Reformkatholizismus zu retten, sondern um ihn einzudämmen, um die durchlöcherten alten Bastionen mit ihren neugotischen Türmen zu flicken.

Neue Bündnispartner

In den fünfziger Jahren hatten es die katholischen Kirchenpolitiker ziemlich leicht. Beim Versuch, ihre politischen Vorstellungen zu verwirklichen, setzten sie einfach auf die Union und mit ihr oft ihre Ziele durch. Mitte der sechziger Jahre änderte sich das. Die SPD wurde regierungsfähig, ging mit der CDU die Große Koalition ein und drang in deren katholischen Erbhof ein. Weil die Kirche die roten Invasoren nicht daran hinderte, sondern – hoffend auf Belohnung – sogar noch förderte, zog sie sich den Groll der christlich-demokratischen Verteidiger zu. Doch 1970, nachdem das sozial-liberale Bündnis in Bonn fest installiert war, endete der Flirt zwischen Kirche und SPD jäh. Nachdem sie den ersten Schrecken überwunden hatten, versuchten katholische Kirchenpolitiker, die alte Ehe mit der CDU wieder zu festigen, aber dem einst versetzten und jetzt wieder umworbenen Partner scheint das nicht mehr so gut wie früher ins wahlstrategische Konzept zu passen. Kurzum, die katholischen Kirchenpolitiker sind zwischen die Stühle ihres eigenen Pragmatismus gefallen. In der letzten Zeit haben sie mehrmals versucht, wieder auf die Beine zu kommen.

Offen nach allen Seiten — unverbindlich in jeder Hinsicht

Eine ihrer ersten Stehaufübungen wurde im Sekretariat der Bischofskonferenz in Bonn absolviert. Im Sommer 1973 erarbeitete man dort eine schonungslose Analyse der gegenwärtigen Situation, die in einer bereits geänderten Fassung den Bischöfen auf ihrer Herbstversammlung in Fulda vorlag. Doch dort war der Widerstand offenbar immer noch größer, als die Bonner Analytiker erwartet hatten.
Daraufhin trat Julius Kardinal Döpfner, der Vorsitzende der Bischofskonferenz und Schirmherr des Versuchsprogramms, die Flucht nach vorn an. Auf der Sitzung der Synode der Bistümer, die wenige Wochen später im Würzburger Kiliansdom stattfand, trug er eine

Kurzfassung der Perspektiven als »persönlichen Beitrag« vor. Theologisch gesehen lief das Konzept auf eine mittlere Kirchenreform hinaus. Es setzte sich ab von den Stürmern, die sagen, die Kirche solle für die Überwindung gesellschaftlicher Strukturen eintreten, und von den Verteidigern, die hinter das Zweite Vatikanische Konzil zurück wollten. Beiden Gruppen gab der Entwurf zwar recht, aber beiden warf er auch vor, den Auftrag der Kirche unzulässig zu verkürzen. Im politischen Teil sagte der Kardinal, daß die Kirche in der Bundesrepublik die gesellschaftlichen Entwicklungen nicht recht zur Kenntnis nehme. Nun müßten praktikable gesellschaftliche Modelle entwickelt werden. Man hörte es und erinnerte sich an Gerüchte und Hinweise, die besagten, daß wenigstens einige Bischöfe aus der Konfrontation mit der Bundesregierung herauskommen wollten.

Die meisten Oberhirten aber stimmten wohl nicht zu, im Gegensatz zur Synodenmehrheit, wie man am Beifall merken konnte. Sicherlich war es auch Absicht des ranghöchsten deutschen Bischofs, rückwärtsgewandten Kollegen die Leviten zu lesen und zu zeigen, daß das Kirchenvolk viel mehr von seinen Ideen hielt. Doch dabei blieb es auch. 1974 hieß es zwar wiederholt, auch die Langfassung werde veröffentlicht, aber vermutlich waren die episkopalen Widerstände doch zu stark. Inzwischen gibt es indes Anzeichen, daß die Kirche »praktikable gesellschaftliche Modelle« mit ganz anderen und sehr unterschiedlichen Partnern suchen will, sozusagen offen nach allen Seiten, was freilich auch eine Umschreibung für »unverbindlich in jeder Hinsicht« sein könnte. Es geht um ein politisches Kalkül im Kräftefeld gesellschaftlicher Großgruppen, wobei man auf die Unternehmer ebenso setzt wie auf die Gewerkschaften. Im Januar 1975 gab die Bischofskonferenz überhaupt zum erstenmal ein Hirtenwort zu Betriebsratswahlen heraus, das der DGB postwendend und erfreut begrüßte. Die Bischöfe traten nämlich keineswegs dafür ein, etwa CDU-nahe Arbeitnehmer in den Betriebsrat zu wählen. In braver Ordo-Tradition bliesen sie vielmehr zum Kampf gegen Radikale in den Betriebsräten, den ja auch der DGB auf seine Fahne geschrieben hat. Die Gewerkschaft hob eigens hervor, daß sie sich wie die katholische Kirche von extremistischen Kräften abgrenze. Offen blieb dabei, was unter »Radikalen« zu verstehen ist, ob vielleicht – wie die Deutsche Kolpingfamilie meint – auch die Jungsozialisten dazu gehören. Darauf angesprochen, distanzierte sich der Sekretär der Bischofskonferenz, Prälat Homeyer, immerhin vorsichtig von den Kolpingsöhnen. Kurz nach dem Erscheinen des Hirtenworts bekundete bereits DGB-Chef Oskar Vetter sein Interesse an einem Spitzengespräch mit Döpfner, das dann auch im Juni stattfand. Man beschloß, die Gespräche auf allen Ebenen fortzu-

setzen und eine mögliche Zusammenarbeit vor allem auf der Ebene der Ortsverbände zu erproben.
Im März 1975 hatte Döpfner es aber auch mit der anderen Seite probiert und eine Rede vor dem Bundesverband der Deutschen Industrie gehalten. Sein Auftritt vor den Industriellen gehörte zu seiner breitangelegten gesellschaftlichen Strategie. Mehr als die Tatsache der Rede erregte allerdings ihr Inhalt Aufsehen, der den alten Verdacht neu nährte, daß die Kirche und Unternehmer im selben Boot säßen. Der Kardinal sagte:
»Die weithin ideologischen Angriffe auf die soziale Marktwirtschaft sind nur Teil einer Gesamttendenz, die nicht nur die Unternehmerschaft, sondern auch die Kirche und unsere gesamte freiheitliche Gesellschaft bedroht.«
Im Mai 1975 schließlich fand ein Gespräch der beiden großen Kirchen mit dem Deutschen Sportbund statt. Daran nahmen außer Döpfner auch der Ratsvorsitzende der Evangelischen Kirche in Deutschland, Landesbischof Helmut Claß, und der Präsident des Deutschen Sportbundes, Willi Weyer, teil. Man einigte sich, vor allem auf der unteren Ebene Kooperation anzustreben, die insbesondere Minderheiten und gesellschaftlich Benachteiligten zugute kommen soll.
Den Wunsch, mit beiden Kirchen gemeinsam ins Gespräch zu kommen, hat auch Vetter geäußert. Das hat seinen guten Grund. Denn die politische und gesellschaftliche Zusammenarbeit der beiden Kirchen ist viel umfangreicher und intensiver, als es allgemein den Anschein hat. Deshalb wird die neue katholische Gesellschaftsstrategie in der evangelischen Kirche bereits aufmerksam verfolgt. Im Mai 1975 widmete Siegfried von Kortzfleisch, der Chefredakteur der »Lutherischen Monatshefte«, sogar den Leitartikel diesem Thema. Unter dem Titel »Kardinal und Unternehmer« schrieb er: »Zur Partnerschaft bedarf die Kirche klarer Standpunkte und biblisch begründeter, theologisch reflektierter, im Alltag womöglich überprüfbarer, einigermaßen einhelliger Meinungen. Unangreifbar gefügte, naturrechtlich unterbaute, gleichsam scholastisch entwickelte Lehrgefüge können dagegen eher hinderlich sein ... In der Publizistik gelten die zwei großen Kirchen in der Regel zusammen als ›die Kirche‹. Die Evangelischen sind es deshalb sich selbst – und ihren Partnern in der Gesellschaft – schuldig, die katholische Gesellschaftspolitik kritisch zu würdigen. Es will so scheinen, als hätten sie das einige Zeit aus ökumenischer Scheu gelegentlich versäumt. Ein falsch verstandener Ökumenismus.«

Politisch verbunden, im Glauben getrennt: ein ökumenisches Machtkartell?

1971 hat es zum erstenmal in Deutschland ein Pfingstwunder gegeben. In Augsburg, der Stadt des Konfessionsfriedens, veranstalteten Katholiken und Protestanten einen gemeinsamen Kirchentag. Auf absehbare Zeit wird es aber wohl das einzige Pfingstwunder bleiben. Denn für eine Wiederholung stehen die Zeichen nicht günstig. Die beiden Kirchen bewegen sich nämlich nicht mehr, wie noch vor einigen Jahren, aufeinander zu. Sicherlich hängt das mit dem allgemeinen Rückgang der Reformfreude zusammen, mit dem Festhalten am sogenannten alten Bewährten. So scheinen auch viele Kirchenführer zu denken, die katholischen mehr als die evangelischen, daß sie an der Grenze des trennenden Grabens angelangt sind, den sie nicht überschreiten dürfen, wenn sie den Bestand ihrer Kirche nicht gefährden wollen.
Um aber trotzdem weiter zusammenarbeiten zu können, klammern die Kirchenleitungen seit etwa drei Jahren in schöner gegenseitiger Rücksichtnahme die strittigen theologischen Probleme aus. Man kann das zum Beispiel an der Interkommunion, dem gemeinsamen Abendmahl zwischen Christen beider Kirchen, studieren. Die katholischen Bischöfe sehen hier einen kaum überbrückbaren Graben. Ihre evangelischen Kollegen suchen deshalb zumindest auf gemeinsamen Kongressen und evangelischen Kirchentagen alles zu verhindern, was der Interkommunion die Hintertür öffnet. Daß aber ein Ausklammern im Grunde das Ende des ökumenischen Gespräches bedeutet, darauf hat der evangelische Bischof von Oldenburg, Hans Heinrich Harms, aufmerksam gemacht. Er leitet mit dem katholischen Kardinal Hermann Volk das höchste gemischt-konfessionelle Gremium, den gemeinsamen Ausschuß der Katholischen Bischofskonferenz und des Rates der Evangelischen Kirche. Dieser Kreis aus sechs katholischen und sechs evangelischen Kirchenmännern kommt zweimal im Jahr zusammen. Er behandelt politische Fragen wie Kirchensteuer, Entwicklungshilfe, Abtreibungsreform und Scheidungsrecht, aber auch theologische Probleme wie Abendmahl und Mischehe. Sein evangelischer Vorsitzender, eben der Oldenburger Bischof Harms, sprach Anfang 1973 als Beobachter auf der katholischen Synode der Bistümer im Würzburger Kiliansdom. Dort beriet man über ein Papier, in dem es um das Verhältnis zwischen beiden Kirchen ging. Harms sagte:
»Gerade dann möchte ich Sie herzlich bitten: Nehmen Sie uns ernst und servieren Sie uns nicht ein Papier ohne Theologie. Denn bisher haben Sie sich und haben auch wir unser Gespräch mit Ihnen als ein

Gespräch, als ein Ringen um die Wahrheit verstanden. Die Schlagzeile ›Rom macht das Fenster zu‹ geistert doch immer noch in unseren Landen ... Tun Sie uns bitte den Gefallen und klammern Sie Ihre eigene Theologie nicht aus. Denn wenn wir das nicht von Ihnen bekommen, ist das Gespräch im Grunde zu Ende. Und als Herr Kardinal Jaeger vorhin sprach, daß die Fragen der Lehre wichtig sind, daß man sie aber in diesem Zusammenhang ausklammern müsse, habe ich einen Augenblick an einen Vorgang in der Geschichte der ökumenischen Bewegung gedacht. Es gab in den Vorstellungen des Erzbischofs Soederblom von Upsala den Gedanken, daß man schneller vorankäme, wenn man sich auf die praktischen Dinge begrenze und die theologischen Dinge ausklammere, weil das zu schwierig wäre. Diese Methode hat Schiffbruch erlitten. Gerade wenn wir das Gespräch mit der katholischen Kirche so sehr suchen, dann ist es doch diese Bitte und auch das Ernstnehmen Ihres Anspruches, daß es Ihnen vor allem um die Wahrheit geht. Ich darf es noch einmal sagen: Bitte drängen Sie uns nicht ab in Kirchenpolitik und in Kirchentaktik.«

Aber dennoch bleibt die Theologie praktisch ausgeklammert. Dafür kommen die Kirchen aber um so besser gemeinsam in der Politik weiter. Das zeigte sich schon ein gutes halbes Jahr nach der Mahnung des Oldenburger Bischofs, als die katholische Synode erneut tagte. Bei dieser Gelegenheit trafen sich die Vertreter beider Kirchen auf höchster Ebene und beschlossen eine gemeinsame ethisch-politische Erklärung zur Abtreibungsreform. Darin wurde die Fristenlösung verurteilt und nur eine enge Indikationsregelung gestattet, was weitgehend dem katholischen Standpunkt entsprach. So kam es, daß sich anschließend in der evangelischen Kirche scharfer Protest erhob. Sogar evangelische Bischöfe waren mit dem Ergebnis der Kommission nicht einverstanden, weil es ihrer Meinung nach die breite evangelische Position nicht berücksichtige. »Zähneknirschend«, wie einer meinte, und um den katholischen Partner nicht zu verärgern, beugten sie sich der Mehrheit. Denn sie waren an sich bereit, die weitgehende soziale Indikation zu tolerieren. Doch in der Erklärung vermißte man diese Meinungen. So war es nicht verwunderlich, daß sie in der evangelischen Kirche einen heftigen Wirbel auslöste. Aber auch der katholische Bensberger Kreis versah sie mit Kritik. Aus den Einwänden in den Kirchen lassen sich zwei Hauptvorwürfe herausschälen. Der erste kommt aus evangelischer Sicht. Er lautet: Eigentlich hätte man erwarten dürfen, daß bei den Verhandlungen ein fairer Kompromiß – in der Theologie und in der Sache – herausgekommen wäre. Aber die Erklärung war kein Kompromiß. Der reformatorische Ansatz der Gewissensfreiheit kam nicht zur Geltung.

An diesen Vorwurf schließt sich ein zweiter an, der nicht nur von evangelischen, sondern auch von katholischen Christen erhoben wird. Er lautet: Im Gemeindeleben und Gottesdienst kommen sich die Kirchenleitungen nicht näher. In der Politik aber schließen sie sich zu militanten Allianzen zusammen, um kirchliche Ziele durchzusetzen. Doch der ökumenische Gedanke ist zu wichtig, als daß man den Eindruck erwecken darf, er lasse sich auf ein kirchliches Machtkartell, auf eine Ökumene aus Angst beschränken. Dieser Vorwurf richtet sich evangelischerseits auch gegen das Amt des Bevollmächtigten der evangelischen Kirche bei der Bundesregierung, dem evangelischen Stiefbruder des Katholischen Büros. Das Evangelische Büro ist allerdings nicht einmal halb so groß wie das Katholische. Beide Dienststellen arbeiten eng zusammen und firmieren sogar, um ihren politischen Forderungen in Bonn Nachdruck zu verleihen, manchmal unter einem gemeinsamen Briefkopf, dem sogenannten Doppelkopf. Es besteht kein Zweifel, daß die wichtigsten Vorarbeiten zur kirchlichen Abtreibungserklärung von beiden Büros geleistet wurden. Zu dem Vorwurf, Ökumene werde vor allem machtpolitisch angewandt, erklärte Hermann Kalinna, Oberkirchenrat im Bonner Büro der EKD:
»Das beabsichtigt niemand, ökumenische Aktivitäten machtpolitisch einzusetzen oder auszunutzen. Obwohl informierte Leute den Pluralismus gerade in dieser Frage in der evangelischen Kirche durchaus kennen konnten, konnte der Eindruck entstehen, als ob die evangelische Christenheit annähernd so geschlossen in dieser Frage denkt und handelt wie die katholische Kirche. Wo und wenn dieser Eindruck entstanden ist, so ist er durch die anschließende Erklärung der Synode der Evangelischen Kirche in Deutschland zurechtgerückt worden. Es war jedenfalls nicht die Absicht derer, die von der evangelischen Seite diese gemeinsame Erklärung getragen und verantwortet haben, über diese unterschiedlichen und abweichenden Meinungen in der evangelischen Kirche hinwegzugehen.«
Die Synodalen der EKD sprachen sich zwar in ihrer Mehrheit gegen die Fristenregelung aus. Sie kritisierten aber auch den Rat der EKD, indem sie feststellten, es sei falsch, wenn die Fristenregelung als sittlich nicht vertretbar verurteilt werde. Das hatte die gemeinsame Erklärung nämlich getan, und insofern war sie über die unterschiedlichen Meinungen in der evangelischen Kirche hinweggegangen. Hinzu kommt, daß das gemeinsame kirchliche Engagement meistens dann besonders leidenschaftliche und verbissene Züge annimmt, wenn Fragen der Moral und der Bereich der Sexualität betroffen sind. Gerade Themen wie Abtreibung, Pornographie und Scheidungsrecht führen die beiden Konfessionen mit Vorliebe zu militanten politischen Allianzen zusam-

men. Bisher hat es nur zwei gemeinsame kirchliche Papiere gegeben, die leidenschaftlich umstritten waren, nämlich die genannte Erklärung zur Abtreibungsreform und ein Memorandum mit dem Titel »Das Gesetz des Staates und die sittliche Ordnung«, das 1970 von den ranghöchsten Bischöfen der Bundesrepublik, Landesbischof Dietzfelbinger und Kardinal Döpfner, gemeinsam der Öffentlichkeit übergeben wurde. Wie später die Erklärung zur Abtreibungsreform, so machte auch die 30 Seiten starke Studie über Sitte und Ordnung, Ehescheidung und Pornographie fette Schlagzeilen, und sie zielte ebenso gegen Gesetzesvorhaben der sozial-liberalen Koalition. Auch damals schon gab es einen großen Wirbel in den beiden Kirchen. Sieben katholische und evangelische Theologen verfaßten eine Gegendenkschrift, in der sie das Memorandum als »ökumenischen Sündenfall« etikettierten. Ihrer Meinung nach nahm es keine Rücksicht auf die Breite der innerkirchlichen Meinungen. Eigentlich hätte man deshalb beim zweitenmal, bei der Erklärung zur Reform des Paragraphen 218, die scharfen Reaktionen voraussehen können.

Die Frage ist, ob jetzt vielleicht Konsequenzen daraus gezogen werden. Prälat Wöste, der Leiter des Katholischen Büros, will in Zukunft vorsichtiger sein:

»Aus der auch von uns bedauerten Tatsache, daß man in der evangelischen Kirche gegen die Stellungnahme Protest erhob, sieht man, wie behutsam solche Verlautbarungen erarbeitet werden müssen.«

Ähnlich sieht es Oberkirchenrat Kalinna:

»Die Erfahrungen im Zusammenhang mit dieser gemeinsamen Erklärung und der Auseinandersetzung über diese Erklärung im evangelischen Raum werden ganz sicher uns nicht abhalten, nach weiteren Möglichkeiten gemeinsamen Redens zu suchen. Ganz im Gegenteil. Wir werden aber diese Erfahrung einbringen müssen in die Formulierungen, nicht daß wir timide reden, sondern daß wir von vornherein stärker die möglichen nicht beabsichtigten Wirkungen mitbedenken.«

Der Chefredakteur der »Evangelischen Kommentare«, Eberhard Stammler, hatte kritisiert, eine Wirkung sei zum Beispiel, daß die reservierter auftretende evangelische Kirche bei solchen gemeinsamen Erklärungen in den Sog der militanter operierenden katholischen Kirche gerate. Als ihre Repräsentanten in der Abtreibungsreform gemeinsam vor die Kamera getreten seien, habe Kardinal Döpfner »seine harte Kampfposition« manifestiert, während Landesbischof Claß »eher als ein beflissener Kommentator des Kardinals erschien«. Offenbar sucht der Rat der EKD in jüngster Zeit solche Eindrücke zu vermeiden, wie es sich konkret beim Ringen um das neue Scheidungsrecht andeutete, dessen letzter Entwurf in beiden Kirchen auf Widerstand gestoßen ist – in der katholischen freilich viel mehr als in der evangelischen.

Die evangelische Kirchenleitung muß sich schon deshalb zurückhalten, weil die evangelische Kirche auch in der Scheidungsfrage eine größere Meinungsvielfalt als die katholische kennt. Die evangelischen Hierarchien können kaum geschlossen auftreten – es sei denn, sie wollten erneut einen mörderischen Flügelkampf wie bei der Reform des Paragraphen 218 provozieren. Wie für gläubige Katholiken, so ist auch für evangelische Kirchenführer die Ehe zwar grundsätzlich unlösbar, aber sie erkennen doch eher an, daß sie nicht selten scheitert und darum Scheidung nicht in jedem Fall kirchlich verboten sein kann. So kam es, daß die evangelische Kirchenleitung den ursprünglichen Gesetzentwurf der Regierung einschließlich des Zerrüttungsprinzips im großen und ganzen akzeptiert hatte. Im Januar 1975 aber plötzlich sah es so aus, als ob sie nicht mehr so einverstanden war wie zuvor. Denn als der Rechtsausschuß des Bundestages den Abschnitt über das Zerrüttungsprinzip endgültig verabschiedete, setzte er dabei gegen die Stimmen der CDU-Opposition Änderungen durch, in denen wichtige Experten der evangelischen Kirche mit Recht eine »wesentliche Verschlechterung« der Regierungsvorlage sahen. Da schien ein gemeinsamer Protest der beiden Kirchen greifbar nahe zu sein, zumal die evangelische Familienrechtskommission und der katholische Arbeitskreis für Eherecht schon früher Regelungen, wie sie jetzt der Rechtsausschuß traf, scharf abgelehnt hatten.

Doch diesmal zeigte der Rat der EKD eigenes Gesicht. Offenbar im Gegensatz zum katholischen Partner erkannte er an, daß dem Gesetzentwurf ein Eheverständnis zugrunde liege, das von der Ehe als einer auf Lebenszeit geschlossenen Gemeinschaft ausgehe. In den Einzelbestimmungen, so forderte er, müsse diesem Prinzip des Gesetzes freilich besser Rechnung getragen werden. Zur gemeinsamen Attacke der getrennten Brüder auf die Regierung kam es also nicht. In der Scheidung bleiben sie getrennt.

Den katholischen Bischöfen wäre ein demonstrativ gemeinsames Vorgehen beider Kirchen sicherlich sehr entgegengekommen, zumal sie in Ehefragen – wie geschildert – große Schwierigkeiten mit dem eigenen Fußvolk haben (siehe Seite 99ff). An diesem Thema »Ehe« zeigt sich einmal mehr, daß das moderne Problem der katholischen Kirche ein Strukturproblem ist. Sie ist eine hierarchische Kirche, in der es Priester, letztlich Bischöfe und Papst, zu sagen haben. Aus dieser Kirchenverfassung geht der eigentliche Konflikt zwischen Hierarchie und Demokratie hervor, zwischen Dogma und Gewissen, zwischen Wahrheit und Irrtumsmöglichkeit, der erst in der katholischen Kirche ausgetragen und entschieden werden muß, bevor man ökumenisch in der Theologie weiterkommt. Dabei ist es allerdings nicht unwichtig, wie sich die evangelische Kirchenleitung verhält, ob sie auf die Politik des Nachgebens nur so lange verzichtet, bis die Gefahr, Ärger mit der eigenen Basis zu bekommen, vielleicht nicht mehr so groß ist – ob sie also so lange abwartet, bis das murrende Fußvolk sich beruhigt hat und dann wieder auf den alten Kurs einschwenkt. Einer der wenigen, die vielleicht gemerkt haben könnten, worauf es ankommen könnte, ist der hessische Kirchenpräsident Helmut Hild. Jedenfalls scheint das folgender Vorfall zu zeigen:

Die kirchentreue katholische Leserinitiative »Publik« und ihre Zeitschrift »Publik-Forum« hatten 1974 den brasilianischen Erzbischof Helder Camara eingeladen, um ihm 220 000 Mark zu überreichen. Das Geld hatten sie in einer Aktion gesammelt, an der sich sehr gegensätzliche Leute beteiligten – Junge Union und Jungsozialisten zum Beispiel, Amnesty International und Abgeordnete aller drei Bundestagsparteien. Zur Feier mit Camara hatte »Publik-Forum« auch katholische Diözesanbischöfe eingeladen, aber eine Reihe katholischer Bischöfe meint heute noch eher als vor einigen Jahren, daß der sozial engagierte Camara wohl zu links stehe. In Frankfurt waren nur zwei Weihbischöfe dabei – privat, wie sie wissen ließen. Doch der evangelische Kirchenpräsident kam ganz offiziell, mit mehreren Repräsentanten seiner Kirche, obwohl er wußte, daß man ihm das in der katholischen Amtskirche vielleicht verübeln würde.

Nachwort

1971 fragte das Allensbacher Institut, welche Organisationen in unserer Gesellschaft zuviel Einfluß hätten. An der Spitze der Antworten rangierten die Gewerkschaften (46 Prozent), die Arbeitgeber und die Industrie (26 Prozent), die Springer-Presse und die »linken Studenten«, deren hohe Bewertung wohl mit den gerade abklingenden Studentenunruhen zusammenhing. Dann kam aber auch schon die katholische Kirche. Mit 23 Prozent der Nennungen lag sie noch vor dem Bauernverband und weit vor der evangelischen Kirche (9 Prozent), vor den Juden und Freimaurern. Das mag die allgemeine Erfahrung belegen, nach der die katholische Kirche im Bewußtsein der Bevölkerung ziemlich plastisch als machtpolitischer Faktor anwesend ist.
Wenn es andererseits stimmt, daß die Kirchen in unserer Gesellschaft an Einfluß verlieren, dann hat die katholische Kirche mehr zu verlieren als die evangelische. Um so verständlicher wäre ihre Angst davor, die nicht nur panikartige Kurzschlußhandlungen, sondern auch Druck auf Neuerer erzeugen könnte. Und um so verständlicher wäre auch die Reaktion darauf, Reformen, die die gute alte Ordnung »umstürzen«, theologisch und politisch ins Abseits zu stellen.
Aber ist es wirklich so, daß der Einfluß der Kirchen mehr und mehr schwindet? Anscheinend sind sie in diesem Lande viel stabiler als die einen hoffen und die andern befürchten. Nur einer von zehn Befragten hält es für wahrscheinlich, daß es in ein paar hundert Jahren keine christlichen Kirchen mehr gibt. So hat es das Allensbacher Institut 1971 herausgefunden. Ähnlich brachte es eine Studie ans Licht, die zwischen 1972 und 1974 in der EKD unter dem Titel »Wie stabil ist die Kirche?« erarbeitet wurde. Von einem Zerfall der Kirche, so stellte sie fest, kann nicht die Rede sein. Nur etwa 17 Prozent der evangelischen Kirchenmitglieder zeigten eine latente Neigung, aus der Kirche auszutreten.
Inzwischen sind aber auch Zweifel an dem optimistischen Grundton der EKD-Studie laut geworden. 1974 haben 210 000 Personen, das sind 0,75 Prozent aller Mitglieder, die evangelische Kirche verlassen. Das waren mehr als selbst im Jahre 1970, das bisher den Rekord an Kirchenaustritten hielt. Für die katholische Kirche gibt es noch keine

Gesamtzahl, aber viel günstiger wird das Ergebnis nicht aussehen. Wenn dieser Trend anhält – von heute aus gerechnet jedes Jahr ein knappes Prozent weniger –, dann kann man sich ausrechnen, daß die Kirchen bei dieser Entwicklung in 150 Jahren ausgestorben wären. Sinkende Mitgliederzahlen bedeuten auch sinkenden Einfluß und sinkende Steuereinnahmen. Aber nicht nur die Kirchenaustritte nehmen zu, sondern auch die Beteiligung am kirchlichen Leben nimmt ab. Viele gehen nur noch an besonderen Feiertagen zur Kirche oder aus familiären Anlässen, bei Hochzeiten und Taufe zum Beispiel. Häufig hört man schon: Mit der Volkskirche geht es zu Ende.

Viele Bürger der Bundesrepublik empfinden heute deutlich, daß der Einfluß der Kirchen zurückgeht. Während Ende der fünfziger Jahre noch viele meinten, der Einfluß der Kirche wachse, ist es heute umgekehrt: 70 Prozent glauben, daß ihr Einfluß in der Gesellschaft sinkt. Aber nur 22 Prozent sind darüber besorgt, die übrigen interessiert diese Entwicklung nicht. Andere freuen sich sogar darüber. Nicht nur Gleichgültigkeit ist festzustellen, sondern hier und da sogar Kirchenfeindlichkeit.

Von Angst, die die Kirchenleitung vor dieser Entwicklung hat, war oben die Rede. Aus ihr erwächst das Bestreben, sich doch noch abzusichern, die alten Positionen zu retten, die Dämme zu halten und vielleicht sogar neues, anderes Gelände hinzuzugewinnen – im breiten Feld der gesellschaftlichen Gruppierungen. Aber wer sich so verteidigt, kann die Zukunft wohl kaum ins Visier nehmen. In anderen Ländern, in denen die Kirchen mit der bestehenden Staatsordnung nicht so verflochten sind wie hier und wo sie sich nicht so zwingend verteidigen müssen, beschreiten Katholiken neue Wege – sogar mit ihren Bischöfen, auf die es ja sehr ankommt, weil sie über den Verwaltungs- und Finanzapparat verfügen.

Man muß nicht einmal bis in die Länder der Dritten Welt reisen, um zu sehen, daß Bischöfe auch anders können. In Spanien und Frankreich zum Beispiel solidarisieren sie sich mit streikenden Arbeitern und politisch Unterdrückten. In Holland geben sie Anstöße gegen die Resignation vor unserer bedrohten Zukunft. Wir wissen ja, was uns alles bedroht und uns auch überfallen wird, wenn wir uns nicht dagegen wehren: Bevölkerungslawine, Zerstörung der Umwelt, Naturkatastrophen, Verknappung von Rohstoffen, Wasser und Energie, zunehmende Unbewohnbarkeit unserer Städte. Die holländischen Bischöfe regten schon zweimal in Hirtenbriefen zur Selbsthilfe an und machten konkrete Vorschläge. Inzwischen bildet sich im Nachbarland eine Aktion unter dem Namen »Neuer Lebensstil«, der über die katholische Kirche hinausgreift, Modelle entwirft und dem einzelnen Anleitung geben will, was er tun kann, damit er die Zukunft seiner Kinder und der gesamten Menschheit nicht aufs Spiel setzt. Einsatz für soziale Gerechtigkeit und Frieden erwarten auch die deutschen Katholiken von ihrer Kirche, und zwar vor allem anderen – wie die zitierte Synodenumfrage ergab. Doch die moralische Autorität der westdeutschen Kirche macht sich vornehmlich dann bemerkbar, wenn es um den Bereich der Ehe und Sexualität geht, auf dem – wie geschildert – viele Schwierigkeiten mit der Kirche haben oder sie schon gar nicht mehr ernst nehmen. Wahrscheinlich haben die naturrechtlichen Gefechte und politischen Manöver der letzten Jahre, die nur zu oft den Eindruck erweckten, zur Wahrung überkommener gesellschaftlicher Positionen zu dienen, die Kirche in diesem Lande einiges an Glaubwürdigkeit gekostet. Das Ausmaß wird vielen wohl erst dann bewußt, wenn sich die CDU stärker von der Kirche absetzt, die SPD ihr nicht nachstehen will und die traditionelle Kirchenpolitik endgültig scheitern sollte. Wie sich die Kirche eigentlich engagieren müßte, darauf will die Synode der Bistümer auf ihrer letzten Sitzung im November 1975 in der Vorlage »Unsere Hoffnung« hinweisen. Ob es tatsächlich geschieht, hängt davon ab, ob auch in diesem Text bereinigt oder gestrichen wird. Vorerst heißt es im Schlußkapitel:

»Wir sind die Kirche eines industriell und technologisch hochentwickelten Landes. Mit zunehmender Deutlichkeit erfahren wir heute, daß diese Entwicklung nicht unbegrenzt ist, ja, daß die Grenzen der wirtschaftlichen Expansion, die Grenzen des Rohstoff- und Energieverbrauchs, die Grenzen des Lebensraums, die Grenzen der Umwelt- und Naturausbeutung eine wirtschaftliche Entwicklung aller Länder auf jenes Wohlstandsniveau, das wir gegenwärtig haben und genießen, nicht zulassen. Angesichts dieser Situation wird von uns – im Interesse eines lebenswürdigen Überlebens der Menschheit – eine einschneidende Veränderung unserer Lebensmuster, eine drastische Wandlung unserer wirtschaftlichen und sozialen Lebensprioritäten verlangt, und dies alles voraussichtlich noch innerhalb eines so kurzen Zeitraums, daß ein langsamer, konfliktfreier Lern- und Anpassungsvorgang kaum zu erwarten ist. Es werden uns neue Orientierungen unserer Interessen und Leistungsziele, aber auch neue Formen der Selbstbescheidung, gewissermaßen der kollektiven Aszese, abverlangt. Werden wir die in dieser Situation enthaltene Zumutung aggressionsfrei verarbeiten können? Jedenfalls wird diese Situation zum Prüfstand für die moralischen Reserven, für die gesamtmenschliche Verantwortungsbereitschaft in unseren hochentwickelten Gesellschaften werden. Wer wird die damit geforderte folgenreiche Wandlung unseres Bewußtseins und unserer Lebenspraxis in Gang setzen und nachhaltig motivieren?

Unsere Kirche darf hier nicht in apokalyptischer Schadenfreude beiseitestehen wollen – auch wenn sie ihrerseits darauf achten wird, ob nicht in dieser gesamtgesellschaftlichen Situation etwas wieder zur öffentlichen Erfahrung zu werden beginnt, was sonst nur noch der isolierten privaten Erfahrung des sterblichen einzelnen zugemutet schien: nämlich die von außen andrängende Begrenzung unserer Lebenszeit. Gleichwohl muß die Kirche die im Christentum schlummernden moralischen Kräfte gerade auf jene großen Aufgaben richten, die sich aus dieser neuen gesellschaftlichen Situation ergeben; sie muß diese Kräfte mobilisieren im Interesse lebenswerten Lebens für die wirtschaftlich und sozial benachteiligten Völker und gegen einen rücksichtslosen Wirtschaftskolonialismus der stärkeren Gesellschaften, im Interesse der Bewohnbarkeit der Erde für die Kommenden und gegen eine egoistische Beraubung der Zukunft durch die gegenwärtig Lebenden. Vor diesen weltweiten Problemen dürfen besonders wir Christen in der Bundesrepublik nicht die Augen verschließen, wenn wir die Maßstäbe unserer Hoffnung nicht zurückschrauben oder verbiegen wollen.«

So, wie sie in diesem Papier entworfen ist, könnten wir uns eine Kirche der Zukunft vorstellen. Aber die Frage bleibt, ob die westdeutsche Kirche in den letzten Jahren nicht zuviel moralischen Kredit verspielt hat und immer noch verspielt, als daß sie der Gesellschaft glaubwürdig ein politisches und soziales Gewissen vermitteln könnte.

Literaturhinweise

Verzeichnis der wichtigsten verwandten und zitierten Literatur

Karl Bachem, »Vorgeschichte und Geschichte der deutschen Zentrumspartei«, Bd. 7, Köln 1930

Robert Grosche, »Der Weg aus dem Ghetto«, Köln 1956

Karl Lehmann / Karl Rahner (Hrsg.), »Marsch ins Getto?«, München 1973

Hans Maier, »Kirche und Gesellschaft«, München 1972

Ernst G. Mahrenholz, »Die Kirchen in der Gesellschaft der Bundesrepublik«, Hannover 1972

Heinrich Missalla, »Der Bensberger Kreis. Ein kritisches Selbstportrait«, Düsseldorf 1973

Emil Ritter, »Die katholisch-soziale Bewegung Deutschlands im 19. Jahrhundert und der Volksverein«, Köln 1954

Jan Roes, »Hierarchie und Demokratie« in »Nederlands Archief voor Kerkgeschiedenis«, Leiden 1972

Gerhard Schmidtchen, »Zwischen Kirche und Gesellschaft – Forschungsbericht über die Umfragen zur Gemeinsamen Synode der Bistümer in der Bundesrepublik Deutschland«, Freiburg–Basel–Wien 1972

Johann Schmitz, »Antonius Kardinal Fischer, Erzbischof von Köln«, Köln 1915

Ludwig Volk, »Das Reichskonkordat vom 20. Juli 1933«, Mainz 1972

Walter Weymann-Weyhe, »Offene Kirche«, Düsseldorf 1974

Zeitschriften:

Frankfurter Hefte, 6/1974 (Knut Walf, Zur parteipolitischen Tätigkeit der Priester)

Publik-Forum 4/1974 (Offene Gemeinde – Offene Kirche. Memorandum des Bensberger Kreises)

Dokumentation

Grundlage für das Verhältnis von Kirche und Staat in der Bundesrepublik ist Artikel 140 des Grundgesetzes, der die »Kirchenartikel« der Weimarer Verfassung (Art. 136, 138, 139, 141) vom 11. August 1919 übernahm:

Art. 135 (Glaubens- und Gewissensfreiheit). Alle Bewohner des Reichs genießen volle Glaubens- und Gewissensfreiheit. Die ungestörte Religionsübung wird durch die Verfassung gewährleistet und steht unter staatlichem Schutz. Die allgemeinen Staatsgesetze bleiben hiervon unberührt.

Art. 136 (Religion und staatsbürgerliche Stellung). Die bürgerlichen und staatsbürgerlichen Rechte und Pflichten werden durch die Ausübung der Religionsfreiheit weder bedingt noch beschränkt.

Der Genuß bürgerlicher und staatsbürgerlicher Rechte sowie die Zulassung zu öffentlichen Ämtern sind unabhängig von dem religiösen Bekenntnis.

Niemand ist verpflichtet, seine religiöse Überzeugung zu offenbaren. Die Behörden haben nur soweit das Recht, nach der Zugehörigkeit zu einer Religionsgesellschaft zu fragen, als davon Rechte und Pflichten abhängen oder eine gesetzlich angeordnete statistische Erhebung dies erfordert.

Niemand darf zu einer kirchlichen Handlung oder Feierlichkeit oder zur Teilnahme an religiösen Übungen oder zur Benutzung einer religiösen Eidesform gezwungen werden.

Art. 137 (Religionsgesellschaften). Es besteht keine Staatskirche.

Die Freiheit der Vereinigung zu Religionsgesellschaften wird gewährleistet. Der Zusammenschluß von Religionsgesellschaften innerhalb des Reichsgebiets unterliegt keinen Beschränkungen.

Jede Religionsgesellschaft ordnet und verwaltet ihre Angelegenheiten selbständig innerhalb der Schranken des für alle geltenden Gesetzes. Sie verleiht ihre Ämter ohne Mitwirkung des Staates oder der bürgerlichen Gemeinde.

Religionsgesellschaften erwerben die Rechtsfähigkeit nach den allgemeinen Vorschriften des bürgerlichen Rechtes.

Die Religionsgesellschaften bleiben Körperschaften des öffentlichen Rechtes, soweit sie solche bisher waren. Anderen Religionsgesellschaften sind auf ihren Antrag gleiche Rechte zu gewähren, wenn sie durch ihre Verfassung und die Zahl ihrer Mitglieder die Gewähr der Dauer bieten. Schließen sich mehrere derartige öffentlich-rechtliche Religionsgesellschaften zu einem Verband zusammen, so ist auch dieser Verband eine öffentlich-rechtliche Körperschaft.
Die Religionsgesellschaften, welche Körperschaften des öffentlichen Rechtes sind, sind berechtigt, auf Grund der bürgerlichen Steuerlisten nach Maßgabe der landesrechtlichen Bestimmungen Steuern zu erheben.
Den Religionsgesellschaften werden die Vereinigungen gleichgestellt, die sich die gemeinschaftliche Pflege einer Weltanschauung zur Aufgabe machen.
Soweit die Durchführung dieser Bestimmungen eine weitere Regelung erfordert, liegt diese der Landesgesetzgebung ob.
Art. 138 (Staatsleistungen, Eigentum). Die auf Gesetz, Vertrag oder besonderen Rechtstiteln beruhenden Staatsleistungen an die Religionsgesellschaften werden durch die Landesgesetzgebung abgelöst. Die Grundsätze hierfür stellt das Reich auf.
Das Eigentum und andere Rechte der Religionsgesellschaften und religiösen Vereine an ihren für Kultus-, Unterrichts- und Wohltätigkeitszwecke bestimmten Anstalten, Stiftungen und sonstigen Vermögen werden gewährleistet.
Art. 139 (Sonntag, Feiertage). Der Sonntag und die staatlich anerkannten Feiertage bleiben als Tage der Arbeitsruhe und der seelischen Erhebung gesetzlich geschützt.
Art. 141 (Seelsorge im Heer und in Anstalten). Soweit das Bedürfnis nach Gottesdienst und Seelsorge im Heer, in Krankenhäusern, Strafanstalten oder sonstigen öffentlichen Anstalten besteht, sind die Religionsgesellschaften zur Vornahme religiöser Handlungen zuzulassen, wobei jeder Zwang fernzuhalten ist.
(Deutsche Verfassungen, Goldmanns Gelbe Taschenbücher, Bd. 1683.)

CDU und SPD haben in ihren Parteiprogrammen nicht grundsätzlich an dem Verhältnis von Kirche und Staat in der Bundesrepublik gerüttelt. Dagegen hat die FDP 1969 in ihrer Nürnberger Wahlkampfplattform erstmals konkrete Änderungsvorschläge gemacht:

Die im Grundgesetz vorgesehene Trennung von Staat und Kirche ist nicht voll verwirklicht. Es bestehen gegenseitige Abhängigkeiten, die

die Entscheidungsfreiheit sowohl der Kirchen wie des Staates beeinträchtigen oder beeinträchtigen können. Darum wird auch in den Kirchen in einem neuen Selbstverständnis die Frage nach dem Verhältnis zum Staat neu gestellt.
Die F.D.P. hält daher den Zeitpunkt für Verhandlungen mit den Kirchen für gekommen, um
Konkordate oder Kirchenverträge abzulösen, durch die die staatliche Bildungspolitik gebunden wird,
die noch bestehenden Einwirkungsmöglichkeiten staatlicher Stellen auf innerkirchliche Entscheidungen zu beseitigen,
die staatliche Kirchensteuer durch ein kircheneigenes Abgabensystem zu ersetzen,
für die sozialen Aufgaben der Kirchen in der Gesellschaft aufgabengerechte staatliche Zuschüsse zu sichern.
Die Verpflichtung, bei staatlichen Stellen oder bei Bewerbungen die Religionszugehörigkeit anzugeben, ist zu beseitigen.
(FDP-Bundesvorstand, 26. 6. 1969)

Die Jungdemokraten aus Nordrhein-Westfalen haben 1973 die Diskussion um das Verhältnis von Kirche und Staat neu belebt, als sie sich grundsätzlich mit dem Verhältnis von Christentum und Liberalismus auseinandersetzten. Im 3. Teil ihres Papiers stellten sie Thesen zum Verhältnis von Kirche und Staat auf, die eine grundlegende Neuordnung forderten:

III. Forderungen
Die Durchsetzung liberaler Politik unter den sozioökonomischen Bedingungen einer spätkapitalistischen Gesellschaft setzt im Verhältnis von Staat und Kirche, Bürger und Religion zunächst die Einlösung der frühliberalen bürgerlichen Emanzipationsforderungen voraus. Erst eine konsequente Trennung von Kirche und Staat unter Beachtung des Verfassungsgebotes der strikten weltanschaulich-religiösen Neutralität des Staates schafft die Voraussetzung für die reale Befreiung des Menschen von ökonomischen und ideologischen Abhängigkeiten.

Alle deutschen Jungdemokraten fordern deshalb:

I. Im Bereich des öffentlichen Rechtes

1. Die Kirchen sind von öffentlich-rechtlichen Körperschaften in privatrechtliche Institutionen umzuwandeln und den allgemein gültigen vereinsrechtlichen Bestimmungen zu unterwerfen, die innerverbandliche Demokratie und Offenlegung der Finanzen fordern.

2. Als Folge daraus ergibt sich die Beseitigung des staatlichen Kirchensteuereinzugverfahrens.
   Unabhängig davon ist jedoch die Frage der Zulässigkeit der staatlichen Kirchensteuererhebung einer verfassungsrechtlichen Klärung zu unterziehen,
   da sie einen grundsätzlichen Verstoß gegen die Neutralitätspflicht des Staates und gegen das verfassungsrechtlich garantierte Grundprinzip der Trennung von Staat und Kirche beinhaltet.
   Die statt dessen zu fordernde Eigenfinanzierung der Kirchen könnte durch Erhebung von Mitgliedsbeiträgen – wie bei jeder gleichwertigen Institution – sichergestellt werden.
3. Die Kirchenverträge und Konkordate sind aufzukündigen,
   da diese Abkommen eine De-facto-Privilegierung eines bestimmten Bekenntnisses bedeuten und damit gegen das Gebot weltanschaulicher und religiöser Neutralität verstoßen.
4. Die Landesverfassungen sind verfassungsrechtlich zu überprüfen; darin enthaltene grundgesetzwidrige Bestimmungen sind zu beseitigen.
5. Die auf überholten Rechtstiteln beruhenden Staatsleistungen an die Kirchen sind endlich abzulösen.
6. Auf die Verwendung sakraler Symbole und Formeln (Kruzifix, Eid) ist im Bereich staatlicher Institutionen (Gericht, Schule) überall zu verzichten.
7. Das im Personenstandsgesetz verankerte Recht zur Befragung nach der Konfession bei Personalangelegenheiten ist zu streichen,
   da dies im Widerspruch zum eindeutigen Wortlaut der Verfassung steht: »Niemand ist verpflichtet, seine religiöse Überzeugung zu offenbaren.« (Art. 136 Abs. 3 Satz 1 Weimarer Verfassung in Verbindung mit Art. 140 GG.)
8. Die Gesetzgebung ist von moraltheologischen und religiös motivierten Einflüssen zu befreien und einer weltanschaulich neutralen, allein den Prinzipien des Grundgesetzes unterworfenen Rechtsprechung anzupassen.

II. Im Bereich staatlicher und gesellschaftlicher Institutionen

1. Entsprechend den Prinzipien der weltanschaulichen Neutralität und dem Schulaufsichtsrecht des Staates einerseits und der allgemeinen Schulpflicht andererseits ist die religiös und weltanschaulich neutrale Gemeinschaftsschule als staatliche Regelschule in allen Bundesländern und Landesteilen einzuführen.
2. Der Religionsunterricht an den Regelschulen ist ohne dogmatische

Bindung an eine bestimmte Konfession auf wissenschaftlicher Grundlage als Religionskunde zu erteilen,
da allein diese Art des Unterrichts nicht im Widerspruch zum Neutralitätsgebot steht.
Religionskunde beschäftigt sich kritisch-rational mit den Grundlagen, Inhalten und Zielen der Religionen und hat zum Ziel, den irrationalen Charakter von Religion und den Widerspruch von Anspruch und Realität religiös motivierten Verhaltens aufzudecken.

3. Die staatliche Förderung konfessioneller Bildungseinrichtungen und Ausbildungsstätten ist einzustellen,
da sie einen eklatanten Verstoß gegen das Gebot der weltanschaulichen Neutralität des Staates bedeutet.
4. Die theologischen Fakultäten sind aus den Universitäten auszugliedern und in den Bereich eigenfinanzierter privater kirchlicher Ausbildungsstätten zu verweisen,
da die organisatorische und finanzielle Unterstützung der Ausbildung von Geistlichen nicht Sache des Staates ist und die Ausbildung an den Universitäten ausschließlich auf wissenschaftlicher Basis zu erfolgen hat.
Religionswissenschaftliche Abteilungen der philosophischen Fakultät an den Universitäten haben die Aufgabe, sich kritisch mit Voraussetzungen, Wirkung und Ideologie der Religionen auseinanderzusetzen.
5. Finanzierungshilfen und Zuschüsse des Staates an die Kirchen sind künftig nicht mehr zu gewähren. Für noch laufende Förderungsmaßnahmen ist eine Offenlegung der Bilanz-, Kosten- und Beteiligungsverhältnisse zu fordern.
6. Die Erfüllung der sozialen Aufgaben ist grundsätzlich staatlichen Instituten zu übertragen,
da sie von diesen zweckentsprechender erfüllt werden können. Eine an der irdischen Realität orientierte und durch speziell ausgebildete und hauptberufliche Kräfte ausgeübte Sozialfürsorge gewährleistet eine humanere Betreuung als die an jenseitigen Zielen orientierte kirchliche Caritas.
Auf dem Gebiet der Sozialleistungen folgt daraus der unbedingte Vorrang der staatlichen Sozialhilfe (im Gegensatz zum bisher geltenden Subsidiaritätsprinzip). Übergangsweise sind die Kontroll- und Prüfungsrechte des Staates in diesem Bereich wesentlich zu erweitern.
7. Die staatliche Institutionalisierung von Militärseelsorgern und -gottesdiensten ist zu beseitigen,

da deren Bevorzugung und Finanzierung in einer staatlichen Einrichtung dem Neutralitätsgebot widerspricht.

8. Hinsichtlich ihrer Befreiung vom Wehrdienst sind Geistliche nach den für jeden Bürger geltenden Kriterien zu beurteilen,
da ihre bisherige Privilegierung einen Verstoß gegen den Gleichheitsgrundsatz darstellt.
9. Die zwangsweise Mitgliedschaft in der Kirche auf Grund der Taufe unmündiger Kinder ist aufzuheben,
da sie den allgemein gültigen vereinsrechtlichen Bestimmungen widerspricht und
da dem sogenannten »Elternrecht« das unveräußerliche Recht des Kindes auf freie Entfaltung der Persönlichkeit entgegensteht.
10. Die Repräsentation der Kirchen in öffentlichen Entscheidungsgremien und anderen Organen (z. B. Rundfunkräte, Schulausschüsse, Jugend- und Sozialausschüsse u. a.) ist verfassungsrechtlich zu überprüfen und aufzuheben.
(Deutsche Jungdemokraten, NRW-Landesdelegiertenkonferenz 1973, Antrag Nr. 2)

Die Jungdemokraten trugen die Diskussion in die FDP, die auf ihrem Bundesparteitag 1974 in Hamburg ihr sogenanntes Kirchenpapier verabschiedeten:

Thesen »Freie Kirche im Freien Staat«

Präambel

Ziel liberaler Politik ist die Sicherung und Erweiterung der Freiheit. Hierzu gehören entscheidend die gerade auch vom Liberalismus erstrittene Glaubens-, Gewissens- und Bekenntnisfreiheit sowie das Recht auf freie Religionsausübung, wie sie im Artikel 4 des Grundgesetzes stärker als je zuvor in der deutschen Geschichte als unmittelbar geltendes Recht garantiert sind. Für die F.D.P. ist es daher selbstverständlich, die weltanschaulich-religiöse Überzeugung von einzelnen und Gruppen zu achten sowie jedem die Freiheit zu sichern, sein Leben danach zu gestalten.
Das Christentum hat Geschichte, Kultur und ethisches Bewußtsein in Europa entscheidend geprägt. Im caritativen Bereich haben die christlichen Kirchen wegweisende Arbeit geleistet. Das Bekenntnis zur persönlichen Glaubens- und Gewissensfreiheit schließt daher untrennbar ein, daß das Wirken der Kirchen nicht nur im innerkirchlichen Bereich, sondern auch in der Gesellschaft gesichert sein muß.

Jedoch verlangt das Grundrecht der Glaubens- und Gewissensfreiheit die Gleichbehandlung aller Bürger im Bereich von Gesetzgebung, Rechtsprechung und Verwaltung. Deshalb muß der Staat sich weltanschaulich-religiös neutral verhalten. Die Zugehörigkeit oder Nichtzugehörigkeit zu einer Religions- oder Weltanschauungsgemeinschaft darf keine Vor- oder Nachteile mit sich bringen.

In diesem Verständnis setzt sich liberale Politik für die gegenseitige Unabhängigkeit von Kirche und Staat ein. Es geht darum, jenen Raum freizuhalten, in dem die Kirchen und andere Religionsgemeinschaften ihre Aufgaben nach ihrem eigenen Selbstverständnis erfüllen können.

Das Verhältnis von Staat und Kirche wird immer spannungsvoll bleiben. Gerade deshalb muß es in einem freien Staat von Zeit zu Zeit neu überdacht und neu bestimmt werden. Die F.D.P. ist zu eingehenden Gesprächen mit den Kirchen und anderen religiösen und weltanschaulichen Gruppen bereit. Sie erwartet, daß die Kirchen selbst sich aktiv an einer sachlichen Diskussion beteiligen, denn sie weiß, daß es Christen in allen Kirchen gibt, die gleiche oder ähnliche Ziele um der Glaubwürdigkeit der Kirche willen anstreben.

In diesem Sinne zu einem neuen Verhältnis von Staat und Kirche beizutragen, ist das Ziel dieser Forderungen. Dabei ist der F.D.P. bewußt, daß ein Teil dieser Forderungen zu ihrer Verwirklichung verständiger Übergänge oder angemessener Zeitspannen bedarf.

Thesen

1. Kirchen und weltanschauliche Gemeinschaften entscheiden über ihre Angelegenheiten unabhängig von staatlichen Einflüssen. Das erfordert, daß der Staat seine verbliebenen Einflußmöglichkeiten (insbesondere die Mitwirkung an der regionalen Gliederung der Kirchen, die Forderung des bischöflichen Treueides auf die Verfassung, den Einfluß auf die Besetzung kirchlicher Ämter) aufgibt.
2. Der Status einer Körperschaft des öffentlichen Rechts ist für religiös und weltanschaulich gebundene Gruppen wie die Kirchen nicht geeignet, da diese ihre Aufgaben nicht aus staatlichem Auftrag herleiten. Andererseits wird das Vereinsrecht der Bedeutung der Kirchen und anderen Großverbände nicht gerecht. Es ist daher ein neues Verbandsrecht zu entwickeln, das der Bedeutung der Verbände in ihrem öffentlichen Wirken Rechnung trägt und auch für die Kirchen gilt. Dabei sind religiös und weltanschaulich bedingte Besonderheiten zu berücksichtigen.
3. Kirchen und weltanschauliche Gemeinschaften regeln die Mitgliedschaft im Rahmen der Religionsfreiheit nach eigenem Recht. Der

Austritt erfolgt durch Willenserklärung gegenüber den Kirchen und weltanschaulichen Gemeinschaften.
Die Religionsmündigkeit beginnt wie schon heute in den meisten Bundesländern mit Vollendung des 14. Lebensjahres.

4. Niemand ist verpflichtet, seine religiöse Überzeugung zu offenbaren. Diesem Verfassungsgrundsatz ist überall, insbesondere im Personenstandsrecht und im öffentlichen Dienst, Geltung zu verschaffen.
5. Die bisherige Kirchensteuer ist durch ein kircheneigenes Beitragssystem zu ersetzen. Es sind mit den Kirchen entsprechende Verhandlungen über die Modalitäten der Überleitung aufzunehmen und ausreichende Fristen vorzusehen.
6. Der Verfassungsgrundsatz der weltanschaulich-religiösen Neutralität des Staates ist auf Länderverfassungen und Gesetze, Regeln und Gebräuche im öffentlichen Bereich anzuwenden. Die Glaubensüberzeugungen einzelner Gruppen dürfen nicht für alle verbindlich gemacht werden. Auf sakrale Formen und Symbole ist im Bereich staatlicher Institutionen wie Gerichten und öffentlichen Schulen zu verzichten. Die Eidesformel ist neutral zu fassen; dem Eidesleistenden muß es freistehen, den Eid durch einen Zusatz im Sinne seiner Weltanschauung zu ergänzen.
7. Die bestehenden Staatsverträge mit den Kirchen (Kirchenverträge und Konkordate) sind wegen ihres Sonderrechtscharakters kein geeignetes Mittel, die Beziehungen zwischen Kirche und Staat zu regeln. Deshalb dürfen solche Verträge nicht neu abgeschlossen werden. Die bestehenden Kirchenverträge und Konkordate sind, soweit sie noch gültig sind, in gemeinsamer Übereinkunft aufzuheben. Ihre Gegenstände sind, soweit erforderlich, durch Gesetz oder Einzelvereinbarungen neu zu regeln.
8. Die auf Gesetz, Vertrag oder besonderen Rechtstiteln beruhenden Staatsleistungen an die Kirchen sind abzulösen. (Wie es Artikel 140 GG und Artikel 138 Abs. 1 WRV vorsehen.)
Soweit Kirchen und Religionsgemeinschaften gegenüber anderen gemeinnützigen Institutionen steuer- und gebührenrechtliche Sondervorteile besitzen, sind diese aufzuheben.
9. Bildung, Krankenpflege und soziale Versorgung sind öffentliche Aufgaben. Das Recht der Freien Träger, in diesen Bereichen tätig zu sein, muß gewahrt werden – allerdings ohne Vorrangstellung. Dazu sollen die Freien Träger sachgerechte staatliche Zuschüsse erhalten. Die öffentliche Hand muß sicherstellen, daß eine ausreichende Anzahl von Einrichtungen bereitsteht, um den Bedarf an weltanschaulich neutralen, jedermann zugänglichen Einrichtungen

zu decken. Soweit Einrichtungen der Freien Träger öffentlich gefördert werden, müssen sie allgemein zugänglich sein; Andersdenkende dürfen keinerlei Benachteiligungen oder Zwängen ausgesetzt sein.

10. Die religiös und weltanschaulich neutrale Gemeinschaftsschule soll im gesamten Bundesgebiet die staatliche Regelschule sein. Der Religionsunterricht ist nach der Verfassungslage ordentliches Lehrfach. Alternativ wird ein Religionskundeunterricht angeboten. Zwischen beiden Fächern besteht freie Wahlmöglichkeit. Das Recht, private Schulen zu errichten und zu unterhalten, bleibt unberührt.
11. Die Seelsorge in staatlichen Institutionen wie Bundeswehr, Bundesgrenzschutz und Strafvollzug ist in die alleinige Verantwortung der Kirchen zurückzugeben. Die Möglichkeit unbehinderter religiöser Betreuung durch kirchlich bestellte und bezahlte Seelsorger muß sichergestellt sein. Das gleiche Recht gilt für alle anderen Religions- und Weltanschauungsgemeinschaften.
12. Geistliche und Theologiestudenten sind in ihren staatsbürgerlichen Rechten und Pflichten, auch im Hinblick auf den Wehrdienst oder seine Verweigerung, allen anderen Staatsbürgern gleichzustellen.
13. Die Vertretung der Kirchen wie auch anderer gesellschaftlicher Gruppen in öffentlichen Gremien (z. B. Rundfunkräte, Schulausschüsse, Jugend- und Sozialausschüsse, Hearings u. a.) ist daraufhin zu überprüfen, wieweit sie der Funktion der Verbände für den jeweiligen Bereich entspricht.
(FDP-Bundesvorstand, 2. 10. 1974)

Regierungspolitiker der FDP denken nicht an eine Änderung des Verhältnisses von Kirche und Staat. Das zeigt ein Auszug aus der Bundestagsfragestunde vom 29. November 1973:

Vizepräsident Dr. Schmitt-Vockenhausen: Ich rufe die Frage 16 des Herrn Abgeordneten Möllemann auf:
Wie beurteilt die Bundesregierung die Auffassung (veröffentlicht u. a. in »liberal« 10/73), die Deutsche Bischofskonferenz, ein Organ der päpstlichen Vollzugsgewalt, habe sich mit ihrem Beschluß vom 28. September 1973 in Fulda, in dem es u. a. heißt, »Abzulehnen ist jedoch, daß sich ein Priester öffentlich innerhalb einer Partei, für eine Partei sowie für die Wahl einer Partei einsetzt«, unzulässigerweise in die Materie eines Vertrags eingemischt, der auf völkerrechtlicher Ebene geschlossen wurde?
Herr Staatssekretär.

Baum, Parl. Staatssekretär beim Bundesminister des Innern: Mit Ihrer Frage, Herr Abgeordneter, wird ein komplexer Sachverhalt angesprochen, der in einer Fragestunde nicht erschöpfend dargelegt werden kann. Ihre Frage berührt insbesondere die Bedeutung des Art. 32 des Reichskonkordates, der den Erlaß von Bestimmungen durch den Heiligen Stuhl vorsieht, die für die Geistlichen und Ordensleute die Mitgliedschaft in politischen Parteien und die Tätigkeit für solche Parteien ausschließen. Hierzu darf ich darauf hinweisen, daß Art. 32 ausdrücklich an die damals in Deutschland bestehenden besonderen politischen Verhältnisse anknüpft und somit insoweit zeitbedingten Charakter aufweist. Dies erhellt auch aus dem Schlußprotokoll zu Art. 32, nach dem Einverständnis darüber bestand, daß vom Reich bezüglich der nichtkatholischen Konfessionen gleiche Regelungen betreffend parteipolitische Betätigung veranlaßt werden. Infolgedessen bin ich der Auffassung, daß es sich bei der Erklärung der deutschen Bischöfe auf ihrer Herbstvollversammlung vom 24. bis 27. September 1973, die lautet: »Abzulehnen ist jedoch, daß sich ein Priester öffentlich innerhalb einer Partei, für eine Partei sowie für die Wahl einer Partei einsetzt«, um eine innerkirchliche Regelung handelt, die sich im Rahmen des Reichskonkordates bewegt.

Vizepräsident Dr. Schmitt-Vockenhausen: Keine Zusatzfrage.

Dann rufe ich die Frage 17 des Herrn Abgeordneten Möllemann auf: Welche Notwendigkeiten und Möglichkeiten sieht die Bundesregierung für eine zeitgemäße Neuordnung des Verhältnisses zwischen Staat und Kirche?

(Abg. Dr. Mertes [Gerolstein]: Ich hatte noch eine Zusatzfrage!)
Entschuldigen Sie, dann müssen Sie sich rechtzeitig melden.

Bitte, Herr Staatssekretär!

Baum, Parl. Staatssekretär beim Bundesminister des Innern: In der Erklärung der Bundesregierung vom 18. Januar 1973 hat der Herr Bundeskanzler die Partnerschaft »im Zeichen deutlicher Freiheit« gewünscht. Die Bundesregierung ist der Auffassung, daß das im Grundgesetz geregelte Verhältnis zwischen Staat und Kirchen einerseits dem partnerschaftlichen Verhältnis entspricht, andererseits aber genügend Spielraum für eine Diskussion des Verhältnisses zwischen Staat und Kirche bietet. Insoweit verweise ich auf die Regierungserklärung des Herrn Bundeskanzlers, in der es heißt:

Wir betrachten sie (die Kirchen) nicht als eine Gruppe unter den vielen der pluralistischen Gesellschaft und wollen ihren Repräsentanten darum auch nicht als Vertretern bloßer Gruppeninteressen begegnen. Wir meinen im Gegenteil, daß die Kirchen in ihrer notwendigen gei-

stigen Wirkung um so stärker sind, je unabhängiger sie sich von überkommenen sozialen oder parteilichen Bindungen machen.
Daher ist es sicherlich auch Aufgabe der Kirchen selbst – so meint die Bundesregierung –, ihr Verhältnis zum Staat in der einen oder anderen Hinsicht zu überprüfen.
Vizepräsident Dr. Schmitt-Vockenhausen: Eine Zusatzfrage.
Möllemann (FDP): Bei aller Würdigung dieser Position haben Sie selbst einen Spielraum aufgewiesen, in dem man nachdenken könne. Darf ich fragen, ob die Bundesregierung z. B. darüber nachdenkt, daß der Staat, daß die Bundesregierung ihre besonderen institutionellen Einflußmöglichkeiten auf die Kirche abbauen sollte?
Baum, Parl. Staatssekretär beim Bundesminister des Innern: Der Bundesregierung ist bekannt, daß in den Parteien, die in diesem Parlament vertreten sind, insbesondere in einer Partei, Überlegungen darüber angestellt werden, die aber noch nicht zu Beschlüssen dieser Partei geführt haben. Eigene Überlegungen dieser Art hat die Bundesregierung noch nicht angestellt.
Vizepräsident Dr. Schmitt-Vockenhausen: Eine weitere Zusatzfrage.
Möllemann (FDP): Trifft das auch für den Bereich zu, der mit dem Begriff Kirchensteuereinzugsverfahren gekennzeichnet ist?
Baum, Parl. Staatssekretär beim Bundesminister des Innern: Ich habe Ihnen soeben schon gesagt, daß die Bundesregierung dazu noch keine Überlegungen angestellt hat, sondern mit Interesse verfolgt, was die politischen Kräfte und vor allem die politischen Parteien in diesem Lande darüber denken und möglicherweise beschließen.
Vizepräsident Dr. Schmitt-Vockenhausen: Eine Zusatzfrage des Herrn Abgeordneten Dr. Mertes.
Dr. Mertes (Gerolstein) (CDU/CSU): Herr Staatssekretär, teilt die Bundesregierung in diesem Zusammenhang die Auffassung des Kollegen Möllemann, die Deutsche Bischofskonferenz sei ein Organ der päpstlichen Vollzugsgewalt?
Baum, Parl. Staatssekretär beim Bundesminister des Innern: Herr Abgeordneter, ich glaube, daß man das in dieser Form nicht sagen kann.
(Deutscher Bundestag, 7. Wahlperiode, 67. Sitzung vom 29. 11. 1973)

Die oben vorgestellten Dokumente betreffen ganz allgemein das Verhältnis der Kirchen zum Staat. Sonderrechte für die katholische Kirche stellt das mit Hitler geschlossene Reichskonkordat dar:

1 b. Konkordat zwischen dem Heiligen Stuhl und dem Deutschen Reich vom 20. Juli 1933

Seine Heiligkeit Papst Pius XI. und der Deutsche Reichspräsident, von dem gemeinsamen Wunsche geleitet, die zwischen dem Heiligen Stuhl und dem Deutschen Reich bestehenden freundschaftlichen Beziehungen zu festigen und zu fördern, gewillt, das Verhältnis zwischen der katholischen Kirche und dem Staat für den Gesamtbereich des Deutschen Reiches in einer beide Teile befriedigenden Weise dauernd zu regeln, haben beschlossen, eine feierliche Übereinkunft zu treffen, welche die mit einzelnen deutschen Ländern abgeschlossenen Konkordate ergänzen und auch für die übrigen Länder eine in den Grundsätzen einheitliche Behandlung der einschlägigen Fragen sichern soll.

Zu diesem Zweck haben Seine Heiligkeit Papst Pius XI. zu Ihrem Bevollmächtigten Seine Eminenz den Hochwürdigsten Herrn Kardinal Eugen Pacelli, Ihren Staatssekretär, und der Deutsche Reichspräsident zum Bevollmächtigten den Vizekanzler des Deutschen Reiches, Herrn Franz von Papen, ernannt, die, nachdem sie ihre beiderseitigen Vollmachten ausgetauscht und in guter und gehöriger Form befunden haben, über folgende Artikel übereingekommen sind:

Artikel 1. Das Deutsche Reich gewährleistet die Freiheit des Bekenntnisses und der öffentlichen Ausübung der katholischen Religion.

Es anerkennt das Recht der katholischen Kirche, innerhalb der Grenzen des für alle geltenden Gesetzes, ihre Angelegenheiten selbständig zu ordnen und zu verwalten und im Rahmen ihrer Zuständigkeit für ihre Mitglieder bindende Gesetze und Anordnungen zu erlassen.

Artikel 11. Die gegenwärtige Diözesanorganisation und – zirkumskription der katholischen Kirche im Deutschen Reich bleibt bestehen. Eine in Zukunft etwa erforderlich erscheinende Neueinrichtung eines Bistums oder einer Kirchenprovinz oder sonstige Änderungen der Diözesanzirkumskription bleiben, soweit es sich um Neubildungen innerhalb der Grenzen eines deutschen Landes handelt, der Vereinbarung mit der zuständigen Landesregierung vorbehalten. Bei Neubildungen oder Änderungen, die über die Grenzen eines deutschen Landes hinausgreifen, erfolgt die Verständigung mit der Reichsregierung, der es überlassen bleibt, die Zustimmung der in Frage kommenden Länderregierungen herbeizuführen. Dasselbe gilt entsprechend für die Neuerrichtung oder Änderung von Kirchenprovinzen, falls mehrere deutsche Länder daran beteiligt sind. Auf kirchliche Grenzverlegungen, die lediglich im Interesse der örtlichen Seelsorge erfolgen, finden die vorstehenden Bedingungen keine Anwendung.

Bei etwaigen Neugliederungen innerhalb des Deutschen Reiches wird sich die Reichsregierung zwecks Neuordnung der Diözesanorganisation

und -zirkumskription mit dem Heiligen Stuhl in Verbindung setzen.
Artikel 16. Bevor die Bischöfe von ihrer Diözese Besitz ergreifen, leisten sie in die Hand des Reichsstatthalters in dem zuständigen Lande bzw. des Reichspräsidenten einen Treueid nach folgender Formel:
»Vor Gott und auf die heiligen Evangelien schwöre und verspreche ich, so wie es einem Bischof geziemt, dem Deutschen Reich und dem Lande ... Treue. Ich schwöre und verspreche, die verfassungsmäßig gebildete Regierung zu achten und von meinem Klerus achten zu lassen. In der pflichtmäßigen Sorge um das Wohl und das Interesse des deutschen Staatswesens werde ich in Ausübung des mir übertragenen geistlichen Amtes jeden Schaden zu verhüten trachten, der es bedrohen könnte.«
Artikel 30. An den Sonntagen und den gebotenen Feiertagen wird in den Bischofskirchen sowie in den Pfarr-, Filial- und Klosterkirchen des Deutschen Reiches im Anschluß an den Hauptgottesdienst, entsprechend den Vorschriften der kirchlichen Liturgie, ein Gebet für das Wohlergehen des Deutschen Reiches und Volkes eingelegt.
Artikel 32. Auf Grund der in Deutschland bestehenden besonderen Verhältnisse wie im Hinblick auf die durch die Bestimmungen des vorstehenden Konkordats geschaffenen Sicherung einer die Rechte und Freiheiten der katholischen Kirche im Reich und seinen Ländern wahrenden Gesetzgebung erläßt der Heilige Stuhl Bestimmungen, die für die Geistlichen und Ordensleute die Mitgliedschaft in politischen Parteien und Tätigkeit für solche Parteien ausschließen.
(RGBl II, S. 679)

Während das Reichskonkordat die katholische Kirche privilegierte, erklärte 32 Jahre später das Zweite Vatikanische Konzil in der Pastoralkonstitution über die Kirche in der Welt von heute:

76. Sehr wichtig ist besonders in einer pluralistischen Gesellschaft, daß man das Verhältnis zwischen der politischen Gemeinschaft und der Kirche richtig sieht, so daß zwischen dem, was die Christen als einzelne oder im Verbund im eigenen Namen als Staatsbürger, die von ihrem christlichen Gewissen geleitet werden, und dem, was sie im Namen der Kirche zusammen mit ihren Hirten tun, klar unterschieden wird.
Die Kirche, die in keiner Weise hinsichtlich ihrer Aufgabe und Zuständigkeit mit der politischen Gemeinschaft verwechselt werden darf noch auch an irgendein politisches System gebunden ist, ist zugleich Zeichen und Schutz der Transzendenz der menschlichen Person.

Die politische Gemeinschaft und die Kirche sind auf je ihrem Gebiet voneinander unabhängig und autonom. Beide aber dienen, wenn auch in verschiedener Begründung, der persönlichen und gesellschaftlichen Berufung der gleichen Menschen. Diesen Dienst können beide zum Wohl aller um so wirksamer leisten, je mehr und besser sie rechtes Zusammenwirken miteinander pflegen; dabei sind jeweils die Umstände von Ort und Zeit zu berücksichtigen. Der Mensch ist ja nicht auf die zeitliche Ordnung beschränkt, sondern inmitten der menschlichen Geschichte vollzieht er ungeschmälert seine ewige Berufung. Die Kirche aber, in der Liebe des Erlösers begründet, trägt dazu bei, daß sich innerhalb der Grenzen einer Nation und im Verhältnis zwischen den Völkern Gerechtigkeit und Liebe entfalten. Indem sie nämlich die Wahrheit des Evangeliums verkündet und alle Bereiche menschlichen Handelns durch ihre Lehre und das Zeugnis der Christen erhellt, achtet und fördert sie auch die politische Freiheit der Bürger und ihre Verantwortlichkeit. Wenn die Apostel und ihre Nachfolger mit ihren Mitarbeitern gesandt sind, den Menschen Christus als Erlöser der Welt zu verkünden, so stützen sie sich in ihrem Apostolat auf die Macht Gottes, der oft genug die Kraft des Evangeliums offenbar macht in der Schwäche der Zeugen. Wer sich dem Dienst am Wort Gottes weiht, muß sich der dem Evangelium eigenen Wege und Hilfsmittel bedienen, die weitgehend verschieden sind von den Hilfsmitteln der irdischen Gesellschaft.

Das Irdische und das, was am konkreten Menschen diese Welt übersteigt, sind miteinander eng verbunden, und die Kirche selbst bedient sich des Zeitlichen, soweit es ihre eigene Sendung erfordert. Doch setzt sie ihre Hoffnung nicht auf Privilegien, die ihr von der staatlichen Autorität angeboten werden. Sie wird sogar auf die Ausübung von legitim erworbenen Rechten verzichten, wenn feststeht, daß durch deren Inanspruchnahme die Lauterkeit ihres Zeugnisses in Frage gestellt ist, oder wenn veränderte Lebensverhältnisse eine andere Regelung erfordern. Immer und überall aber nimmt sie das Recht in Anspruch, in wahrer Freiheit den Glauben zu verkünden, ihre Soziallehre kundzumachen, ihren Auftrag unter den Menschen unbehindert zu erfüllen und auch politische Angelegenheiten einer sittlichen Beurteilung zu unterstellen, wenn die Grundrechte der menschlichen Person oder das Heil der Seelen es verlangen. Sie wendet dabei alle, aber auch nur jene Mittel an, welche dem Evangelium und dem Wohl aller je nach den verschiedenen Zeiten und Verhältnissen entsprechen ...

(Karl Rahner – Herbert Vorgrimler, Kleines Konzilskompendium 1966, Herder-Bücherei 270/273.)

Wie das Konzil in der Pastoralkonstitution auf staatliche Privilegien für die katholische Kirche verzichtete, so gab es in der Erklärung über die Religionsfreiheit die offizielle Lehre auf, daß das Recht auf religiöse Freiheit nur als unabwendbares Übel des gesellschaftlichen Pluralismus toleriert werden müsse. Die Konzilsväter bekannten sich positiv zur Religionsfreiheit:

I. Allgemeine Grundlegung der Religionsfreiheit

2. Das Vatikanische Konzil erklärt, daß die menschliche Person das Recht auf religiöse Freiheit hat. Diese Freiheit besteht darin, daß alle Menschen frei sein müssen von jedem Zwang sowohl von seiten einzelner wie gesellschaftlicher Gruppen, wie jeglicher menschlichen Gewalt, so daß in religiösen Dingen niemand gezwungen wird, gegen sein Gewissen zu handeln, noch daran gehindert wird, privat und öffentlich, als einzelner oder in Verbindung mit anderen – innerhalb der gebührenden Grenzen – nach seinem Gewissen zu handeln. Ferner erklärt das Konzil, das Recht auf religiöse Freiheit sei in Wahrheit auf die Würde der menschlichen Person selbst gegründet, so wie sie durch das geoffenbarte Wort Gottes und durch die Vernunft selbst erkannt wird. Dieses Recht der menschlichen Person auf religiöse Freiheit muß in der rechtlichen Ordnung der Gesellschaft so anerkannt werden, daß es zum bürgerlichen Recht wird.

Weil die Menschen Personen sind, das heißt mit Vernunft und freiem Willen begabt und damit auch zu persönlicher Verantwortung erhoben, werden alle – ihrer Würde gemäß – von ihrem eigenen Wesen gedrängt und zugleich durch eine moralische Pflicht gehalten, die Wahrheit zu suchen, vor allem jene Wahrheit, welche die Religion betrifft. Sie sind auch dazu verpflichtet, an der erkannten Wahrheit festzuhalten und ihr ganzes Leben nach den Forderungen der Wahrheit zu ordnen. Der Mensch vermag aber dieser Verpflichtung auf die seinem eigenen Wesen entsprechende Weise nicht nachzukommen, wenn er nicht im Genuß der inneren, psychologischen Freiheit und zugleich der Freiheit von äußerem Zwang steht. Demnach ist das Recht auf religiöse Freiheit nicht in einer subjektiven Verfassung der Person, sondern in ihrem Wesen selbst begründet. So bleibt das Recht auf religiöse Freiheit auch denjenigen erhalten, die ihrer Pflicht, die Wahrheit zu suchen und daran festzuhalten, nicht nachkommen, und ihre Ausübung darf nicht gehemmt werden, wenn nur die gerechte öffentliche Ordnung gewahrt bleibt.

3. ... Die Wahrheit muß aber auf eine Weise gesucht werden, die der Würde der menschlichen Person und ihrer Sozialnatur eigen ist, das heißt auf dem Wege der freien Forschung, mit Hilfe des Lehramtes

oder der Unterweisung, des Gedankenaustauschs und des Dialogs, wodurch die Menschen einander die Wahrheit, die sie gefunden haben oder gefunden zu haben glauben, mitteilen, damit sie sich bei der Erforschung der Wahrheit gegenseitig zu Hilfe kommen; an der einmal erkannten Wahrheit jedoch muß man mit personaler Zustimmung festhalten.

6. Das Gemeinwohl der Gesellschaft besteht in der Gesamtheit jener Bedingungen des sozialen Lebens, unter denen die Menschen ihre eigene Vervollkommnung in größerer Fülle und Freiheit erlangen können; es besteht besonders in der Wahrung der Rechte und Pflichten der menschlichen Person. Somit obliegt die Sorge für das Recht auf religiöse Freiheit sowohl den Bürgern wie auch den sozialen Gruppen und den Staatsgewalten, der Kirche und den anderen religiösen Gemeinschaften, dies je nach ihrer eigenen Weise und je nach der Pflicht, die sie dem Gemeinwohl gegenüber haben.

(Karl Rahner – Herbert Vorgrimler, Kleines Konzilskompendium 1966, Herder-Bücherei 270/273.)

In ihrem Wahlhirtenbrief zum 10. Juli 1966 knüpften die nordrhein-westfälischen Bischöfe an das Konzil an und verzichteten erstmals darauf, den Katholiken die Wahl einer bestimmten Partei, nämlich der CDU, zu empfehlen:

Am 10. Juli 1966 wird der neue Landtag von Nordrhein-Westfalen gewählt. Das Parlament ist eine staatliche Einrichtung, seine Wahl ein politischer Vorgang. Was soll bei solchem Anlaß ein Wort der Bischöfe?

Nicht wenige raten uns, hier zu schweigen. Sie berufen sich auf das Wohl des Staates oder auch auf das recht verstandene Wohl der Kirche. Wir pflichten diesen Ratgebern nicht bei. – Das pilgernde Gottesvolk der Kirche steht nicht außerhalb der staatlichen Ordnung. Die Christen sind Bürger des Staates. Sie haben – gerade in einem demokratischen Staat – bestimmte sittliche Pflichten. Diese sittlichen Pflichten bewußt zu machen, ist die Aufgabe der Bischöfe. Wir berufen uns dabei auf das Zweite Vatikanische Konzil; in der Pastoralkonstitution »Die Kirche in der Welt von heute« hat es folgende vier Grundsätze verkündigt:

1. »Bürgerliche Gesellschaft und Kirche sind jeweils auf ihrem Gebiet voneinander unabhängig und selbständig. Beide aber dienen, freilich auf Grund verschiedener Sendung, der einen und gleichen persönlichen und sozialen Berufung der Menschen« (Nr. 76). Ziel der bür-

gerlichen Gesellschaft ist die Verwirklichung des irdischen Gemeinwohls, Ziel der Kirche das übernatürliche Heil der Menschen. Staat und Kirche sind in ihrem Bereich eigenständig und nicht einander untergeordnet, weder die Kirche dem Staat noch der Staat der Kirche. Auch setzt die Kirche, wie wir auf dem Konzil ausdrücklich erklärt haben, »ihre Hoffnung nicht auf Privilegien, die ihr von der staatlichen Autorität angeboten werden ... Immer und überall aber nimmt sie das Recht in Anspruch, mit wahrer Freiheit den Glauben zu verkünden, ihre Soziallehre kundzumachen, ihren Auftrag unter den Menschen unbehindert zu erfüllen und sittliche Urteile auch über politische Angelegenheiten zu fällen, wenn die persönlichen Grundrechte oder das Heil der Seelen es verlangen« (Nr. 76).

2. Die Christen sollen ein Vorbild dafür sein, »wie man aus Gewissensverantwortung handelt und sich für das Gemeinwohl einsetzt. Sie sollen durch ihre Taten zeigen, wie sich Autorität mit Freiheit, persönliche Initiative mit solidarischer Verbundenheit im gemeinsamen Ganzen, rechte Einheit mit fruchtbarer Vielfalt verbinden lassen« (Nr. 75). Das Konzil fügt hinzu, daß es »im vollen Einklang mit der menschlichen Natur« steht, wenn die Bürger an der Gestaltung ihrer politischen Gemeinschaft »aktiv teilhaben« (Nr. 75). »Die Kirche zollt dem Wirken jener, die sich zum Dienst an den Menschen der politischen Arbeit widmen und die Verantwortung solchen Amtes tragen, Lob und Achtung« (Nr. 75).
3. Das Konzil erklärt: »Alle Bürger sollen daran denken, von Recht und Pflicht der freien Wahl zur Förderung des Gemeinwohls Gebrauch zu machen« (Nr. 75). Dieser Satz gilt allgemein und ist an jeden Menschen gerichtet. Der Christ darf sich nicht ausschließen. Wer könnte es mit seinem Gewissen vereinbaren, aus bloßer Bequemlichkeit der Wahl fernzubleiben.
4. »In Fragen der Ordnung irdischer Dinge« kann es unter Christen »berechtigte Meinungsverschiedenheiten« geben (Nr. 75). In solchen Fällen »hat niemand das Recht, die kirchliche Autorität ausschließlich für sich und seine eigene Meinung zu beanspruchen« (Nr. 43). »Für den Aufbau eines wirklich menschenwürdigen politischen Lebens ist nichts so wichtig wie die Pflege des Sinnes für Gerechtigkeit, Wohlwollen und Dienst am Gemeinwohl sowie die Schaffung fester Grundüberzeugungen über das wahre Wesen politischer Gemeinschaft« (Nr. 73).

Wir Bischöfe im Lande Nordrhein-Westfalen bitten unter Hinweis auf diese vom Konzil aufgestellten Grundsätze alle wahlberechtigten Katholiken um sorgfältige und gewissenhafte Prüfung vor ihrer Wahlentscheidung. Wir bitten auch darum, nicht aus einer

Stimmung, sondern aus sachlichen Überlegungen die Wahl zu treffen.
Wählt so, daß ihr eurer Verantwortung für unser Volk gerecht werdet und vor Gott bestehen könnt!
(KNA vom 30. 6. 1966)

Acht Jahre später war die Öffnung des Zweiten Vatikanischen Konzils wieder vergessen, wie das Hirtenwort der bayerischen Bischöfe zur Landtagswahl von 1974 zeigt:

... Wir Bischöfe können uns vor dieser Wahl nicht darauf beschränken, die Katholiken auf ihre Wahlpflicht hinzuweisen. Durch die Erfahrung der letzten Zeit sehen wir uns genötigt, konkret einige Sorgen anzusprechen.
1. Das sittliche Bewußtsein in Lebensfragen und die Achtung der im Grundgesetz verbürgten Menschenrechte drohen zu schwinden. Die jetzige Bundespolitik tritt diesem Rückgang, soweit überhaupt, nur unzureichend entgegen, in wesentlichen Bereichen fördert sie ihn eher. Am offenkundigsten wurde dies seither bei der Änderung des § 218 des Strafgesetzbuches. Anstatt alle Möglichkeiten der Hilfe für schwangere Frauen auszuschöpfen, wird dem ungeborenen Leben der umfassende Rechtsschutz verweigert. Die Mehrheit im Deutschen Bundestag verzichtet sogar darauf, denen, die sich während einer willkürlich festgelegten Frist an einer Tötung ungeborenen Lebens beteiligen, eine Rechtfertigung ihres Tuns abzufordern. Ärzte, Schwestern, Pflegepersonal, Krankenhausträger werden in Gewissensbedrängnis gebracht, obwohl formal der Gewissensschutz gewährleistet ist. Steuerzahler und Krankenversicherte sollen zur Finanzierung der Tötung ungeborenen Lebens herangezogen werden, auch wenn sie diese aus Gewissensgründen ablehnen. Wen sollte es verwundern, daß eine solche Gesetzgebung erkennbar jene Kreise ermutigt, die schließlich auch lebensuntüchtiges, vor allem unheilbar krankes menschliches Leben dem seitherigen strafrechtlichen Schutz entziehen möchten.
Besorgniserregend sind überdies die Vorstellungen der die Bundespolitik maßgeblich bestimmenden Kräfte zur sogenannten Reform der Ehescheidung. Wir wissen um die Verschiedenheit der Grundsätze des staatlichen und kirchlichen Eherechtes. Wir anerkennen das berechtigte Streben nach Verbesserung reformbedürftiger Gesetzesbestimmungen. Der Gesetzgeber darf aber nicht die Auffassung begünstigen, es gehe bei der Ehe letztlich um eine Gemeinschaft auf Zeit, deren Bestand mehr oder weniger in das Belieben der Gatten oder auch nur

eines Partners gestellt ist. Eine derartige Veränderung des sittlichen Bewußtseins würde sich nach unserer Überzeugung unheilvoll auswirken auf die Ehen selber, auf die Kinder aus den Ehen, auf die Frauen, auf die Gesellschaft insgesamt.
Man mag uns entgegenhalten, bei diesen Wertfragen handle es sich um bundespolitische Belange, die für eine Landtagswahl kein Gewicht haben. Aber es sind dieselben Parteien, die im Bundestag entscheiden und im Land um Stimmen werben. Tatsächlich geht es angesichts der Auswirkungen der Bundesgesetze bei jeder Landtagswahl um eine Entscheidung für oder gegen eine Politik, die nach unserer Auffassung das christliche Gewissen in Bedrängnis bringt ...
3. ... Es gibt darüber hinaus Vorschläge, die in ihrer Konsequenz dem Versuch gleichkommen, den Staat zu einem Werkzeug weltanschaulicher Gleichschaltung aller zu machen, kirchliche Einrichtungen und Wirksamkeiten aus dem öffentlichen Leben zu verdrängen oder ihnen die notwendigen Voraussetzungen einer freien gesellschaftlichen Entfaltung zu nehmen. Uns liegt im Interesse der bayerischen Heimat daran, daß die Christen in uneingeschränkter Freiheit ihre gesellschaftliche Verantwortung wahrnehmen können, daß die Kirchen in der Jugendarbeit, in der Kulturpflege, im Bildungswesen, im sozialen Bereich unbehindert ihren Beitrag leisten dürfen. Ob diese Freiheit erhalten bleibt, hängt wesentlich davon ab, inwieweit sich die gewählten Abgeordneten dafür einsetzen werden.
Mit den Anliegen, die wir heute vortragen, wenden wir uns an alle politischen Parteien. Wir bitten die Wähler, die Parteien auch danach zu beurteilen und daran zu messen, mit welcher Bereitschaft sie solche Anliegen aufgreifen. Wir erkennen an: In der Bundesregierung und in der Koalition, die sie trägt, sind Männer und Frauen, die unsere Sorgen teilen; einzelne Parlamentarier beispielsweise, welche überzeugt gegen die Fristenlösung gestimmt haben. Aber sie finden innerhalb ihrer Parteien nicht die notwendige Stütze. Entscheidend ist die Politik der Parteien ...
(KNA vom 19. 10. 1974)

Schon ein Jahr vorher hatte die »Erklärung der Deutschen Bischofskonferenz zur parteipolitischen Tätigkeit der Priester« sehr deutlich diesen Kurswechsel angezeigt:

Aus Sorge um die Schäden, die der Kirche aus der parteipolitischen Betätigung der Priester erwachsen, haben die deutschen Bischöfe auf ihrer Herbstvollversammlung vom 24.–27. September 1973 in Fulda folgende Stellungnahme verabschiedet. Sie dürfen dabei davon ausgehen, daß die überwiegende Mehrheit der katholischen Priester einer parteipolitischen Tätigkeit ablehnend gegenübersteht. Diese Haltung entspricht den Grundsätzen, die das Zweite Vatikanische Konzil und die letzte Römische Bischofssynode (1971) aufgestellt haben.

1. Die Erklärungen der Kirche

Unter Berufung auf das Zweite Vatikanum hat die Römische Bischofssynode 1971 erklärt: »Die besondere von Christus ihm anvertraute Sendung des Priesters, wie die der Kirche im ganzen, bezieht sich nicht auf das Politische, das Wirtschaftliche oder Soziale, sondern ist religiösen Gehalts (Pastoralkonstitution Nr. 42). Doch kann der Priester dem Sinn seines Amtes entsprechend viel zu einer gerechteren weltlichen Ordnung beitragen, dort vor allem, wo schwere Ungerechtigkeit und Unterdrückung das menschliche Dasein besonders fragwürdig machen. Dabei soll er jedoch stets Kontakt mit der kirchlichen Gemeinschaft wahren und keine Gewalt anwenden, weder in Worten noch in Taten, denn dies stünde mit dem Geist des Evangeliums nicht im Einklang.«

Die bürgerlichen Rechte des Priesters sollen zwar in keiner Weise eingeschränkt werden: »Wo verschiedene politische oder wirtschaftliche Entscheidungen legitim sind, haben die Priester wie jeder Bürger das Recht zur eigenen Stellungnahme. Da aber politische Entscheidungen wesensgemäß relativ sind und das Evangelium nie vollkommen adäquat und unabänderlich interpretieren, soll der Priester als der Zeuge der künftigen Welt eine gewisse Distanz zu jedem politischen Amt oder Einsatz wahren.«

Sollten dennoch im Ausnahmefall gewichtige Gründe für die parteipolitische Tätigkeit eines Priesters sprechen, so gilt folgendes: »Die Übernahme einer Führerstellung oder der aktiv militante Einsatz in einer bestimmten politischen Partei soll jedem Priester untersagt sein, es sei denn in bestimmten außergewöhnlichen Fällen, wo das Wohl der Gemeinschaft so etwas wirklich verlangt. Auch ist dann die Zustimmung des Bischofs einzuholen, der sich mit dem Priesterrat und wenn nötig mit der Bischofskonferenz besprechen wird.«

»Außergewöhnliche Fälle« lägen zum Beispiel dann vor, wenn antidemokratische Kräfte den für die Verwirklichung der Menschenrechte notwendigen öffentlichen Freiheitsraum bedrohen oder die Verkündigung des Evangeliums – wenn auch in versteckter Weise – unterbinden würden und keine Laien zur Verfügung stünden, die in einer solchen Lage aktiv werden könnten. Solche »außergewöhnliche Fälle« oder Notstände sind für die Bundesrepublik heute nicht gegeben. Zwar schließt das nicht von vornherein aus, daß ein Priester als Bürger unseres Staates Mitglied einer Partei ist, sofern diese nicht inhumane oder antichristliche Ziele verfolgt. Abzulehnen ist jedoch, daß sich ein Priester öffentlich innerhalb einer Partei, für eine Partei sowie für die Wahl einer Partei einsetzt. Ebenso sollen auch Laien, die im Dienst der Kirche stehen oder eine besondere Stellung in der Kirche einnehmen, sich nicht unter Berufung auf ihre kirchliche Funktion zu parteipolitischen Fragen äußern.

II. Theologische Begründung

Theologische Überlegungen vermögen die kirchlichen Erklärungen einsichtig zu machen:

1. »Der apostolische Dienst hat keinen anderen Sinn und Auftrag als den, das Opfer und die Liebe Jesu Christi für die Welt in der Welt heilbringend gegenwärtig zu halten.« Dabei ist der Priester gewiß verpflichtet, die jeweiligen Verhältnisse in Staat und Gesellschaft von Gott her zu deuten und eine Ordnung zu fordern, die der Freiheit und Würde des Menschen entspricht. Sein prophetisches Tun wird dabei gelegentlich auch zu politischen Stellungnahmen herausgefordert werden. Richtbild für die in solchen Fällen zu treffende Entscheidung kann niemand anders als Jesus Christus sein, da der Priester »durch die Ausübung seines Amtes Jesus Christus selbst stellvertretend sichtbar macht«. Im Wort zur Steuerfrage (Mk 12, 13 f.) hat Jesus den politischen Bereich berührt, weil der Anspruch und die Botschaft Gottes in alle menschlichen Verhältnisse hineinreicht. Aber sie erschöpft sich nicht im Politischen. Jesus mißt mit seiner Antwort an den fragenden Pharisäer das Politische gerade an dem, was über es hinausreicht, nämlich an der Königsherrschaft Gottes (vgl. auch Joh 18,36). Er macht so deutlich, daß es dem wirklichen Verkündiger des Evangeliums darum gehen muß, in jeder Lage den Anspruch Gottes zu verkünden und dem Recht Geltung zu verschaffen, das Gott auf den Menschen hat.

2. Der Dienst an der Einheit in Gemeinde und Gesamtkirche ist eine weitere wesentliche Aufgabe der Priester. »Ihre Aufgabe ist es, die verschiedenen Meinungen so in Einklang zu bringen, daß niemand sich in der Gemeinschaft der Gläubigen fremd fühlt.« Die Priester stehen der Eucharistiefeier als der Feier der Einheit vor. Freilich gibt es Fälle, in denen der Priester Stellung nehmen muß, weil die Wahrheit es fordert und der Dienst an der Einheit immer in der Wahrheit gründet. Wenn es sich jedoch um Fragen handelt, in denen Katholiken unbeschadet ihres Glaubens verschiedener Meinung sein können, soll der Priester nicht öffentlich Partei ergreifen. Sonst droht die Gefahr, daß

dem Priester der seelsorgliche Zugang zu einem Teil der Gläubigen erschwert oder gar unmöglich gemacht wird.
Das Konzil erkennt ausdrücklich an, daß sich Menschen zur Erreichung gesellschaftlich-politischer Ziele zusammenschließen. Das gilt auch für den Zusammenschluß zu politischen Parteien. Dabei werden sich die Christen an der Lehre der Kirche ausrichten. Im übrigen unterstehen diese Zusammenschlüsse nicht der Leitung der Kirche. Die Eigenverantwortung der Laien wird durch das kirchliche Amt nicht eingeengt.

III. Der Beitrag des Priesters zur Politik

Obwohl der Auftrag des Priesters der Verkündigung des Evangeliums gilt, kann der Priester den Bereich des Politischen nicht schlechthin aussparen, da die Heilsbotschaft Christi auf den ganzen Menschen und die ganze Gesellschaft bezogen ist. Im politischen Raum kommt dem Priester die Aufgabe zu, die sittlichen Grundsätze zu verkündigen, den Bedrängten aller Art seine Stimme zu leihen und nicht zuletzt auch die Aufgabe, den Politikern aller Parteirichtungen und den politisch tätigen Bürgern als Seelsorger zur Verfügung zu stehen.
(»Kirchliches Amtsblatt«, Erzdiözese Paderborn, Nr. 17 vom 9. 11. 1973)

Daß die Bischöfe gewillt sind, praktische Konsequenzen aus ihrer Erklärung zu ziehen, zeigt der Briefwechsel zwischen dem Bischof von Trier, Bernhard Stein, und dem Geistlichen Religionslehrer Hermann Münzel, der sich für die SPD engagiert hatte:

Hermann Münzel den 27. 2. 1975
Ludwig-Simon-Straße 26

55 Trier

Herrn Bischof
Dr. Bernhard Stein
Liebfrauenstraße

55 Trier

Sehr geehrter, lieber Herr Bischof,

Sie werden vielleicht schon erfahren haben, daß ich am Mittwochabend (26. 2. 1975) trotz des Verbotes, das mir der Herr Generalvikar am Telefon übermittelt hatte und das von Herrn Lentzen-Deis bestätigt worden war, zur Frage »Warum ich als Katholik SPD wähle« in Siershahn/Ww gesprochen habe.
Ich weiß, daß ich mit diesem Vorgehen Sie zu Sanktionen zwinge, Sie also in eine Lage gebracht habe, die weder Ihnen noch mir angenehm ist. Mit diesem Brief will ich den Konflikt auch durchaus nicht verharmlosen oder billig um Entschuldigung bitten, sondern ich will mich erklären. Sie haben Anspruch darauf, meine Gründe zu erfahren.
Ich habe am Montag (24. 2.) mit Herrn Ries (Mainz) zweimal telefoniert, daraufhin den Herrn Generalvikar angerufen, schließlich am Montag und Dienstag vergeblich mit den Vertretern der Sozialdemokratischen Wählerinitiative in Mainz zu telefonieren gesucht. Ich konnte dort niemand erreichen, und es schien mir unverantwortlich, die Veranstaltung in Siershahn einfach von mir aus abzusagen, ohne mit dem Veranstalter vorher sprechen zu können.
Ich selbst bin nicht froh, daß ich zu solchen Veranstaltungen gebeten werde; deshalb habe ich aus ursprünglich vier vorgesehenen Vortragsveranstaltungen nur eine gemacht. Ich habe streng darauf geachtet, meine Position als Seelsorger nicht damit zu vermischen, so habe ich

die Veranstaltung, die für Bad Kreuznach vorgesehen war, von vorneherein abgelehnt.
Das alles betrifft aber nur die näheren Umstände, das Grundsätzliche ist damit noch nicht berührt.
Es ist meine tiefe Überzeugung, daß unsere Kirche schwer Schaden leidet, weil sie in der Öffentlichkeit andauernd mit den Interessen und den Aussagen der Unionsparteien identifiziert wird. Drei Texte von führenden Kirchenmännern haben mich dabei besonders getroffen:
Ein Artikel von Kardinal Höffner, »Kirche und politische Parteien«, abgedruckt in der Allgemeinen Sonntagszeitung vom 15. September 1974;
das Hirtenwort der Bayerischen Bischofskonferenz zur Landtagswahl am 27. 10. 1974, und die Ansprache des Kardinals Höffner beim Empfang des Diözesanrats der Erzdiözese Köln, abgedruckt im Pressedienst der Erzdiözese Köln, Nr. 30.
Es ließen sich noch viele andere Hinweise geben: höchst eindeutige Wahlempfehlungen von Bistumsblättern; die Priester, die Mandatsträger politischer Parteien sind (nicht bei der SPD); andere Angestellte im öffentlichen Dienst oder in öffentlicher kirchlicher Position, die zugleich hohe Ämter bei der CDU bekleiden, usw.: dies alles kann man wahrlich nicht mehr Äquidistanz nennen, wie sie vom II. Vatikanum gefordert wurde.
Meine eigene Initiative nimmt sich dagegen höchst unauffällig aus: ich hatte 26 Zuhörer.
Ich bin gerne bereit, mein Manuskript vorzulegen, damit Sie prüfen können, ob ich mich von der kirchlichen Lehre entfernt habe.
Sie wissen, sehr geehrter Herr Bischof, daß ein Christ gehalten sein kann, seinem Gewissen zu folgen und einer Anordnung seiner Vorgesetzten den Gehorsam zu verweigern.
Ich bin jetzt in dieser Situation gewesen und bin bereit, die Konsequenzen dafür zu tragen.
Ich bitte Sie aber auch, zu bedenken, in welcher Lage ich mich befinde und wie unsicher die Rechtslage bezüglich des Verbots parteipolitischer Betätigung von Priestern ist, zumal dann, wenn andere kirchliche Amtsträger öffentlich parteipolitisch Stellung nehmen oder gar Mandate bekleiden.

Mit freundlichem Gruß

Ihr
Hermann Münzel

Der Bischof von Trier *Trier,* 4. März 1975

Herrn Religionslehrer
Hermann Münzel

55 T r i e r
Ludwig-Simon-Str. 26

Lieber Herr Religionslehrer,

Ihr Schreiben vom 27. 2. 1975 habe ich erhalten.
Ich stelle fest, daß Sie entgegen meinem ausdrücklichen Verbot und entgegen dem dringenden Ersuchen des Herrn Bischofs von Limburg am Mittwoch, 26. 2. 1975, auf einer Parteiversammlung in Siershahn/Westerwald öffentlich als politischer Redner aufgetreten sind. Sie haben damit gegen die Synodalstatuten Art. 32, 4 verstoßen.
Im Wiederholungsfall werde ich Ihnen die Missio canonica entziehen.

Mit freundlichen Grüßen

+ *Bernhard Stein*
Bischof von Trier

Die Katholische Deutsche Studenteneinigung (KDSE) hatte mit ihrem Schwerpunktprogramm für die politische Arbeit der KDSE eine der wenigen politischen Alternativen im deutschen Katholizismus entwickelt. Die folgenden Auszüge aus diesem Programm machen klar, daß es so ziemlich allem zuwiderlief, was bis dahin gesellschaftspolitisch als katholisch galt:

Einleitung
Die Katholische Deutsche Studenteneinigung legt Schwerpunkte ihrer politischen Arbeit vor, die ein Ausdruck dafür sind, wie sich Studentengemeinden im gesellschaftlichen, kirchlichen und Hochschulbereich engagieren. Dieses Engagement ist graduell gewachsen, nicht zuletzt dadurch, daß die Gemeinden an den Auseinandersetzungen der studentischen Protestbewegung teilnahmen, um die gleichen Erfahrungen

von undurchsichtigen Machtstrukturen in Gesellschaft, Universität und Kirche zu machen.

Zunächst ging es den Studentengemeinden im kirchlichen Sektor um größere Selbständigkeit in Verkündigung und Liturgie sowie um individuelle Lebenshilfe; im Hochschulbereich standen Reformarbeit an den Hochschulstrukturen und die interdisziplinäre Zusammenarbeit im Vordergrund; im sozialen Bereich arbeiteten die Gemeinden dafür, konkrete Notsituationen gesellschaftlicher Randgruppen zu beheben, ohne allerdings die gesellschaftlichen Ursachen hinreichend zu reflektieren.

Zunehmend erkannten sie aber die politische Dimension der Gesellschaft, insbesondere die Herrschaftsstrukturen, welche im politischen Interesse herrschender Gruppen gründen und in der autoritär-fixierten Erwartungs- und Konsumhaltung der Mehrheit der Bevölkerung. Gerade die konkrete Erfahrung von Behinderung und Unterdrückung gesellschaftsverändernder Prozesse führte schließlich zu einer Politisierung vieler Gruppen in den Studentengemeinden. Das heißt: zu einer Bewußtmachung der Widersprüche der gegenwärtigen kapitalistischen Gesellschaftsstruktur und zu Strategien, diese Widersprüche offenzulegen und konkrete Wege zu erschließen zur Emanzipation des Individuums in einer humanen Gesellschaft. Diese Politisierung wird in den Studentengemeinden als Praxis konkreten Glaubens verstanden, insofern es um die Schaffung von Bedingungen geht, die einer Befreiung des Menschen dienen.

Will man die Kritik der Studentengemeinden an den restriktiven gesellschaftlichen Bedingungen verstehen, müssen einige Kennzeichen der gegenwärtigen Gesellschaft aufgezeigt werden, die dem genannten Ziel der Befreiung und der Selbstverwirklichung des Menschen entgegenstehen.

1. Allgemeiner Teil

Einige Kennzeichen der gesellschaftlichen Situation in der Bundesrepublik Deutschland sind:

1. Die Gesellschaft in der BRD ist geprägt von jenen Kennzeichen, die in allen kapitalistischen Industriegesellschaften von der Mehrheit der Bevölkerung als positiv angesehen werden: steigende Befriedigung individueller Bedürfnisse, wachsende Bildungs- und Ausbildungsmöglichkeiten, berufliche und individuelle Mobilität, leichte Arbeitsplatzbeschaffung und steigende Löhne, kürzere Arbeitszeit und mehr Freizeit für das Individuum.

Diese Kennzeichen verdecken die gesellschaftlichen Zusammenhänge, die im kapitalistischen System begründet sind. Es ist ein System von

Widersprüchen, die sich am eklatantesten im Produktionsbereich nachweisen lassen und sich vor allem auf den Konsumtions- und Bildungsbereich auswirken.
Eine Minderheit von Unternehmern, Kapitaleignern und Banken verfügt über die Produktionsmittel, die von den Lohnabhängigen, also einer gesellschaftlichen Mehrheit, geschaffen und erneuert werden, und zwar dadurch, daß sich die Unternehmer den Mehrwert aneignen. Unter Mehrwert ist der Teil der geleisteten Arbeit zu verstehen, der nicht entlohnt wird, sondern innerbetrieblich investiert oder persönlich von den Kapitaleignern verbraucht wird. Ähnlich verhält es sich mit der Warenproduktion, die durch die Arbeit vieler erfolgt, über deren Gewinne nur wenige verfügen.
Im Bildungs- und Ausbildungsbereich wird der Widerspruch deutlich zwischen dem Grundrecht auf Bildung (d. h. der Entfaltungsmöglichkeit sämtlicher individueller Anlagen) und der Unterordnung der gesamten Bildungsprozesse unter die Erfordernisse des Kapitalverwertungsprozesses und der technokratischen Rationalität.
Im Konsumtionsbereich schlägt sich dieser Widerspruch nieder besonders als Gegensatz zwischen den durch die Werbung manipulierten Leitbildern des allseitig entwickelten Wohlstandsbürgers und den tatsächlichen finanziellen Möglichkeiten der Mehrheit der Konsumenten.
2. Die offenkundigen Widersprüche des technisch-kapitalistischen Systems ziehen eine zunehmend fundamentale Kritik dieser konkreten Form von industrieller Gesellschaft nach sich. Diese Kritik hebt hervor, daß aufgrund der ökonomischen und technischen Gegebenheiten der Weg zur weitgehenden Befreiung und Selbstbestimmung der Menschen offen ist. Dies wird jedoch durch die Herrschaftszwänge des Kapitalismus verhindert. Die Gesellschaftsanalyse und Gesellschaftskritik führen zu ganz bestimmten gesellschaftspolitischen Forderungen, der ökonomischen Chancengleichheit als einer unersetzlichen Voraussetzung zur Verwirklichung von Demokratie. Das heißt im einzelnen: Mitbestimmung, besonders im Produktionsbereich, breite Verteilung des Eigentums und die Vergesellschaftung der Produktionsmittel, Verteilung erzielter Gewinne zugunsten gesamt-gesellschaftlicher Interessen (z. B. für Bildungseinrichtungen und das Gesundheitswesen), Sozialisierung der Verantwortung für die Kapitalentwicklung, Lösung der Widersprüche von Kapital und Lohninteressen, gezielte Bildungsanstrengungen zur Überwindung der schichtenspezifischen Unterschiede.
Diese politischen Forderungen werden insbesondere von sozialistisch orientierten Gruppen vorgetragen, von denen viele sich der Problematik konkreter sozialistischer Systeme bewußt sind. Hinter diesen For-

derungen steht die Hoffnung auf die Humanisierung der Gesellschaft und damit verbunden auf die Emanzipation des Individuums.

3. Angesichts dieser Widersprüche kann die gegenwärtige Entwicklung des gesellschaftlichen Lebens in der BRD wie folgt beschrieben werden:

Polarisierung zwischen den restaurativen Kräften und jenen, die auf radikale Veränderung hinarbeiten – und das sowohl in Parteien, Gewerkschaften und Hochschulen und nicht zuletzt in den Kirchen,

der Ausbau der Macht des technischen, industriellen und wissenschaftlichen Managements,

die Forderung nach mehr Gesetz und Ordnung bei einem beträchtlichen Teil der Bevölkerung und die Disziplinierung kritischer Gruppen,

Flucht ins Private aus Resignation an den Veränderungsmöglichkeiten in der Gesellschaft,

Drogenmißbrauch aus Verdruß an der Anpassungsgesellschaft.

4. In Hinsicht auf die skizzierte gesellschaftliche Situation besteht eine wesentliche Aufgabe der KDSE darin, die Humanisierung der Gesellschaft anzustreben im Sinne der Verbesserung der gesellschaftlichen Lebensbedingungen wie auch im Sinne der Selbstverwirklichung des einzelnen. Das erfordert:

weitergehende Analyse der angedeuteten Widersprüche und Zwänge des kapitalistischen Systems in der BRD und kritische Auseinandersetzung mit sozialistischen Gesellschaftssystemen und -theorien;

Betonung der Notwendigkeit, durch gezielte Bildungsprogramme und durch Veränderung der Schulsysteme eine größere Durchlässigkeit im Sinne der Chancengleichheit zu schaffen;

Förderung solcher Erziehungsprogramme, die in Jugendlichen und Erwachsenen die Fähigkeit entwickeln, die Notwendigkeit und die Gründe eines permanenten und sozialen Wandels zu durchschauen, um Programme zur Veränderung der Gesellschaft entwerfen und wirksam unterstützen zu können;

Kritik der »bürgerlichen Bewußtseinsnormen« und Berücksichtigung sowie Aufarbeitung der potentiell emanzipatorischen Elemente der Arbeitersprache;

Kritik und Kontrolle gegenüber parteipolitischen Funktionsträgern sowie aller öffentlichen Mandats- und Amtsträger auch in der Kirche, ebenso eine wirksame Kritik und Kontrolle gegenüber den Massenmedien;

Unterstützung von Versuchen, neue Formen des Zusammenlebens (z. B. in Familien- und Wohngemeinschaften) zu erproben;

Intensivierung der Zusammenarbeit von Eltern, Pädagogen und Institutionen in der vorschulischen Erziehung;

Sensibilisierung für die immer noch diskriminierte Rolle der Frau in der Gesellschaft und Herstellung von Chancengleichheit, besonders im Bildungs- und Berufsbereich;
intensive Arbeit gegen Tendenzen zu einer Stabilisierung der Existenz gesellschaftlicher, unterdrückter Gruppen durch die bestehenden Sozialisationsmechanismen;
Aufzeigen und Untersuchung der ökonomischen und politischen Abhängigkeit der Dritten Welt von den kapitalistischen Staaten, Analyse der Unterentwicklung und Mitarbeit bei der Erstellung strategischer, politischer Entwicklungsmodelle für die Staaten der Dritten Welt; verstärkte Kritik am System der Abschreckung und seinen sozialpsychologischen Konsequenzen der Formierung der Gesellschaft als Rüstungsgesellschaft, Vermittlung der Ergebnisse der kritischen Friedensforschung.

2. Motivation und Zielsetzung

1. Motivation

Die Gemeinden und damit die KDSE haben ihre Basis in dem ständigen Bemühen, sich mit Wort und Tat Jesu Christi und seiner Wirkungsgeschichte angesichts der eigenen Welterfahrung auseinanderzusetzen.
Die daraus entstehenden Glaubenserfahrungen drängen auf jeweils neue Vermittlung in Gesellschaft und Kirche. Die Gemeinden arbeiten darauf hin, eine Atmosphäre kritischer, d. h. die Konflikte nicht verschleiernder Solidarität zu schaffen, in der Gemeinschaft in ständiger Offenheit möglich wird. Diese Offenheit bezieht sich auch auf diejenigen, die aufgrund anderer Motivation solidarisch in den Gemeinden mitarbeiten wollen. Die Gemeinden suchen ihre Identität und Motivation im Hören auf das Wort, in den verschiedenen Formen der gottesdienstlichen Versammlung und in ihrer praktischen Arbeit. Aufgrund dieses Selbstverständnisses der Gemeinden versucht die KDSE in unserer Welt humane Zielvorstellungen zu entwickeln.
Die Botschaft Jesu von der Herrschaft Gottes bedeutet die endgültige Zusage von Freiheit, Gerechtigkeit und Frieden für alle Menschen und die Absage gegenüber Versuchen, diese Freiheit durch Herrschaft des Menschen über den Menschen einzuschränken.
Diese Akzentuierung ist in der gegenwärtigen Situation in besonderer Weise dazu geeignet, die Bedeutung der christlichen Botschaft für alle Menschen einer großen Zahl von Menschen zu vermitteln. Damit gewinnt die befreiende Botschaft Jesu eine entscheidende Konsequenz für das Zusammenleben der Menschen.

2. Zielsetzung
Der Mensch erfährt heute, daß seiner Freiheit und seiner Selbstverwirklichung erhebliche Grenzen gesetzt sind, weil er unkontrollierten Herrschaftsstrukturen unterworfen ist und sich der Manipulation nur schwer entziehen kann. Die bestehende Ordnung wird weitgehend erfahren als eine Ordnung von Unfreiheit, Ungerechtigkeit und Friedlosigkeit. Aus dieser Kontrasterfahrung ergibt sich die Forderung, die bestehenden inhumanen Verhältnisse zu ändern.
Humanisierung von Gesellschaft bedeutet, jedem Menschen den notwendigen Raum für die Verwirklichung von Wert, Ziel und Sinn seiner Existenz innerhalb freiheitlicher Gesellschaftsstrukturen zu schaffen. Dazu gehört die bewußte Planung der Bedingungen, die es ermöglichen, daß alle Menschen ihr Leben selbst gestalten sowie Formen und Verfassung ihrer Gesellschaft selbst bestimmen können.
Eine Analyse der strukturellen Ursachen von Unfrieden und Gewalt ist die Grundlage für gezielte und reflektierte Initiativen, die dazu beitragen sollen, die konkrete Utopie einer gerechten Gesellschaft und eines gerechten Friedens zu verwirklichen.
Diese Analyse muß sich ohne Ausnahme auf jede bestehende Gesellschaftsstruktur und deren internationalen Zusammenhang beziehen.
Die christliche Botschaft impliziert eine Kritik an jeder Verabsolutierung von Ordnungen, Gesellschaftsentwürfen und -systemen und eine Kontrolle der anzuwendenden Methoden. Daher muß auch jeder Versuch, den christlichen Glauben im gesellschaftlich-politischen Bereich zu verwirklichen, immer wieder ideologiekritisch in Frage gestellt werden, um Verfestigungen zu verhindern.
Die Verwirklichung der allgemeinen Zielsetzung erfordert die Zusammenarbeit mit anderen Gruppen, die das gleiche Ziel anstreben, wenn auch aufgrund einer anderen Motivation.
(Hrsg.: KDSE, ohne Datum)

Um die Erhaltung überkommener gesellschaftspolitischer Vorstellungen besorgt zeigten sich demgegenüber die »Thesen gegen den Mißbrauch der Demokratie«, die der Politische Beirat des Zentralkomitees der deutschen Katholiken im Sommer 1971 veröffentlichte und die Erklärung zur gesellschaftspolitischen Lage der deutschen Bischöfe vom 21. September 1972:

Thesen gegen den Mißbrauch der Demokratie
1. Demokratie ist kein Religionsersatz. Jede pseudoreligiöse Verfälschung des Demokratiebegriffs gefährdet den demokratischen Staat.

2. Die repräsentative Demokratie sichert den Raum für die Selbstbestimmung und Selbstverwirklichung des Menschen.
3. Rationalität der Politik ist eine sittliche Forderung an den demokratischen Staat und eine sittliche Verpflichtung aller, die ein demokratisches Mandat innehaben. Moralische Absolutheitsansprüche führen zum Irrationalismus und damit zur Schädigung des allgemeinen Wohls.
4. Freiheit und Gleichheit sind Prinzipien der Demokratie. Die Spannung zwischen beiden wird durch die Prinzipien der Solidarität und Gerechtigkeit ausgeglichen.
5. Politisches Denken und Handeln ist nicht identisch mit gesellschaftlichem Denken und Handeln.
6. Die Forderung nach Demokratisierung der Gesellschaft ist der Sache nach berechtigt, in der Formulierung jedoch mißverständlich. Als politischer Begriff kann »Demokratie« nicht auf nichtpolitische Bereiche angewandt werden. Welche Formen der Demokratisierung legitim und welche nicht legitim sind, wird durch die Verfassung entschieden.
7. Politische Diskussion ist auf politisches Handeln und Entscheiden bezogen. Sie ist deshalb grundsätzlich anderer Art als theoretische Diskussion, insbesondere, weil sie an der praktischen Verantwortung orientiert sein muß.
8. Politische Beratungen im freiheitlichen Rechtsstaat können nur in bestimmten Grenzen öffentlich sein. Eine Mißachtung dieser Grenzen führt zu Unfreiheit und Terror.
9. Gesellschaftliche und politische Umgangsformen sind notwendig um des Schutzes der Menschenwürde in der modernen Gesellschaft willen. Wer sie mißachtet, verletzt Persönlichkeit und Freiheit des anderen.
(Berichte und Dokumente des ZdK, Nr. 13, August 1971)

Erklärung der Deutschen Bischofskonferenz zur gesellschaftspolitischen Entwicklung in der Bundesrepublik

In den letzten Jahren haben wir Bischöfe, wenn wir uns zur Vollversammlung trafen, immer wieder auch zu Fragen des gesellschaftlichen Lebens Stellung genommen: zum Frieden unter den Völkern und in der Gesellschaft (1968), zu den Menschenrechten (1968), zu den Gefahren rechts- und linksextremer politischer Bewegungen (1969), zur Zunahme von Gewalttaten (1970), zur Strafrechtsreform (1970), zur Verbreitung der Pornographie (1970), zur Verantwortung in der Wohlstandsgesellschaft (1971), zum Schutz des ungeborenen Lebens (1972).
Heute greifen wir ein Thema auf, das in letzter Zeit viele Menschen

in unserem Volk bewegt. Es ist die immer mehr um sich greifende Zerrüttung der menschlichen Grundwerte. Wir hoffen, daß dieses Wort der Besinnung von den Gläubigen, von den gesellschaftlichen Gruppen und von den Verantwortlichen im öffentlichen Leben gut aufgenommen wird. Grund zu dieser Hoffnung sind die zahlreichen Kräfte der Erneuerung, die sich in vielen Teilen unseres Landes regen, sowie die Bereitschaft vieler, vor allem auch junger Menschen, in Staat, Gesellschaft und Gemeinden Verantwortung zu übernehmen. Ein Bekenntnis zu den sittlichen Werten und zur Menschenwürde ist auch eine tatkräftige Hilfe, die unser Volk zur Überwindung der Elendszustände in den Entwicklungsländern leistet.

Das alles ermuntert uns, getreu unserer Verantwortung für das allgemeine Wohl, unsere Besorgnisse auszusprechen und auf Abhilfe zu drängen.

I.

In der modernen Gesellschaft ist der Trend unverkennbar, den einzelnen von persönlicher Verantwortung zugunsten der Öffentlichen Hand zu »entlasten«. Dabei begegnen wir einem Widerspruch. Auf der einen Seite werden Mündigkeit und Emanzipation gefordert, die sich freilich häufig als verantwortungslose Willkür erweisen. Auf der anderen Seite droht die Freiheit der einzelnen und der Gruppen durch immer stärkere Bevormundung von seiten des Staates und der Behörden in bedenklicher Weise ausgehöhlt zu werden. Derselbe Staat, der die sittlichen Grundwerte immer weniger schützt, greift mit seinen Anordnungen so tief in viele Lebensbereiche ein, daß die Eigenverantwortung, besonders im Bildungs- und Erziehungswesen sowie im sozial-karitativen Bereich, immer mehr eingeengt und dadurch verantwortliches Handeln verhindert wird.

Der Abbau der sittlichen Werte und das Zurückdrängen der persönlichen Verantwortung beginnen sich bereits in der Rechtssprechung auszuwirken. Noch in den fünfziger Jahren wurde die Übereinstimmung der entscheidenden Rechtsnormen mit dem Sittengesetz als selbstverständlich vorausgesetzt. Heute ist das nicht mehr der Fall.

Jeder Abbau der sittlichen Werte untergräbt die Fundamente der Gesellschaft und könnte für manche Politiker zur Versuchung werden, sozialen Utopien zu verfallen und den Forderungen unrealistischer Programme nachzugeben. Auf diese Weise würde der Staat in die Gefahr geraten, zu einer Gefälligkeitsdemokratie abgewertet zu werden.

II.

Im folgenden weisen wir auf einige Entwicklungen hin:

1. Der Sinn für die unantastbare Würde des menschlichen Lebens

scheint in unserer Gesellschaft zu schwinden. In manchen Kreisen wird der Satz des Grundgesetzes nicht mehr ernstgenommen, daß die freie Entfaltung des einzelnen ihre Grenzen hat in den Rechten anderer und in dem Sittengesetz. Das zeigt unter anderem die Diskussion um die Reform des § 218 StGB, in der einem Verfügungsrecht der Frau über das ungeborene Leben das Wort geredet wird. Auch die bisher dem Bundestag vorliegenden Reformentwürfe laufen – wie wir bereits im Februar feststellen mußten – auf eine weitgehende Preisgabe des strafrechtlichen Schutzes des ungeborenen Lebens hinaus.

2. Die Zunahme der Gewaltverbrechen bis hin zum geplanten Mord aus ideologischen Gründen zeigt ebenfalls, daß das sittliche Bewußtsein in unserem Volke gefährdet ist. Eindeutig verbrecherische Handlungen werden von nicht wenigen Sympathisanten unterstützt und gedeckt. Schriften, die Anweisungen zur Gewalttätigkeit enthalten, erscheinen offen auf dem Büchermarkt. Gewaltdarstellungen laufen immer wieder am Bildschirm vor den Augen auch der Kinder ab. Die Geschäftemacher der Pornographie bieten von Monat zu Monat immer skrupelloser Erzeugnisse an, in denen Sexualität mit Sadismus und Brutalität gekoppelt wird. Das alles wird nicht selten mit gesellschaftsreformerischen Ideologien verbrämt.

3. Wir alle haben in den letzten Monaten mit Entsetzen erleben müssen, wie die Gewalt auch in den politischen Auseinandersetzungen um sich greift. Neben kleineren Gruppen, welche die bestehende Ordnung mit Bomben und Mord umstürzen wollen, sind vielschichtige Kräfte des politischen Extremismus am Werk, die dieses Ziel durch die Radikalisierung von Parteien, Gewerkschaften, Universitäten, Schulen und sonstigen gesellschaftlichen Institutionen erreichen wollen.

Wie wir uns erneut scharf gegen rechtsextreme Bewegungen wenden, so verurteilen wir auch entschieden linksextreme Gruppen, die eine utopische kommunistische Zukunftsgesellschaft anpreisen. Sie wollen ihr Ziel gegen den erklärten Willen der großen Mehrheit unseres Volkes durch die allmähliche Aushöhlung und Vernichtung der parlamentarischen Demokratie und ihrer Parteien durchsetzen.

4. Extremistische Strömungen dieser Art zeigen sich insbesondere an einigen Hochschulen. Unter dem Schlagwort der »Demokratisierung der Hochschule« setzen sich in den Entscheidungsgremien dieser Hochschulen häufig Extremisten durch. Das geschieht nicht selten deshalb mit Erfolg, weil besonnene Kräfte die Bedrohung nicht sehen, sich passiv verhalten oder bereits resigniert haben. Obwohl diese Entwicklung offen zutage liegt, scheinen viele Mitbürger die Gefährdung ihrer Freiheit nicht zu erkennen. Die Abwehr kommt zu spät, wenn die Verfechter dieser radikalen Ideologien die Schlüsselpositionen in unserer

Gesellschaft bereits erobert haben und im Bildungswesen, in den Kommunikationsmedien und in der Politik ihren Terror ausüben.

5. Zu den erklärten Zielen dieser Gruppen gehört es, die schulische Jugend zu gewinnen. Wenn dem nicht Einhalt geboten wird, müssen wir damit rechnen, daß Schüler politisch manipuliert und ihren Eltern wie auch der Gesellschaft zunehmend entfremdet werden. Die Gefahr ist ernst. Weil die sittlichen Grundwerte verblassen, sucht diese Jugend vielfach in anderen Idealen einen neuen Lebensinhalt. Leider hat sich die so breit diskutierte Bildungsreform bisher weithin in der Entwicklung formaler und organisatorischer Modelle erschöpft. Damit wird jener geistige und sittliche Leerlauf an den Schulen verstärkt, der das Eindringen extremer politischer Heilslehren geradezu herausfordert. Die Bildungsplaner sollten erkennen, daß Schulen und Bildungsstätten trotz Milliarden-Aufwendungen versagen müssen, wenn sie die junge Generation nur einsatz- und funktionsfähig im Industriestaat machen wollen und nicht auch die sittlichen Kräfte der Schüler fördern, indem sie sich mit ihnen über die Sinnfrage auseinandersetzen.

Angesichts der Spannungen und extremistischer Gruppierungen in Teilen unserer jungen Generation müssen wir uns allerdings fragen, ob nicht auch in unserer Gesellschaft manche Mängel und Ungerechtigkeiten festzustellen sind, die den Protest junger Menschen verständlich machen. Die Feststellung und Beseitigung solcher Mängel muß aber im Rahmen unseres Grundgesetzes und unter Mitwirkung aller Verantwortlichen geschehen.

6. Bedrückend ist das Versagen der Gesellschaft gegenüber der sozialen Lage der Familie, vor allem der Familie mit mehreren Kindern bei geringem Einkommen. Die ohnehin unzureichenden finanziellen Mittel sind seit 1964 kaum erhöht worden, so daß diesen Familien, die unter der Geldentwertung besonders leiden, die anderen Gruppen gewährte Anpassung an das gestiegene Volkseinkommen versagt bleiben. Es ist eine dringliche Pflicht der sozialen Gerechtigkeit, die Anpassung des Familienlastenausgleichs durchzuführen, familiengerechte Wohnungen in ausreichender Zahl zu schaffen und gegen Mietwucher und Bodenspekulation vorzugehen. Es macht uns Sorge, daß die sittlichen Grundlagen von Ehe und Familie erschüttert werden, vor allem durch manche Beiträge in den Massenmedien, die nur zu oft die eheliche Treue und die Ehrfurcht der Geschlechter voreinander – auch vor den Augen der Kinder und Jugendlichen – untergraben. Das alles bewirkt – zusammen mit der finanziellen Benachteiligung der Mehrkinderfamilien – eine wachsende Familien- und Kinderfeindlichkeit sehr zum Schaden unserer Gesellschaft. Der katastrophale Geburtenrückgang ist ein Warnzeichen, das uns allen zu denken geben sollte.

III.

Die Verantwortlichen im öffentlichen Leben stehen vor der Aufgabe, alles zu tun, damit die Bürger frei und selbstverantwortlich bleiben und nicht zum Gegenstand staatlicher Versorgung und Planung entmündigt werden. Die schöpferischen Initiativen freier Gruppen und Verbände in unserer Gesellschaft, die ein notwendiges Gegengewicht gegen allzu starke zentrale Verfügungsgewalt des Staates bilden, sind zu fördern.

Der Schutz des Lebens ist unantastbare Pflicht des Staates. In Gesetzgebung und Rechtsprechung, Erziehung und Bildung sowie in den Kommunikationsmitteln ist die Achtung vor dem Leben und vor der Würde des Menschen zu sichern.

IV.

Wir haben auf Entwicklungen hingewiesen, die uns mit großer Sorge erfüllen. Unsere Darlegungen wenden sich an die Politiker aller Parteien, an die Gewerkschaften und Arbeitgeberverbände, an die Verantwortlichen in allen Bereichen unserer Gesellschaft, besonders auch in den Kommunikationsmitteln, und vor allem an jeden einzelnen Bürger, auf den es ja in der Demokratie letztlich ankommt.

Wir haben die Gefahren offen genannt. Mit Resignation lassen sie sich nicht bannen. Unser Volk hat auf dem sittlichen, politischen und wirtschaftlichen Trümmerfeld des Jahres 1945 eine Ordnung aufgebaut, die es lohnt, daß wir sie ungeachtet mancher Mängel verteidigen und weiterentwickeln. Die überwiegende Mehrheit der Bürger und auch unserer Jugend ist dazu bereit.

Darauf gründet sich unsere Hoffnung. Wir sind als Christen überzeugt, daß die Kraft Gottes auch in unserer Zeit wirksam ist.

(KNA vom 23. 9. 1972)

Als konkretes Beispiel für die gesellschaftspolitischen Absichten der Mehrheit der deutschen Bischöfe gilt ihre Zeitungspolitik. 1971 liquidierten sie die liberale katholische Wochenzeitung »Publik«. 1974 retteten einige Diözesen den konservativen, CDU-nahen »Rheinischen Merkur«, indem sie ihn fast ganz aufkauften. Einen Monat vor der Liquidation von »Publik« schrieb die »Stuttgarter Zeitung«:

Die Bischöfe schweigen: Soll die kleinere die größere Zeitung schlucken? – Das führende katholische Wochenblatt droht ein Opfer des »Milieus« zu werden / Von Friedrich Weigend

Weihbischof Kampe aus Limburg hatte einige führende Herren der katholischen Publizistik zu einem Gespräch gebeten. Für die als progressiv geltende Wochenzeitung »Publik« (Auflage 95 000) war Chefredaktuer Alois Schardt erschienen, für den »Rheinischen Merkur« kamen dessen Herausgeber Professor Otto B. Roegele und Chefredakteur Anton Böhm. Das Thema, um das es ging, mag dem Außenstehenden als der Versuch erscheinen, Feuer und Wasser zu mischen. Konkret gesprochen ging es dem Weihbischof darum, einmal zu sondieren, ob die beiden so unterschiedlichen Wochenblätter nicht zusammengelegt werden könnten. Der »Merkur«, das konservative, der rheinischen CDU und dem rheinischen Klerus nahestehende Traditionsblatt, stagniert seit längerem bei einer Druckauflage von etwa 55 000 Exemplaren, während das liberale Wochenblatt »Publik«, ein erst wenige Jahre altes Kind der Bischofskonferenz, entgegen allen Erwartungen der Fachleute auf die Traumgrenze von 100 000 Exemplaren Auflage zumarschiert.

Während der »Merkur« nur von der Kölner Diözese unterstützt wird, subventionieren alle Bischöfe das Frankfurter Blatt mit kirchlichen Geldern ...

Theoretisch wäre denkbar, daß sie den zum Hamburger Vierjahreszeiten-Verlag gehörenden »Merkur« aufkaufen und mit »Publik« fusionieren. Dem scheinen aber politische Kräfte, voran die nordrhein-westfälische CDU, zu widersprechen. Sie und wohl auch die Mehrzahl der Bischöfe sind mit dem politisch liberaleren und kirchenpolitisch fortschrittlichen Kurs von »Publik« nicht mehr einverstanden. So zeichnet sich also die Möglichkeit ab, daß nicht das kleinere vom großen, sondern das große vom kleineren Blatt »geschluckt« wird ...

Vor fast zehn Jahren erregte ein kleines Buch des katholischen Publizisten Carl Amery in ganz Deutschland Aufsehen. Es trug den Titel »Die Kapitulation« und befaßte sich mit dem inneren Zustand der katholischen Kirche Deutschlands. Die Grundthese des christlich-gläubigen Autors ist: trotz aller fortschrittlichen, ja avantgardistischen Entwicklung der Theologie, trotz allen in der Theorie vertretenen Tendenzen der Öffnung zur modernen, pluralen Welt hin setze sich in der Praxis, immer dann, wenn es ans Hauen und Stechen gehe, in der Kirche das Übergewicht des sogenannten Milieus durch. Amery versteht darunter die Masse des braven Kirchenvolks, für die Glaube, Wohlanständigkeit, Berufserfolg und christlich firmierende Partei eine unauflösbare Einheit darstellen. Dem Autor wurde von den maßgebenden Katholiken damals heftig widersprochen: Das mag wohl in der Vergangenheit so gewesen sein. Jetzt aber habe sich alles gewendet ...

So sagte man und praktizierte man auch bei diesem und jenem nicht allzu dramatischen Anlaß. Heute gibt es Anzeichen, daß sich eine neue Kapitulation der bischöflichen Führungskräfte im deutschen Katholizismus vorbereitet. Sie betrifft zwar nur das Teilgebiet der Publizistik, aber sie wird, wenn sie zustande kommt, ein Echo hervorrufen, das nicht nur auf den engen katholischen Raum beschränkt sein wird. Es soll hier nicht der Versuch unternommen werden, die katholische Rechtgläubigkeit von »Publik« im Vergleich mit dem seit fast einem Vierteljahrhundert bestehenden konservativen »Rheinischen Merkur« wertend zu analysieren. Die Seriosität beider Wochenzeitungen, ihr publizistisches Niveau sind und bleiben unbestritten. Es besteht aber wie gesagt Grund, politische Hintergründe zu vermuten, für die sich die tatsächlich vorhandenen finanziellen Schwierigkeiten von »Publik« nur als Deckmantel anbieten.

Tatsache ist, daß die sachliche und jede demokratische Partei Deutschlands nur nach ihren Leistungen und nicht nach einem kirchenpolitischen Freund-Feind-Schema beurteilende Schreibweise der innenpolitischen Redaktion bei verschiedenen Bischöfen und deren Ratgebern, vorwiegend an Rhein und Ruhr, seit langem Mißfallen erregt hat. Man ist dort allem Anschein nach willens, die Katholiken wieder stärker an die jetzt von besonders eindeutigen Glaubensgenossen in Bonn und Düsseldorf geführte CDU heranzuführen. Und man hat es satt, ein Blatt auf Jahre hinaus zu finanzieren, das sich weigert, in neuformierten Wahlkampfreihen mitzumarschieren, wie dies alle anderen katholischen Gazetten, zum Teil mit groteskem Übereifer, seit Jahr und Tag tun.

Nicht die bösen Theologen, denen »Publik« vor allem in den letzten Monaten eine alle Standpunkte einbeziehende Plattform der Diskussion zur Verfügung stellte, sind die Hauptfeinde der im liberalen Klima von Frankfurt erscheinenden, im übrigen durch einen mit dem denkfähigen Flügel der CSU sympathisierenden Chefredakteur geführten Wochenzeitung. Es ist das totgeglaubte »Milieu« ...

(Stuttgarter Zeitung vom 8. 10. 1971)

Der Theologe Karl Rahner sah im Tod von »Publik« Anlaß zu der Frage, ob der deutsche Katholizismus erneut ins Getto marschiere:

Marsch ins Getto?
Es soll hier nicht vom Untergang von »Publik« gesprochen werden. Aber von vielen wird dieser Untergang als Symptom betrachtet, daß diejenigen, die diesen Untergang zu verantworten haben (dazu gehören nicht bloß die Vertreter der »Amtskirche« im engeren Sinn, sondern auch sehr viele, die, um mit Alois Schardt zu reden, das »Milieu« bilden), von einem geheimen Willen zu einem Marsch des deutschen Katholizismus ins Getto beseelt sind, auch wenn diese ihren Willen sich selbst und erst recht anderen nicht eingestehen werden. Es ist auch betont worden, daß sich solche Symptome im deutschen Katholizismus mehren. Sie sollen hier nicht im einzelnen aufgezählt werden. Der vor sich selbst sich versteckende Wille zum Getto besteht darin, daß man den deutschen Katholizismus und die deutsche katholische Kirche so haben will, wie sie früher waren: Eine in Glaube und Lebenspraxis und in der Reaktion auf die gesellschaftliche Umwelt in sich sehr homogene, nach außen deutlich abgegrenzte Gruppe, die auf ihre Geschlossenheit und auf die damit gegebene Bedeutung nach außen stolz war. Sie wußte ihre letzten Glaubensüberzeugungen relativ rasch und unter einer in der Gruppe fast allgemeinen Zustimmung in praktische Maximen und Verhaltensmuster umzusetzen. Sie besaß eine sehr einheitliche Theologie, für welche die verschiedenen Schulen und Richtungen im Grund doch nur recht harmlose Variationen bedeuteten. Sie war eine Gruppe, die praktisch in einer politischen Partei repräsentiert wurde. Sie übte, ohne es recht zu merken, im großen und ganzen eine »Religion«, die in ihrem konkreten Stil trotz allen universalen Anspruchs einer kleinbürgerlichen und bäuerlichen Gesellschaftsgruppe entsprach. Sie vertrat eine für alle geltende Botschaft und fühlte sich andererseits dennoch in ihrer Partikularität konfessioneller, politischer und kultureller Art nicht besonders beunruhigt, weil sie für sich selbst zahlreich und gesellschaftlich nicht ohne Macht war. Daß man faktisch zu einem solchen Katholizismus nicht zurück kann und daß der Versuch zu einer solchen Rückkehr auch dem Geist des letzten Konzils widerspräche, müßte klar sein. Diese Einsicht wirkt sich auch ziemlich überall dadurch aus, daß niemand zugeben wird, er wolle eine Rückkehr zu einem pianischen Monolithismus und in ein Getto. Aber ob dieser Wille sich nicht doch tatsächlich in vielen Einzelerscheinungen des kirchlichen Lebens geltend macht – und zwar ohne eine explizite Theorie des Gettos?
Man spricht von der »kleinen Herde«; man konzipiert sie aber unre-

flex nach dem Muster einer Sekte, die gar nicht offen sein will für das Ganze der Gesellschaft und der Kultur, sondern sich als einen »heiligen Rest« betrachtet, ohne sich ernsthaft der universalen Sendung der Botschaft des Evangeliums und der Kirche zu widmen. Man identifiziert zu einfach christlichen Glauben und Theologie und hält darum jeden, gewiß oft unbequemen, Pluralismus in der Theologie für eine Sprengung der Einheit des Glaubens. Tatbestände und Ereignisse, die am Rand des kirchlichen Lebens immer noch und immer wieder als Beispiele eines mutig weltoffenen Christentums gegeben sind, benutzt man als Argumente, man sei doch gar nicht reaktionär. Extreme, die nicht selten »links« vorkommen, werden zu Legitimationen, möglichst »rechts« zu sein oder einfach im bisherigen Stil weiterzumachen. Man hält das traditionell Überkommene, die bloße Gewohnheit, für die goldene Mitte, der gegenüber alles Neue sich erst noch zu rechtfertigen habe. Man übersieht, daß auch das Gewohnte sehr »extrem« sein kann. Man macht die geringe Zahl der »praktizierenden« Christen in anderen Kirchen zum Argument, daß man sich nicht sonderlich bemühen müsse, möglichst vielen ein für sie heute wirklich assimilierbares Christentum anzubieten. Man macht sekundäre Dinge, deren Relativität man theoretisch gar nicht im Ernst bestreiten kann, in der Praxis zu absoluten Fixpunkten, von denen aus alle kirchliche und geistespolitische Strategie errechnet und entschieden wird. Man vergißt, daß es auch einen Tutiorismus des Wagnisses gibt, das in bestimmten Fällen mehr Aussicht auf Sieg bietet als eine steril kluge Vorsicht. Man wagt nur »Experimente«, die keine sind, weil sie, wie immer sie ausgehen, nichts schaden. Es gibt eine Pseudotheologie des Marsches ins Getto, eines Willens dazu, geboren aus Angst, Enttäuschung über Mißerfolge, berechtigter, aber verängstigter Sorge um das Evangelium und die Kirche in einer Zeit, in der ein aus und in der Mitte des heutigen Lebensgefühls neu gewonnener Christ mehr bedeuten müßte als die Bewahrung zweier Christen, die es nur aus der gegebenen Macht ihres traditionellen gesellschaftlichen Milieus noch sind. Vor einer solchen Pseudotheologie, auch wenn sie nicht reflektiert und zu einem System vereinigt ist, sollte man heute sehr auf der Hut sein.

Karl Rahner SJ

(Stimmen der Zeit, Januar 1972)

Zumindest einige Bischöfe, an ihrer Spitze der Münchner Kardinal Döpfner, haben die von Karl Rahner skizzierte Gefahr erkannt. Sie hatten aber offenbar Schwierigkeiten, sich mit einem neuen »mittleren« Programm gegen die Mehrheit ihrer Bischofskollegen durchzusetzen. Auf diesem Hintergrund ist die Rede verständlich, die Döpfner Ende 1973 auf der Würzburger Synode gehalten hat:

2. Die Kirche und die neuen Entwicklungen

Der in den sechziger Jahren erkennbar einsetzende Bewußtseinswandel und die Veränderung in fast allen gesellschaftlichen und staatlichen Bereichen erschienen durch die Impulse des II. Vatikanischen Konzils zunächst eine fast euphorische Bestätigung und Zustimmung zu erfahren.

Die daran geknüpften Erwartungen konnte die Kirche nicht erfüllen. Wohl hat sie durchaus Anstrengungen unternommen, ihren Beitrag einzubringen; ich erinnere an die Initiativen und Aktivitäten auf dem Gebiet der Entwicklungshilfe, im Bereich der Not- und Katastrophenhilfe und in der Sozialarbeit, aber auch an die mannigfachen Bemühungen in der pastoralen Praxis und in der Theologie. Gelegentlich drohte sogar eine Polarisierung der Meinungen über den weiteren Weg der Kirche. Jedoch müssen wir zugeben: Die Kirche vermochte es noch nicht, die Entwicklung unserer Gesellschaft entscheidend mitzugestalten.

Es entstand sogar der Eindruck, daß die Kirche in Deutschland trotz der Erwartungen nach dem Konzil gesellschaftliche Entwicklungen in der Bundesrepublik nicht recht zur Kenntnis nehme, oder doch allzu sehr mit einer skeptischen und reservierten Grundhaltung beobachte.

Tatsächliche Ansätze sollen keineswegs übersehen werden. Aber die konstruktive Auseinandersetzung der Kirche in der Bundesrepublik Deutschland mit dem allgemeinen Bewußtseinswandel und mit der gesellschaftlich-staatlichen Entwicklung, die eigentliche Aufarbeitung, hat noch nicht stattgefunden, sie muß in dieser Synode entscheidend vorangetrieben werden ...

2.1 Die Bedeutung der »Gesellschaft« und die Erwartungen an die Verkündigung

Manche sehen in der Kirche »eine soziale Gruppe«, die, motiviert durch den »Reformer Jesus«, für die Überwindung der derzeitigen ökonomischen und gesellschaftlichen Strukturen und Verhältnisse eintreten soll. Nach diesen Vorstellungen muß der gesellschaftliche Einsatz zumindest vorrangiger Inhalt der Verkündigung und Ziel entsprechender Aktivitäten der Kirche sein.

Andere – diamentral entgegengesetzte – kirchliche Zusammenschlüsse sehen in der Restauration vorkonziliarer kirchlicher Struktur und Praxis die einzige Möglichkeit, Kirche hier und heute zu verwirklichen.
Beide Gruppen vertreten gewiß berechtigte Aufgaben der Kirche. Leider verkürzt die jeweilige Einseitigkeit letztlich Leben und Auftrag der Kirche in unguter Weise.
Die Mehrheit der Gläubigen erwartet von der Kirche mehr Sorge und mehr Einsatz für Freiheit und Recht aller Menschen in unserer Gesellschaft und in aller Welt. Sie wünscht, daß die Kirche auch in dieser Zeit die Botschaft von der Würde und dem Wert des Menschen selbst beachtet, weitersagt und sich kompromißlos dafür einsetzt.
Die Christen erhoffen eine Verkündigung, die in Sprache und Inhalt dem Bewußtseinswandel und den Hoffnungen und Gefährdungen des Menschen Rechnung trägt und zugleich der Mitte des Evangeliums entstammt. Sie wollen erfahren, daß auch der Mensch dieser Zeit von Gott angenommen ist.
Darum erwarten sie, daß die Kirche die Botschaft vom Heil im Glauben an Jesus Christus, vom Weg in der Nachfolge des Gekreuzigten und von der zugesagten Hoffnung verständlich verkündigt . . .

3.4. Viertes Element der Erneuerung: der Weltauftrag der Kirche
Mit Papst Johannes sagen wir, daß die Kirche ihren Dienst an der Welt dann am ehesten wahrnimmt, wenn sie sich auf den Sinn ihrer Sendung besinnt und diesen lebt.
Die Mitarbeit des Christen in den einzelnen Sachbereichen dieser Gesellschaft geschieht vor allem dann, wenn er, getragen von seiner geistlichen Grundhaltung, das sachlich Richtige tut. Was aber ist das sachlich Richtige in der Sozialgestaltung, im Wirtschaftsleben, im Bildungsbereich, in der Medienarbeit, im Rechtswesen? Das sachlich Richtige ist immer eng verbunden mit der Vorstellung von Sinn und Ziel des Menschen, von Liebe, von Wahrheit und Gerechtigkeit.
Darum kann der besondere Beitrag des Christen nicht nur im Aufzeigen der motivierenden Kraft des Evangeliums bestehen und auch nicht darin, die ideologischen Implikationen in den Veränderungen der einzelnen Sachbereiche zu erheben und als solche zu kennzeichnen. Es genügt auch nicht, Zielvorstellungen des Evangeliums zu proklamieren und zugleich festzustellen, daß diese Zielvorstellungen unterschiedliche Modelle legitimen christlichen Verhaltens zulassen, die sich zu gleicher Zeit und mit gleichem Recht auf das Evangelium berufen können. Vielmehr müssen wir den Mut haben, Modelle praktischen Verhaltens der Christen in den Sachbereichen dieser konkreten Gesellschaft zu entwickeln.

Die Kirche hat in allen Phasen ihrer Geschichte die Herausforderung der Zeit in der Rückbesinnung auf die Grundaussagen des Evangeliums und ihrer eigenen Glaubenserfahrung im Horizont der jeweiligen Denkvorstellungen zu beantworten versucht.
Erst recht fordern die gesellschaftlichen Veränderungen und der Bewußtseinswandel der vergangenen zwei Jahrzehnte auch neue Modelle christlichen Verhaltens in dieser Welt. Sie können auch heute im Prozeß innerkirchlicher Meinungsbildung nur gefunden werden in der Rückbeziehung auf das Evangelium und die kirchliche Tradition, verbunden mit der Reflexion auf Glaubenserfahrung und Glaubensbedrängnisse der Christen in dieser Gesellschaft.
Immer muß dieser Weltdienst bestimmt sein – um die Vorlage »Kirchliche Jugendarbeit« in einem entscheidenden Punkt zu zitieren – von »einer Botschaft, die die letzten Ursachen des Unrechtes in der Welt offenlegt, die eine endgültige Gerechtigkeit und Freiheit im Reiche Gottes verheißt und die in den sakramentalen Zeichen die Welt als von Gott angenommen verkündet. Spirituelle Orientierung *und* soziales Engagement sind deshalb untrennbar in einem Weltdienst, der sich dem Wort von der ›neuen Erde‹ (Apk 21,1) verpflichtet weiß« ...
(Synode / Amtliche Mitteilungen der gemeinsamen Synode der Bistümer der Bundesrepublik Deutschland, Bonn, 8/1973)

Ein eher gegenläufiges Rundfunkinterview Döpfners aus dem Sommer 1975 zeigt, daß eine große gesellschaftspolitische Perspektive weiterhin fehlt:

... *Frage:* Wie sehr fühlt sich die katholische Kirche als Minderheit in einer doch sehr auf Konsum und ausschließlich Weltlichkeit eingestellten Gesellschaft, und wie ernst sind in diesem Zusammenhang Kirchen-Austritte zu nehmen?
Antwort: Der Verkündigungs-Auftrag der Kirche in der Gesellschaft trifft sicher auf viele Hindernisse. Zweifellos haben Weltverfallenheit und egoistisches Genuß-Streben vielen Menschen den Zugang zum religiösen Denken und Leben versperrt. Mir erscheint das nicht verwunderlich! Man sollte wieder einmal daran erinnern (das vergessen wir heute manchmal), daß die Botschaft vom Kreuz und von der Auferstehung in allen Geschichts-Epochen in Widerspruch stand zu den sehr materialistischen Praktiken von Mensch und Gesellschaft. Gerade das Evangelium lehrt uns den Nonkonformismus! Bei Paulus an die Römer heißt es ja: »Gleicht Euch nicht dieser Welt an!« Auch wenn der Weg der Kirche nie der Weg ins Getto sein kann, so liegt doch

unsere allergrößte Gefährdung in der Übernahme der materialistischen Wert-Vorstellungen, die uns die Gesellschaft anbietet. Immer war es eine Minderheit, ein gläubiger Kern, der auf Gottes Wort hin aufbrach, um allen die Hoffnung vom Reich Gottes vorzuleben. Ich kann als Bischof die Zahlen der Kirchen-Austritte wahrhaftig nicht leichtnehmen. Aber die Sorge darum sollte uns nicht übersehen lassen, daß in unseren Tagen gerade auch unter jungen Menschen die Offenheit für die Fragen nach Lebens-Sinn und Lebens-Stil zunehmen – in dem Maße, wie der Glaube an ein »machbares« Paradies hier auf Erden ins Stürzen gerät! Und darum scheint mir unsere Zeit und die Welt von heute eine Antenne zu haben für die Botschaft Jesu Christi – eine Botschaft, die den Menschen über sich und über seine Bedürfnisse hinausweist! Ich bin sogar überzeugt, daß unsere Gesellschaft nichts dringender braucht als das Zeugnis von der Existenz, dem Herausragen und Dasein Gottes ...

Frage: Herr Kardinal, die katholische Kirche sieht – und mit dieser Erkenntnis steht sie sicher nicht ganz allein, muß wohl sehen! – stets einen engen Zusammenhang zwischen den in einer Gesellschaft geltenden Wert-Maßstäben und den Verhaltensweisen der Menschen. Hat Sie das veranlaßt, ein besonderes Hirtenwort zur Problematik der Euthanasie an das Kirchenvolk zu richten? Sehen Sie da etwa Werte sich wandeln oder gar gänzlich schwinden?

Antwort: Die jahrelangen Diskussionen um die Änderungen des Paragraphen 218 StGB haben immer wieder erschreckend offengelegt, daß es in unserem Land – und übrigens nicht nur bei uns – krasse Unterschiede in der Beurteilung von Wert und Würde des Menschen gibt. Millionen Menschen unseres Volkes betrachten das ungeborene Kind als Wesen minderen Rechts und seine Tötung daher unter bestimmten Bedingungen als sittlich erlaubt. Und nun beachten wir: Wenn die Würde des Lebens in einem Stadium angetastet wird, dann wird es insgesamt bedroht! Der Hirtenbrief der deutschen Bischöfe gegen die Euthanasie kämpft nicht etwa gegen Windmühlenflügel – gegen ersonnene Gegner –, sondern gegen ganz konkrete Äußerungen, Auffassungen und Bestrebungen, die das Recht verlangen, einem unheilbar Kranken durch den Arzt das Leben verkürzen zu lassen. Wenn wir Bischöfe uns mit allem Nachdruck dagegen wenden, verteidigen wir allerdings Wert-Maßstäbe, die grundlegend für das Verhalten aller Menschen in dieser Gesellschaft sind. Hier geht es nicht um spezielle Lehren der katholischen Moral. Hier gehen wir einig mit allen, die das menschliche Zusammenleben bedroht sehen und nicht unter die Gesetzlosigkeit des Dschungels stellen wollen.

Frage: Bei all dem, was die Synode auch diskutiert und verabschiedet, stellt sich immer die Frage nach der Anerkennung und Verbindlichkeit der kirchlicherseits aufgestellten Normen der Moral und des menschlichen Zusammenlebens, der Verbindlichkeit für die Gesellschaft oder den Staat konkret: Wie sollten, wie könnten solche Normen umgesetzt werden nicht für die Praxis kirchlichen Lebens, darüber hinaus in für die Gesamtgesellschaft verbindliche Gesetze etwa?

Antwort: Die Kirche ist in keiner Weise – das wurde in den letzten Jahren wiederholt ausgesprochen – darum bemüht, ihre Normen der Moral der Gesamtgesellschaft etwa durch staatliche Gesetze aufzwingen zu wollen. Die deutschen Bischöfe haben in den letzten Jahren nicht nur angesichts der Bedrohung ungeborenen oder unheilbaren Lebens mehrfach darauf hingewiesen, daß bisher – gerade im Anschluß an unser Grundgesetz! – unbestrittene Werte stillschweigend aufgegeben oder zur Frage gestellt werden. Wir haben diese Grundwerte beim Namen genannt: Leben, Ehe, Familie! Ehre, Anerkennung und Verwirklichung ist nicht nur eine Sache katholischer Glaubenslehre. Diese Werte erwarten zu Recht den staatlichen Schutz; denn sie tragen jedes Zusammenleben der Menschen. Leider haben bereits wieder zu viele vergessen, welches Unglück über uns hereinbrach, als diese Werte im nationalsozialistischen Deutschland millionenfach verraten wurden. Wir dürfen nicht aufhören, das Gewissen der Gesellschaft wachzurütteln; und darum geht es eigentlich: daß wir die Gesetze, die diese Grundwerte schützen, nicht zerstören lassen. Vor allem aber vertrauen wir als Bischöfe der Kirche darauf, daß die Christen mitten in der Gesellschaft lebendiges Zeugnis geben für das Evangelium und für die Grundwerte menschlichen Zusammenlebens, die durch die Offenbarung deutlicher ins Licht gehoben werden.

Frage: Eine Frage danach, die sicher beide christliche Konfessionen angeht, aber dennoch hier gestellt sein soll: Wie politisch darf sich die katholische Kirche, Herr Kardinal, nach Ihrem Verständnis äußern und auch handeln: nur allgemein oder auch konkret zu politischen Tagesfragen?

Antwort: Mir scheint, schon die Existenz der Kirche ist ein politischer Faktor! Also hat auch jede öffentliche Äußerung ihrer Amtsträger, wenn es um anderes als Innerkirchliches geht, irgendwie politischen Charakter. Ich kann nun Ihre Frage natürlich nicht mit einer »Auflistung« des Vertretbaren und Unvertretbaren beantworten. In einem Arbeitspapier der Synode heißt es sinngemäß, daß die christliche Offenbarung auch für das politische Handeln der Ausgangspunkt ist. Gewiß halte diese Offenbarung kein »Rezept« für eine hier und heute anfallende Aktion bereit; dennoch ergäbe sich aus dem gelebten Glauben an Jesus Christus eine Fülle von Anstößen zum Handeln –

und auch eine Fülle von Forderungen; diese müßten jede Zeit und jedes Land in Einzelaktionen und langfristige Planungen umsetzen. – Ich weiß, daß dieser Ausgangspunkt nicht immer anerkannt wird. Das zeigte sich erst vor kurzem, als meine Ausführungen vor der Synode über die vorhin erwähnte Tendenz, Werte stillschweigend aufzugeben oder sie in Frage zu stellen, von einem SPD-Blatt in ungewöhnlichem Ton beschimpft wurde. Die Kirche in der Bundesrepublik ist – das kann ich getrost sagen – frei von dem Verdacht, Parteipolitik zu treiben; aber sie wird sich von niemandem den Mund verbieten lassen, das in der Öffentlichkeit zu sagen, wozu sie die Mitsorge um das Wohl von Staat und Gesellschaft veranlaßt ...
(KNA vom 2. 7. 1975)

Das Fehlen einer großen gesellschaftspolitischen Perspektive wird zu kompensieren versucht durch eng begrenzte Zweckbündnisse in bestimmten Einzelfragen, wie zum Beispiel mit der gemeinsamen Erklärung der Bischofskonferenz und des Rates der EKD zur Reform des § 218:

Erklärung
des Rates der Evangelischen Kirche in Deutschland und der Deutschen Bischofskonferenz zur Änderung des § 218 StGB
Die Deutsche Bischofskonferenz und der Rat der Evangelischen Kirche in Deutschland haben sich zum Schutz des ungeborenen menschlichen Lebens und zur Änderung des § 218 StGB mehrfach öffentlich geäußert. Auf der Grundlage dieser Stellungnahmen beschlossen sie die folgende gemeinsame Erklärung.
1. Die große Zahl der Abtreibungen in unserem Lande macht deutlich, wie schwer es in unserer Gesellschaft vielen werdenden Müttern gemacht wird, ihr ungeborenes Kind anzunehmen, und wie unzureichend die bisherigen Ansätze sind, die damit verbundenen Belastungen und sozialen Nachteile auszugleichen ...
2. Die Unantastbarkeit und Unverfügbarkeit des menschlichen Lebens ist Gottes Gebot. Dem entspricht das Recht eines jeden Menschen auf sein Leben. Keine Gesellschaft kann bestehen, in der dies grundlegende Menschenrecht nicht anerkannt und geschützt ist. Weder durch ein Urteil über Wert oder Unwert eines individuellen Lebens noch durch eine Entscheidung darüber, wann es beginnt oder endet, darf das Recht auf Leben geschmälert werden. Alle Entscheidungen, die das menschliche Leben betreffen, können nur am Dienst für das Leben orientiert werden ...

3. Die strafrechtliche Regelung muß auch der Tatsache Rechnung tragen, daß fundamentale Rechtsgüter in Widerstreit miteinander treten und davon betroffene Menschen in schwere, fast ausweglose Konflikte geraten können. Dieser Tatsache wird der bisherige § 218 StGB nicht gerecht. Er ist daher reformbedürftig. Zwar wird auch jede Neufassung unzureichend bleiben, da keine strafrechtliche Regelung zu erwarten ist, welche diesen komplexen Tatbestand, der von erheblicher Bedeutung für den einzelnen wie für die gesamte Gesellschaft ist, überzeugend begegnen kann. Auf keinen Fall kann jedoch die Hilfe im Fortfall des § 218 StGB liegen. Der Staat schuldet dem menschlichen Leben auch vor der Geburt seinen Rechtsschutz und darf es nicht der willkürlichen Verfügung einzelner überlassen, wenn nicht eine für die sittliche Orientierung gefährliche Entwicklung ausgelöst werden soll. Es geht um Maßstäbe für die Entscheidung in Konfliktsituationen, die im Einzelfall ausgetragen werden müssen. Dies muß als sittlicher Kern jeder rechtlichen Regelung erhalten bleiben . . .

4. Die Befürworter der sogenannten Fristenregelung sind, soweit sie nicht von einem uneingeschränkten Verfügungsrecht der Frau über das in ihr heranwachsende Leben ausgehen, davon überzeugt, die durch Illegalität für die Schwangere entstehende Gefährdung einschränken zu können. Sie hoffen, daß die von ihnen befürwortete Regelung die Gesamtzahl der Schwangerschaftsabbrüche nicht wesentlich erhöhen, ja auf lange Sicht sogar verringern wird.

Demgegenüber ist festzustellen, daß durch die bisher zur Verfügung stehenden Erfahrungen die Hoffnung, über die Einführung der Fristenregelung eine Verringerung der Schwangerschaftsabbrüche zu erreichen, als unbegründet erwiesen ist. Der Rat der EKD und die Deutsche Bischofskonferenz halten aber die Fristenregelung auch aus sittlichen, rechtlichen und gesellschaftlichen Erwägungen für unvertretbar. Sie sind der Überzeugung, daß dieselbe zu unübersehbaren Gefahren nicht nur für das menschliche Leben in seinem hilflosesten Zustand führt, sondern die Maßstäbe für den Schutz des Lebens überhaupt ins Wanken bringt. Dazu werden viele Ärzte, Schwestern und Mitarbeiter von Krankenhäusern in große Konflikte geraten. Sofern in der Bevölkerung die Fristenregelung als Recht auf Abtreibung aufgefaßt werden kann, muß mit einer weitreichenden Störung des sozialen Friedens gerechnet werden.

5. Vorschläge für eine Indikationenregelung gehen davon aus, daß es sich bei Konfliktfällen, denen eine Reform des § 218 StGB Rechnung tragen muß, um gesetzgeberisch faßbare außergewöhnliche Einzelfälle handelt.

Alle Indikationen dürfen nur zu Ermittlung der einen Konfliktlage dienen, bei der dem Rechtsgut des ungeborenen Lebens das Rechtsgut des Lebens der Mutter gegenübersteht. Wenn Schwangerschaft oder Geburt nach ärztlichem Urteil das Leben der Mutter gefährden oder tiefgreifend und dauernd schwer schädigen, mag die Rechtsordnung den Abbruch der Schwangerschaft straflos lassen. Dabei ist nachdrücklich zu betonen, daß das sittliche Gebot durch eine im Gesetz eingeräumte Straffreiheit nicht aufgehoben ist. Das gilt ebenso, wenn für außergewöhnliche Grenzfälle von Notsituationen dem Gericht die Möglichkeit gegeben wird, im Einzelfall von Strafe abzusehen ...

So wie die gemeinsame Erklärung zum § 218 in der evangelischen Kirche auf heftigen Widerspruch gestoßen ist, kann sie auch keinesfalls für sich in Anspruch nehmen, das gesamte katholische Meinungsspektrum in dieser Frage abzudecken. Als Beleg hierfür die Erklärung des Bensberger Kreises zur Reform des § 218:

Schlußbemerkungen

Angesichts der für alle Betroffenen untragbaren Situation wäre es u. E. unverantwortlich, die Dinge weiter treiben zu lassen wie bisher. Bislang sieht es so aus, als fiele die Entscheidung zwischen den folgenden Entwürfen:

1. Der generellen Fristenregelung (SPD- und FDP-Fraktionen-Entwurf)
2. Der weitgefaßten Indikationsregelung unter Einbeziehung einer sozialen Notlage (Minderheitsentwurf aus der SPD-Fraktion)
3. Eine Indikationsregelung, die streng genommen die soziale Notlage einer »außergewöhnlichen Bedrängnis« als Grund zur Strafaussetzung nicht ausschließt (Entwurf der Fraktion von CDU/CSU) ...

Wegen der parlamentarischen Mehrheitsverhältnisse scheint die generelle Fristenregelung Aussichten zu haben, sich durchzusetzen. Daß für die generelle Fristenregelung die Zeiten günstig stehen, liegt ohne Zweifel auch an einem Trend der Zeit (wir erinnern an die Reformen des Abtreibungsrechtes in Großbritannien, in USA, Österreich und in Schweden sowie an die Praxis in einigen sozialistischen Staaten). Die politischen Kräfte in der BRD sollten es sich indessen nicht nehmen lassen, in reiflicher Überlegung eine Regelung auszuhandeln, die von allen Gruppen des Volkes getragen werden kann. Bei der Suche nach dem geringeren Übel darf dieser *politische* Aspekt von keiner der am politischen Entscheidungsprozeß beteiligten Gruppen außer acht gelassen werden.

Der Bensberger Kreis sieht sich in seiner Gesamtheit nicht in der Lage, einem der Entwürfe eine Präferenz zu geben. Einerseits wurde versucht, alle vorgetragenen Argumente für diese oder jene Regelung sorgfältig zu bedenken; über die ethischen Grundprinzipien konnte man sich einigen. Andererseits blieb aber eine große Unsicherheit hinsichtlich nicht, noch nicht oder unzureichend bekannter empirischer Daten – z. B. über den faktischen Zusammenhang zwischen sittlichen Anschauungen und strafrechtlichen Festlegungen im Bewußtsein der Bevölkerung in der BRD –, wodurch eine Entscheidung für die eine oder die andere *strafrechtliche* Regelung erschwert wird.

Immerhin ergeben sich aus den im Memorandum dargelegten Kriterien, über die ein Konsens besteht, und an denen sich die strafrechtliche Regelung wird messen lassen müssen:

1. Ob sie geeignet ist, zunächst illegale Abtreibungen, später Abtreibungen überhaupt zurückzudrängen;
2. Ob sie den Betroffenen – bei einer menschengemäßen Achtung gerechtfertigter Interessen – zumutbar ist;
3. Ob die Einhaltung der neuen gesetzlichen Regelung – in allen sozialen Schichten – kontrollierbar ist und damit gesetzliche Norm und soziale Wirklichkeit wieder in eine für die Rechtsautorität des Staates unerläßliche Entsprechung geraten;
4. Ob sie nachgeordneter Teil einer Gesamtstrategie ist, die gesetzlich verankerte sozialpolitische Primärmaßnahmen unabdingbar macht;
5. Ob die Verfahren so geartet sind, daß die Frauen sie in Anspruch nehmen und der Effekt der Entkriminalisierung auch tatsächlich erreicht wird;
6. Ob die prinzipielle Unverfügbarkeit des menschlichen Lebens in allen seinen Phasen und sein Anspruch auf einen wirksamen Schutz durch die gesamte staatliche Rechtsordnung – und diese wird nicht nur durch das *Strafrecht* vertreten – unterstrichen wird.

(Bensberger Kreis, 23. 11. 1973)